Wagenknecht
Vom Kopf auf die Füße?

Sahra Wagenknecht

Vom Kopf auf die Füße?

Zur Hegelkritik des jungen Marx
oder das Problem einer dialektisch-
materialistischen Wissenschaftsmethode

PAHL-RUGENSTEIN

Copyright © 1997 by Pahl-Rugenstein Verlag Nachfolger GmbH
Breite Str. 47 53111 Bonn
Tel.: 0228/63 23 06 Fax 0228/63 49 68

Alle Rechte vorbehalten

ISBN 3-89144-231-9

Satz: Volker Hirsekorn
Druck: Interpress, Budapest

Die Deutsche Bibliothek - CIP-Einheitsaufnahme

Wagenknecht, Sahra:
Vom Kopf auf die Füße? : Zur Hegelkritik des jungen Marx oder das Problem einer dialektisch-materialistischen Wissenschaftsmethode / Sahra Wagenknecht. - Bonn : Pahl-Rugenstein, 1997
    ISBN 3-89144-231-9 Gb.

Inhaltsverzeichnis

I. **Vorwort**   7

II. **Die Rezeption des Hegelschen Dialektik- und Spekulations-Konzepts in den »Ökonomisch-philosophischen Manuskripten«**   13

Die Notwendigkeit einer Auseinandersetzung mit der Hegelschen Dialektik   14

Die Figur der Negation der Negation als abstrakt-logischer Ausdruck realgeschichtlicher Prozesse   15

Die Reduktion des menschlichen Wesen auf abstraktes Selbstbewußtsein   17

Die Reduktion der gegenständlichen Realitäten auf logische Kategorien   18

Geschichte als Denkprozeß – Verkehrung von Subjekt und Objekt   19

Der unkritische Positivismus der Enfremdungskonzeption der »Phänomenologie«   19

Der unkritische Positivismus der spekulativen Methode im allgemeinen   21

Der Marxsche Gegenentwurf   24

III. **Die Grundkategorien der Hegelschen Philosophie – Eine Analyse ihrer originären Bestimmung**   26

1. Die Spezifik der »Phänomenologie des Geistes«   27
2. Die Kategorie des »Selbstbewußtseins« im Hegelschen System   35
3. Das »Geheimnis« der spekulativen Methode   42

Die Dialektik von Bewußtsein und Gegenstand und die Begründung der spekulativen Methode in der »Phänomenologie des Geistes«   45

Die Dialektik von setzender, äußerlicher und bestimmender Reflexion und der Rückgang in den Grund   65

Der Begriff als »gegenständliches Wesen« – Hegels Ontologie als Grundlage seines Methodenkonzepts   78

Negation und Negation der Negation – Die absolute Methode	89
Widersprüche in Hegels Methodenkonzept	119

IV. Die »Ökonomisch-philosophischen Manuskripte« als Werk des Übergangs — 124

1. Die theoretischen Positionen des jungen Marx — 124
2. Exkurs über Feuerbach — 131
3. Marx' Kritik der Hegelschen Rechtsphilosophie von 1843 — 136
4. Der Standpunkt der »Ökonomisch-philosophischen Manuskripte«: Die »Entfrem-dungs«-Theorie als universalhistorische Konstruktion — 149

Die Begründung der politischen Forderungen in »Zur Judenfrage« und »Zur Kritik der Hegelschen Rechtsphilosophie. Einleitung« — 149

Studien im Vorfeld der »Ökonomisch-philosophischen Manuskripte« — 153

Die ökonomische Entfremdung als Kern aller gesellschaftlichen Entfremdungsverhältnisse — 154

Arbeitsbegriff und Methode der klassischen Nationalökonomie — 155

Marx' Einbau des nationalökonomischen Arbeitsbegriffs in die anthropologische Konzeption — 158

Die Position als Negation der Negation – Rückgriff auf Hegel — 159

Marx' Konzept der »entfremdeten Arbeit« — 160

Die »entfremdete Arbeit« als Grundlage der bürgerlich-kapitalistischen Produktionsweise — 163

Der Grundfehler des Entfremdungskonzepts: Die Reduktion gesellschaftlicher Verhältnisse auf intersubjektive Beziehungen anstelle ihrer Bestimmung als objektiv-gegenständlicher Vermittlungsprozesse — 165

Der Versuch einer rein logischen Deduktion realgeschichtlicher Prozesse – der methodische Rückfall der »Manuskripte« hinter das Hegelsche Spekulationskonzept — 168

V. Die Rezeption des Hegelschen Dialektik- und Spekulations-Konzepts in den »Ökonomisch-philosophischen Manuskripten« – Analyse und Wertung — 173

VI. Nachbemerkung. Methodologische Reflexionen des reifen Marx — 189

I. Vorwort

Explizite Äußerungen zu philosophischen Problemen sind rar in Marxens Spätwerk. Wohl dieser Umstand hat dazu geführt, daß die dialektisch-materialistische Philosophie, sofern sie ihre Positionen durch Marx-Zitate zu untersetzen oder zu illustrieren suchte, diese zumeist den Schriften des jüngeren Marx entnommen hat. Im besonderen war diese Orientierung an den Marxschen Jugendschriften prägend für die Haltung des Marxismus zu seinem großen Vorläufer, der Hegelschen Philosophie.

Nun finden wir eine ausdrückliche und eingehende Auseinandersetzung Marx' mit den Hegelschen Vorgaben, speziell mit dem Hegelschen Dialektik- und Spekulationskonzept, tatsächlich nur in zwei früh entstandenen Arbeiten: in der »Kritik des Hegelschen Staatsrechts« von 1843 und in den »Ökonomisch-philosophischen Manuskripten« von 1844. Aber auch der Mangel späterer Bezüge darf nicht darüber hinwegtäuschen, daß diese Schriften selbstverständlich nicht *die* Marxsche Position zur Heglschen Philosophie, sondern lediglich die Position des jungen Marx, konkret des Marx der Jahre 1843 und 1844, dokumentieren. Und obgleich zumindest der östliche Marxismus stets davon ausging, daß die Marxsche Theorie in jenen Jahren noch keineswegs auf eigenen Füßen stand, man sich daher zu hüten hat, das Marxsche Spätwerk aus der Perspektive dieser Frühschriften zu interpretieren, galt die in ihnen formulierte Kritik der Hegelschen Dialektik und Spekulation doch unangefochten als Musterbeispiel marxistischer Hegelrezeption und wurde in diesem Sinne immer wieder herbeizitiert. Diese Unangefochtenheit in Frage zu stellen, ist ein wesentliches Anliegen dieser Arbeit. Eine genauere Analyse wird zeigen, daß die in den genannten Werken formulierte Hegelkritik erstens gar nicht so materialistisch ist, wie sie auf den ersten Blick erscheint, und daß es sich zweitens bei ihr um ein ebenso vorübergehendes Stadium der Marxschen Hegelrezeption handelt, wie bei der ursprünglich weitgehenden Identifizierung mit der Hegelschen Begrifflichkeit, die etwa die Marxsche Dissertationsschrift prägt.

Für diese Annahme spricht schon, daß beide Arbeiten – die »Kritik des Hegelschen Staatsrechts« und die »Manuskripte« – Fragment geblieben sind und von Marx nie veröffentlicht wurden. Er empfand die in ihnen entwickelten Positionen offenbar selbst als unbefriedigend. Ohnehin finden wir in beiden Schriften weit weniger eine *abgeschlossene Haltung* zur Hegelschen Philosophie, als vielmehr ein *Ringen* mit Hegels Dialektik- und Spekulations-Konzept, eine Auseinandersetzung, die sich noch ganz im Prozeß befindet und deren Resultate wesentlich erst erarbeitet werden sollen. Zweitens muß bei einer Analyse dieser Schriften beachtet werden, daß Marx der Hegelschen Philosophie natürlich nicht unvermittelt gegenübertrat. Er rezipiert sie zwar durchaus eigenständig, aber doch nie losgelöst vom Kontext ihrer junghegelianischen Interpretation: zunächst in Anlehnung an diese, dann in ausdrücklicher Abgrenzung von ihr. Es wird sich zeigen, daß manche Marxsche Polemik, als deren unmittelbarer Adressat zunächst Hegel erscheint, genau besehen überhaupt nicht diesen, sondern ausschließlich seine junghegelianischen Schüler trifft. In der marxistischen Rezeptionsgeschichte nun wurden aus diesen im Fluß befindlichen Gedanken und zeitbedingten Polemiken feste und endgültige Stellungnahmen. So entstand ein Bild der Marxschen Hegelrezeption, das weder Marx noch Hegel gerecht wurde und vor allem dem Nachdenken über materialistische Dialektik und dialektische Wissenschaftsmethode äußerst abträglich war.

Wir leugnen nicht, daß gerade letzteres unser eigentliches Anliegen ist. »Die Herausarbeitung der Methode, die Marx' Kritik der politischen Ökonomie zugrunde liegt« – schrieb Engels seinerzeit – »halten wir für ein Resultat, das an Bedeutung kaum der materialistischen Grundanschauung nachsteht.«[1] Das Entscheidende ist, daß beide Seiten überhaupt nicht getrennt werden können. Mit der dialektisch-materialistischen Methode steht und fällt die dialektisch-materialistische Philosophie. Und was für die Philosophie im besonderen gilt, gilt für die Wissenschaft im allgemeinen. Sollen im wissenschaftlichen Denken *wirkliche* Zusammenhänge und Beziehungen reproduziert werden, müssen die wissenschaftsimmanenten Regeln und logischen Strukturen den zu erfassenden ontischen Strukturen in irgendeiner – möglicherweise stark abstrahierenden – Weise angemessen sein. So gibt es beispielsweise in der Realität keine mathematischen Strukturen als solche. Jede quantitative Bestimmung ist in ihrer Existenz an konkrete Qualitäten gebunden; das rein quantitative Eins bzw. die reine Raumgröße sind daher unter allen Umständen eine Abstraktion. Aber sie sind insofern vernünftige Abstraktionen, als die Realität ja tatsächlich dieses quantitative Moment – wenn auch nie isoliert für sich – aufweist. Die Isolierung dieses Moments im Denken schafft ein homogenes Medium, in dem sodann auf Grundlage immanenter Regeln mit strenger Notwendigkeit operiert und abgeleitet werden kann. Der Abstraktionsschritt, der der Konstituierung dieses Mediums zugrunde liegt, impliziert also ebenso den Realgehalt der innerhalb dieses Mediums darstellbaren und erschließbaren Beziehungen wie dessen Grenzen. Eine von den qualitativen Bestimmungen des Seins abstrahierende Analyse

---

[1] Marx/Engels Werke in 42 Bänden, Dietz-Verlag Berlin, Bd. 13 S. 474

vermag ganz sicher *reale* – eben quantitative – Zusammenhänge zu reproduzieren, wohl kaum jedoch *wesentliche* Zusammenhänge, denn letztere sind in allen Seinsbereichen an konkrete Qualitäten gebunden. (Wobei die Relevanz der rein quantitativen Beziehungen in den verschiedenen Seinsbereichen unterschiedlich ist; die Strukturen im anorganischen Sein sind offenbar in erheblich höherem Grade quantifizierbar und die vermittels mathematischer Methoden gewonnenen Ergebnisse sagen daher *Wesentlicheres* über den jeweils untersuchten Gegenstand aus, als dies etwa im organischen oder gar gesellschaftlichen Sein der Fall ist.)

Marxistische Analyse indessen erhebt den Anspruch, *wesentliche* Realzusammenhänge aufzudecken, und zwar im besonderen wesentliche *gesellschaftliche* Zusammenhänge. Hinsichtlich der begrifflichen Erfassung grundlegender Strukturen des kapitalistischen Reproduktionsprozesses hat zumindest Marx diesen Anspruch erfüllt. Es gibt kein Werk der bürgerlichen Ökonomie, das neben dem »Kapital« bestehen könnte; ohne Marxsche Kategorien bleibt der kapitalistische Funktionsmechanismus auch heute unverständlich und unverstehbar; (was nicht heißen soll, daß die Funktionsweise des heutigen Kapitalismus allein mit den im »Kapital« entwickelten Kategorien verstanden werden kann; das ist aber eine andere Frage, die uns hier nichts angeht). Vergleicht man nun die Marxsche Darstellung mit der der klassischen Nationalökonomen, die ja zum Teil bereits die gleichen Kategorien benutzten, wird deutlich, daß Marxens Leistung mit Marxens Methode in allerengstem Zusammenhang steht.

Marxistische Theorie ist insofern – recht verstanden – nicht ein Aggregat von Begriffen, unter die die Phänomene der Realität zu subsumieren wären. Sie ist vor allem eine spezifische Methode der Entwicklung von und des Umgangs mit Begriffen, durch die diese Begriffe die Fähigkeit erhalten, reale Zusammenhänge tiefer und ganzheitlicher zu erfassen, als die auf formaler Logik begründeten wissenschaftlichen Methoden es je vermögen. Insoweit sind marxistische Theorie und dialektische Methode untrennbar. Die Methode wird nicht im Umgang mit den marxistischen Kategorien *angewandt*; sie *konstituiert* sie.

Ein das Verständnis dieser spezifischen Methode enorm erschwerender Umstand liegt nun darin, daß Marx sie zwar im »Kapital« exzellent praktiziert, sich jedoch – von verstreuten Bemerkungen abgesehen – jeder ausdrücklichen theoretischen Reflexion über ihr Wesen und ihre konkrete Struktur enthalten hat. Unstrittig dürfte indessen sein, daß die Marxsche Methode ihren Ursprung einer – kritischen – Rezeption der Hegelschen Dialektik verdankt und in letzterer ihren unmittelbaren Vorläufer besitzt. Im Unterschied zu Marx enthält nun aber die Hegelsche Philosopie nicht nur die Praxis, sondern auch eine explizite Theorie der »absoluten Methode«. Ohne eine genaue Analyse der Hegelschen Bestimmungen muß daher auch die Marxsche Methode unverständlich bleiben. Lenin hatte also ganz recht, als er feststellte: »Man kann das 'Kapital' von Marx und besonders das 1. Kapitel nicht vollständig begreifen, ohne die *ganze* Logik von Hegel durchstudiert und begriffen zu haben. Folglich hat nach einem halben Jahrhundert nicht ein Marxist Marx begriffen.«[2]

Bedenklich ist allerdings, daß sich daran auch in den seither vergangenen knapp 80 Jahren (wenn wir von Lenins eigener Hegel-Rezeption absehen) nur sehr wenig geändert hat. Zwar wurde im offiziellen nachleninschen Marxismus ununterbrochen über Dialektik und dialektische Methode gesprochen und geschrieben. Aber die Charakterisierung der letzteren ging im allgemeinen kaum über die Bestimmung hinaus, »...die Dinge und Erscheinungen der materiellen Welt, aber auch die Begriffe als Abbilder der wirklichen Dinge, in ihrer Bewegung und Veränderung zu betrachten, die allseitige Analyse der Erscheinungen, die ihre mannigfaltigen gegenseitigen Zusammenhänge beachtet, die Erkenntnis des Einheitlichen in seinen gegensätzlichen Bestandteilen usw.«[3] All das ist natürlich richtig, nur reicht es bei weitem nicht aus. Gerade die eigentlich interessanten und entscheidenden Fragen bleiben unbeantwortet: Welcher Rationalitätsform, welcher logischen Strukturen bedarf es denn, um die Realität in ihrer Bewegtheit und Entwicklung, in der je relativen Ganzheitlichkeit ihrer Teilbereiche, in ihren Widersprüchen und Gegensätzen gedanklich zu reproduzieren und ihre wesentlichen Zusammenhänge begrifflich zu erfassen? Wodurch unterscheidet sich diese Rationalitätsform von den auf formaler Logik beruhenden Methoden? Wie entstehen die geforderten Übergänge der Begriffe? Wie verhalten sich Apriorisches und Aposteriorisches, Analyse und Synthese im Rahmen dieser Methode? Inwieweit variieren die spezifischen Formen dieser Methode je nach dem analysierten Seinsbereich? Usw. usf. All diese Fragen sind grundlegend für ein adäquates Verständnis der marxistischen Theorie. Und sie sind viel zu wichtig, als daß man sich weiterhin mit oberflächlichen Bestimmungen begnügen könnte.

Denn letztlich geht es um weit mehr als darum, Marx zu verstehen. Es geht darum, zum Verständnis einer Methode durchzudringen, die erwiesenermaßen die Realität – und insbesondere die gesellschaftliche Realität – in ihrer Bewegung und Entwicklung besser und adäquater zu erfassen vermag als jede bisher entwickelte andere. Soll die marxistische Theorie je wieder wirkliche und breite Überzeugungskraft gewinnen, steht sie in der Pflicht, das, was sich seit Lenins Tod auf diesem Planeten zugetragen hat, wissenschaftlich zu analysieren und

---

2 Lenin Werke in 40 Bänden, Dietz-Verlag Berlin, Bd. 38 S. 170
3 Philosophisches Wörterbuch, VEB Bibliographisches Institut Leipzig, Bd. 1, S. 245

begrifflich zu fassen. Das betrifft sowohl die Gesamtgeschichte des ersten sozialistischen Weltsystems – seinen Aufstieg, Niedergang und letztlichen Zusammenbruch – als auch die Entwicklungen, Veränderungen und Anpassungen im Kapitalismus der zweiten Jahrhunderhälfte. Erst auf dieser Grundlage wird die gegenwärtige Situation in ihrer Spezifik begreifbar und können die notwendigen, dem Hier und Heute angemessenen Strategien entwickelt werden.

Diese immense Aufgabe läßt sich aber nur mit einer wissenschaftlichen Methode lösen, die ihrem Gegenstand gewachsen ist, keinesfalls mit methodischen Ansätzen, die hinter dem bereits erreichten Niveau der Wissenschaftsmethodologie (das durch Hegel und Marx bestimmt wird) zurückbleiben. In diesem Kontext erweisen sich eine materialistische Hegelinterpretation und ein materialistisch-dialektisches Methodenkonzept als zwei Seiten einer Medaille. Gerade deshalb ist ein richtiges Verständnis der Marxschen Haltung zur Hegelschen Philosophie kein bloß wissenschaftshistorisch interessantes Problem, sondern eines von unmittelbar aktueller und grundlegender Wichtigkeit. Zur Aufhellung dieser Problematik einen Beitrag zu leisten, ist der Zweck und das Ziel dieser Arbeit.

In dem uns gesetzten Rahmen kann es natürlich nicht darum gehen, die Hegelbezüge und methodischen Anknüpfungspunkte im Marxschen Gesamtwerk zu analysieren, um daraus ein adäquates Bild seiner Stellung zur Hegelschen Dialektik zu entwickeln. Selbst die Untersuchung der Veränderungen im Hegelverständnis der frühen Werke – von der »Dissertation« über die »Kritik des Hegelschen Staatsrechts« bis zu den »Manuskripten« – wird nur im kursorischen Überblick möglich sein. Wir beschränken uns im wesentlichen auf eine Analyse und Kritik der Hegelrezeption in den »Ökonomisch-philosophischen Manuskripten«. Dabei werden wir andere Marxsche Äußerungen und Stellungnahmen insoweit einbeziehen, als sie zum Verständnis des theoretischen Standpunkts der »Manuskripte« und ihrer Hegel-Interpretation wesentlich sind.

Es sei auch betont, daß der Gegenstand dieser Arbeit keineswegs die »Ökonomisch-philosophischen Manuskripte« in ihrer Gesamtheit sind. Auf die anderen Abschnitte dieses Werks, die Auseinandersetzung mit der bürgerlichen Nationalökonomie und die in diesem Kontext von Marx entwickelte Geschichtsphilosophie – die Entfremdungskonzeption – werden wir allerdings insoweit Bezug nehmen, als diese Marxschen Positionen die *Grundlage* seiner Spekulations- und Methodenkritik bilden, diese in Absehung von jenen also unverständlich bleibt. Eigentlicher Gegenstand unserer Analyse ist jedoch das in den Marx-Engels-Werken ca. 20 Seiten füllende, am Schluß der »Ökonomisch-philosophischen Manuskripte« angeordnete Kapitel »Kritik der Hegelschen Dialektik und Philosophie überhaupt«.

Um die Hegel-Rezeption der »Ökonomisch-philosophischen Manuskripte« überhaupt bewerten zu können, ist es zudem unerläßlich, die spekulative Konzeption in ihrer originären Hegelschen Gestalt anhand ausgewählter Kategorien zu untersuchen. Schließlich wird in einem gesonderten Kapitel auf Feuerbach bezug genommen, unter dessen Einfluß – speziell unter dem Einfluß seiner Hegel-Kritik – Marx in der Entstehungsperiode der »Ökonomisch-philosophischen Manuskripte« stand.

II. Die Rezeption des Hegelschen Dialektik- und Spekulations-Konzepts in den »Ökonomisch-philosophischen Manuskripten«

Während die Rezeption Hegelscher Kategorien (»Entäußerung«, »Negation der Negation« usw.) faktisch die gesamten »Manuskripte« durchzieht, konzentriert sich die explizite Auseinandersetzung mit der Hegelschen Dialektik und Philosophie in ihrem letzten Kapitel. Allerdings entspricht diese Anordnung nicht derjenigen des originären Marxschen Textes. Dort existieren die Hegelpassagen vielmehr als drei verschiedene, für sich separierte Teile. Da diese Passagen jedoch einen einheitlichen Gegenstand und in sich zusammenhängende Gedankengänge aufweisen, halten wir es für legitim, sie als Gesamttext zu rezipieren und die ursprüngliche Dreiteilung bei der Interpretation nicht näher zu berücksichtigen. Dieses Vorgehen wird unseres Erachtens auch dadurch gerechtfertigt, daß Marx selbst in der *Vorrede* zu den Manuskripten die »Auseinandersetzung mit der Hegelschen Dialektik und Philosophie überhaupt« als »Schlußkapitel der vorliegenden Schrift«[4] bezeichnete.

Der vorliegende Text hat einen in hohem Maße fragmentarischen Charakter. Statt einer systematischen Gliederung und logischen Durchführung des Gedankens, finden wir eine Vielzahl immer neuer Anläufe, ein Nebeneinander von z.T. unkommentiert aufgenommenen Hegel-Exzerpten und eigenen Reflexionen, ein Ringen um Bestimmungen in immer neuer Beleuchtung, abrupte Sprünge, ein Abbrechen und später ebenso unvermitteltes Wiederaufnehmen von Gedankengängen etc. Im folgenden geht es uns zunächst ausschließlich um die *Darstellung* der Marxschen Positionen, noch nicht um ihre Analyse und Wertung. Wir werden die Marxsche Hegelkritik bzw. seine positiven Bezüge jedoch nicht in der Reihenfolge des Textes referieren, da dies auf Grund des genannten fragmentarischen Charakters zu unzähligen Wiederholungen führen würde. Um diese zu vermeiden, werden wir versuchen, die Marxschen Grundargumente thematisch gebündelt vorzutragen.

---

4 Marx/Engels Werke, a.a.O., Bd. 40, S. 468

Die Notwendigkeit einer Auseinandersetzung mit der Hegelschen Dialektik

Ehe Marx zur inhaltlichen Auseinandersetzung mit der Hegelschen Dialektik und spekulativen Methode übergeht, begründet er zunächst die Notwendigkeit und Dringlichkeit einer solchen Auseinandersetzung. Gerade diese sei nämlich von der bisherigen junghegelianische Hegelrezeption umgangen worden: »Die Beschäftigung mit dem Inhalt der alten Welt, die von dem Stoff befangene Entwicklung der modernen deutschen Kritik war so gewaltsam, daß ein völlig kritikloses Verhalten zur Methode des Kritisierens und eine völlige Bewußtlosigkeit über die *scheinbar formelle*, aber wirklich *wesentliche* Frage stattfand, wie halten wir es nun mit der Hegelschen Dialektik?«[5] Feuerbach sei der einzige, »der ein *ernsthaftes*, ein *kritisches* Verhältnis zur Hegelschen Dialektik hat und wahrhafte Entdeckungen auf diesem Gebiet gemacht hat ...«[6] Dabei bestehe Feuerbachs »große Tat« in drei Punkten: 1. in dem Beweis, daß Philosophie nichts anderes sei als denkend ausgeführte Religion, d.h. »eine andere Form und Daseinsweise der Entfremdung des menschlichen Wesens«[7]; 2. in der Gründung des »wahren Materialismus« bzw. der »reellen Wissenschaft«, in der das »gesellschaftliche Verhältnis vom Menschen zum Menschen« zum Grundprinzip der Theorie wird; 3. darin, daß er der Negation der Negation »das auf sich selbst ruhende und positiv auf sich selbst begründete Positive« entgegengestellt habe. Feuerbachs Haltung zur Hegelschen Dialektik bleibe dabei jedoch eine rein negative. Marx führt die Feuerbachsche Interpretation der Hegelschen Negation der Negation als Aufhebung und Wiederherstellung von Religion und Theologie an und bemerkt dazu: »Feuerbach faßt also die Negation der Negation nur als Widerspruch der Philosophie mit sich selbst auf, als die Philosophie, welche die Theologie (Transzendenz etc.) bejaht, nachdem sie dieselbe verneint hat, also im Gegensatz zu sich selbst bejaht.« In der Hegelschen Negation der Negation steckte jedoch in Marx' Augen weit mehr. Denn »...indem Hegel die Negation der Negation ...aufgefaßt hat, hat er nur den abstrakten, logischen, spekulativen Ausdruck für die Bewegung der Geschichte gefunden, die noch nicht wirkliche Geschichte des Menschen als eines vorausgesetzten Subjekts, sondern erst Erzeugungsakt, Entstehungsgeschichte des Menschen ist.« Im Ignorieren dieses geschichtlichen Moments – und der Dialektik als gedanklichem Ausdruck desselben – lag für Marx der Mangel der Feuerbachschen Position im allgemeinen sowie seiner Hegelkritik im besonderen; bei letzterer konnte daher ebensowenig

---

5 Ebd. S. 568
6 Ebd. S. 569
7 Ebd. S. 569

stehengeblieben werden, wie bei dem unkritisch-bewußtlosen Verhältnis, das die übrigen Junghegelianer gegenüber der Hegelschen Dialektik an den Tag legten. Damit ist die Marxsche Position zur Hegelschen Dialektik bereits umrissen: Hegels Negation der Negation ist 1. nicht eine schlechthin zu negierende Scheinbewegung, sondern abstrakter Ausdruck der realen geschichtlichen Bewegung; sie ist aber 2. eben nur der abstrakte, spekulative – und d.h. für Marx zugleich: verzerrende, entstellende – Ausdruck dieser Bewegung.
Beide Seiten werden im weiteren Text ausführlich erläutert. Gegenstand der Marxschen Interpretation ist dabei speziell die Hegelsche »Phänomenologie« als »wahre Geburtsstätte und ...Geheimnis der Hegelschen Philosophie«. Desweiteren finden sich Bezüge auf die »Logik« und die »Enzyklopädie«.

Die Figur der Negation der Negation als abstrakt-logischer Ausdruck realgeschichtlicher Prozesse

Beginnen wir mit dem ersten großen Komplex, dem Realgehalt, den Marx – im Gegensatz zu Feuerbach – in der logischen Figur der Negation der Negation ausmacht und an den seines Erachtens eine über Hegel hinausgehende Philosophie anzuknüpfen hat. Marx schreibt: »Das Große an der Hegelschen 'Phänomenologie' und ihrem Endresultate – der Dialektik der Negativität als dem bewegenden und erzeugenden Prinzip – ist also einmal, daß Hegel die Selbsterzeugung des Menschen als einen Prozeß faßt, die Vergegenständlichung als Entgegenständlichung, als Entäußerung und als Aufhebung dieser Entäußerung, daß er also das Wesen der Arbeit faßt und den gegenständlichen Menschen, wahren, weil wirklichen Menschen, als Resultat seiner eignen Arbeit begreift. Das wirkliche, tätige Verhalten des Menschen zu sich als Gattungswesen, oder die Betätigung seiner als eines wirklichen Gattungswesens, d.h. als menschlichen Wesens, ist nur möglich dadurch, daß er wirklich alle seine Gattungskräfte – was wieder nur durch das Gesamtwirken der Menschen möglich ist, als Resultat der Geschichte – herausschafft, sich zu ihnen als Gegenständen verhält, was zunächst wieder nur in der Form der Entfremdung möglich ist.« Die große – über Feuerbach hinausweisende – Bedeutung der Hegelschen Philosophie und Dialektik sieht Marx also darin, daß sie erstens den Menschen als praktisch-tätiges, erst vermittels dieser Tätigkeit sich schaffendes Wesen begreift, und daß sie zweitens – folgerichtig – das menschliche Wesen in seinem wahren Gattungscharakter nicht als unmittelbar-naturhaft gegebenes, sondern als geschichtlich gewordenes und werdendes Wesen faßt. Beide Seiten – die Zentralstelle der

Kategorie der Arbeit und der historische Charakter des menschlichen Wesens – bilden dabei naturgemäß eine Einheit; und die Bedeutung der Hegelschen Philosophie liegt für Marx darin, sie in dieser ihrer Einheit entwickelt und kategorial gefaßt zu haben. Hier knüpft Marx unmittelbar an und grenzt sich damit zugleich von Feuerbach ab: »... der Mensch ist nicht nur Naturwesen, sondern er ist menschliches Naturwesen; ...weder sind also die menschlichen Gegenstände die Naturgegenstände, wie sie sich unmittelbar bieten, noch ist der menschliche Sinn, wie er unmittelbar ist, gegenständlich ist, menschliche Sinnlichkeit, menschliche Gegenständlichkeit. ...Und wie alles Natürliche entstehen muß, so hat auch der Mensch seinen Entstehungsakt, die Geschichte, die aber für ihn eine gewußte und darum als Entstehungsakt mit Bewußtsein sich aufhebender Entstehungsakt ist. Die Geschichte ist die wahre Naturgeschichte des Menschen.«

Die logische Figur der Negation der Negation wird nun von Marx als abstrakter Widerschein der Struktur dieses geschichtlichen Prozesses interpretiert: als Ausdruck der Vergegenständlichung des menschlichen Wesens im Prozeß seiner Arbeit, die zunächst als Entfremdung des Menschen vom Menschen und von der Natur erscheint (Negation) sowie der Rücknahme dieser Entfremdung als Resultat des geschichtlichen Gattungsprozesses (Negation der Negation). »Hegel faßt also, indem er den positiven Sinn der auf sich selbst bezogenen Negation – wenn auch wieder in entfremdeter Weise – faßt, die Selbstentfremdung, Wesensentäußerung, Entgegenständlichung und Entwirklichung des Menschen als Selbstgewinnung, Wesensäußerung, Vergegenständlichung, Verwirklichung. Kurz, er faßt – innerhalb der Abstraktion – die Arbeit als den Selbsterzeugungsakt des Menschen, das Verhalten zu sich als fremdem Wesen und Betätigen seiner als eines fremden Wesens als das werdende Gattungsbewußtsein und Gattungsleben.«

In der logischen Figur der Negation der Negation steckt folglich implizit die *Forderung* einer Rücknahme der Entäußerung, einer Aufhebung der entfremdeten Zustände der Gesellschaft; und eben darin liegt für Marx der kritische Gehalt der Hegelschen Dialektik: »Die Phänomenologie ist daher die verborgene, sich selbst noch unklare und mystifizierende Kritik; aber insofern sie die *Entfremdung* des Menschen – wenn auch der Mensch nur in der Gestalt des Geistes erscheint – festhält, liegen in ihr *alle* Elemente der Kritik verborgen und oft schon in einer weit den Hegelschen Standpunkt überragenden Weise vorbereitet und ausgearbeitet.«[8] Und an anderer Stelle heißt es über das »Aufheben, als gegenständliche, die Entäußerung in sich zurücknehmende Bewegung«: »Es ist

---

8 Ebd. S. 573

dies die innerhalb der Entfremdung ausgedrückte Einsicht von der Aneignung des gegenständlichen Wesens durch Aufhebung seiner Entfremdung, die entfremdete Einsicht in die wirkliche Vergegenständlichung des Menschen, in die wirkliche Aneignung seines gegenständlichen Wesens durch die Vernichtung der entfremdeten Bestimmung der gegenständlichen Welt ...«[9] Allerdings: die Hegelsche Dialektik ist für Marx ausdrücklich die noch »*innerhalb der Entfremdung*« verbleibende Einsicht in diese Zusammenhänge, nicht ihre wirklich adäquate Fassung. An anderer Stelle heißt es über den Hegelschen Arbeitsbegriff: »Hegel steht auf dem Standpunkt der modernen Nationalökonomen. Er faßt die *Arbeit* als das *Wesen*, als das sich bewährende Wesen des Menschen; er sieht nur die positive Seite der Arbeit, nicht ihre negative. Die Arbeit ist das *Fürsichwerden* des *Menschen* innerhalb der *Entäußerung* oder als *entäußerter* Mensch. Die Arbeit, welche Hegel allein kennt und anerkennt, ist die abstrakt geistige.«[10]

Die Reduktion des menschlichen Wesen auf abstraktes Selbstbewußtsein

Damit ist die negative – d.h. die zu negierende – Seite der Hegelschen Entfremdungskonzeption benannt: bei der in ihr konzipierten Entäußerung sowie der Aufhebung dieser Entäußerung handelt es sich nämlich – in Marx' Interpretation – um *rein gedankliche* Vorgänge. Dadurch jedoch würden die durch sie erfaßten realgeschichtlichen Zusammenhänge zugleich massiv entstellt.

Den Ausgangspunkt dieser Entstellung sieht Marx darin, daß Hegel den Menschen nicht als wirklichen, sinnlich-gegenständlichen fasse, sondern als reines Gedankenwesen: als *Selbstbewußtsein*. »Das menschliche Wesen, der Mensch, gilt für Hegel = Selbstbewußtsein.«[11] Und an anderer Stelle: »Der Mensch wird = Selbst gesetzt. Das Selbst ist aber nur der abstrakt gefaßte und durch Abstraktion erzeugte Mensch.«[12] Das heißt: in der Hegelschen Philosophie gilt der Mensch nur als ein »nicht-gegenständliches, spiritualistisches Wesen.«[13] Das aber habe fatale Folgen für den Charakter des gesamten Entfremdungsprozesses.

---

9 Ebd. S. 583
10 Ebd. S. 574
11 Ebd. S. 575
12 Ebd. S. 575
13 Ebd. S. 575

Die Reduktion der gegenständlichen Realitäten auf logische Kategorien

Zunächst folgt aus der Identifizierung von Mensch und Selbstbewußtsein, daß 1. die menschlichen Handlungen wesentlich als bloße *Denkhandlungen*, als *Gedankenbewegungen* aufgefaßt werden und 2. die vom Menschen geschaffenen Dinge somit ebenfalls nur als *Gedankendinge* erscheinen: »Die Entäußerung des Selbstbewußtseins setzt die Dingheit. Weil der Mensch = Selbstbewußtsein, so ist sein entäußertes gegenständliches Wesen oder die Dingheit ... = dem *entäußerten Selbstbewußtsein*, und die *Dingheit* ist durch diese Entäußerung gesetzt. Daß ein lebendiges, mit gegenständlichen, i.e. materiellen Wesenskräften ausgerüstetes und begabtes Wesen sowohl wirkliche natürliche Gegenstände seines Wesens hat, als daß seine Selbstentäußerung die Setzung einer wirklichen... gegenständlichen Welt ist, ist ganz natürlich. Aber daß ein Selbstbewußtsein durch seine Entäußerung nur die Dingheit, d.h. selbst nur ein abstraktes Ding, ein Ding der Abstraktion und kein wirkliches Ding setzten kann, ist ebenso klar.«[14] Die Vergegenständlichung des menschlichen Wesens wird so zu einem rein *gedanklichen* Prozeß. Folgerichtig erscheinen die den Menschen umgebenden und von ihm geschaffenen gesellschaftlichen Realitäten – Staatsmacht, Reichtum usw. – bei Hegel ebenfalls als bloße *Gedankenwesen*, als abstrakt-logische Kategorien: »Wie also das Wesen, der Gegenstand als Gedankenwesen, so ist das Subjekt immer Bewußtsein oder Selbstbewußtsein ..., die unterschiedlichen Gestalten der Entfremdung, die auftreten, sind daher nur verschiedene Gestalten des Bewußtseins und Selbstbewußtseins.«[15]

Wie die Vergegenständlichung des menschlichen Wesens im allgemeinen, wird folglich auch dessen *Entfremdung* als ein rein gedanklicher Vorgang gefaßt: als Setzung einer dem abstrakten Denken abstrakt entgegengesetzten Gegenständlichkeit. D.h.: »Nicht, daß das menschliche Wesen sich *unmenschlich*, im Gegensatz zu sich *vergegenständlicht*, sondern daß es im *Unterschied* vom und im *Gegensatz* zum abstrakten Denken sich *vergegenständlicht*, gilt als das gesetzte und als das aufzuhebende Wesen der Entfremdung.«[16] Die Aufhebung dieser rein gedanklich gesetzten Entfremdung wird damit zwangsläufig zu einem ebenfalls rein gedanklich zu vollziehenden Akt: zur gedanklichen Aufhebung des gedanklich gesetzten Gegensatzes von Selbstbewußtsein und Gegenständlichkeit.

---

14 Ebd. S. 575
15 Ebd. S. 573
16 Ebd. S. 572

Geschichte als Denkprozeß – Verkehrung von Subjekt und Objekt

Insofern werde statt des wirklichen Menschen in der Hegelschen Konzeption das reine Denken zum eigentlichen, geschichtlich handelnden Subjekt; die wirklichen Menschen und realen Sachverhalte erscheinen dagegen als bloße Prädikate dieser reinen Denkbewegungen: »Dieser Prozeß [der historische] muß einen Träger haben, ein Subjekt; aber das Subjekt wird erst als Resultat; dies Resultat, das sich als absolutes Selbstbewußtsein wissende Subjekt, ist daher der Gott, absoluter Geist, die sich wissende und betätigende Idee. Der wirkliche Mensch und die wirkliche Natur werden bloß zu Prädikaten, zu Symbolen dieses verborgenen unwirklichen Menschen und dieser unwirklichen Natur. Subjekt und Prädikat haben daher das Verhältnis einer absoluten Verkehrung zueinander, *mystisches Subjekt-Objekt* ...«[17]

Der unkritische Positivismus der Enfremdungskonzeption der »Phänomenologie«

Das heißt, wie wir bereits sahen: die entfremdete Welt wird bei Hegel nicht gefaßt als Entfremdung des wirklichen Menschen – als eine dem wirklichen menschlichen Wesen entgegengesetzte, ergo: unmenschliche Welt – sondern als bloße Entfremdung des reinen Denkens: nicht eine historisch-konkrete, sondern die Gegenständlichkeit *als solche* erscheint als der aufzuhebende Gegensatz des abstrakten Denkens. »Die Gegenständlichkeit als solche gilt für ein *entfremdetes*, dem *menschlichen Wesen*, dem Selbstbewußtsein nicht entsprechendes Verhältnis des Menschen. Die Wiederaneignung des als fremd, unter der Bestimmung der Entfremdung erzeugten gegenständlichen Wesens des Menschen, hat also nicht nur die Bedeutung, die Entfremdung, sondern die Gegenständlichkeit aufzuheben...«[18] Darin liegt nun zweierlei: Erstens verliert die in der Entfremdungskonzeption steckende Kritik damit jede konkret-historische Bestimmung, hört also auf, Kritik konkreter gesellschaftlicher Zustände zu sein: es ist ausdrücklich »... nicht der *bestimmte* Charakter des Gegenstandes, sondern sein *gegenständlicher* Charakter für das Selbstbewußtsein das Anstößige und die Entfremdung... Der Gegenstand ist daher ein Negatives, ein sich selbst Aufhebendes, eine Nichtigkeit.«[19] Zweitens wird die in der Figur der Negation der

---

17 Ebd. S. 584
18 Ebd. S. 575
19 Ebd. S. 580

Negation geforderte Aufhebung der Entfremdung auf einen rein gedanklichen Akt reduziert, d.h. gefordert wird gar nicht eine Veränderung der gesellschaftlichen Realität, sondern lediglich eine Veränderung *des Denkens über* diese Realität, nicht die Aufhebung der entfremdeten Zustände der Gesellschaft, sondern die Aufhebung ihrer *gedanklichen Bestimmung* als entfremdeter. In der so konzipierten *Aufhebung* bleibt die gesellschaftliche Realität also nicht allein so, wie sie ist, bestehen; sie erhält überdies die Weihe des spekulativen Denkens: »Bei Hegel ist die Negation der Negation daher nicht die Bestätigung des wahren Wesens, eben durch Negation des Scheinwesens, sondern die Bestätigung des Scheinwesens oder des sich entfremdeten Wesens in seiner Verneinung oder die Verneinung dieses Scheinwesens als eines gegenständlichen, außer dem Menschen hausenden und von ihm unabhängigen Wesens und seine Verwandlung in das Subjekt.«[20]

Dadurch wiederum wird die in der Negation der Negation implizierte Kritik zur bloßen Schein-Kritik und schlägt in eine *Affirmation* der realen Entfremdung um: »Die Aneignung der zu Gegenständen und zu fremden Gegenständen gewordenen Wesenskräfte des Menschen ist also erstens nur eine Aneignung, die im Bewußtsein, im reinen Denken, i.e. in der Abstraktion vor sich geht, die Aneignung dieser Gegenstände als Gedanken und Gedankenbewegungen, weshalb schon in der Phänomenologie ...der unkritische Positivismus und ebenso unkritische Idealismus der späteren Hegelschen Werke – diese philosophische Auflösung und Wiederherstellung der vorhandenen Empirie – latent liegt, als Keim, als Potenz, als ein Geheimnis vorhanden ist.«[21] Das Selbstbewußtsein hebt die Entfremdung nicht durch Veränderung der Realität auf, sondern dadurch, daß es den Gegensatz zwischen sich und der Realität zum bloß scheinbaren, zur bloßen Setzung erklärt: »Für das Bewußtsein selbst hat die Nichtigkeit des Gegenstands darum eine positive Bedeutung, daß es diese Nichtigkeit, das gegenständliche Wesen, als seine Selbstentäußerung weiß; daß es weiß, daß sie nur ist durch seine Selbstentäußerung. Die Art, wie das Bewußtsein ist, und wie etwas für es ist, ist das Wissen. ...Wissen ist sein einziges gegenständliches Verhalten.«[22] Darin liegt aber »...daß der selbstbewußte Mensch, insofern er die geistige Welt ...als Selbstentäußerung erkannt und aufgehoben hat, er dieselbe dennoch wieder in dieser entäußerten Gestalt bestätigt und als sein wahres Dasein ausgibt, sie wiederherstellt, *in seinem Anderssein als solchem bei sich* zu sein vorgibt... Hier *ist* die Wurzel des *falschen* Positivismus Hegels oder seines nur scheinbaren Kritizismus... Also die Vernunft ist bei sich in der Unvernunft

---

20 Ebd. S. 581
21 Ebd. S. 573
22 Ebd. S. 580

als Unvernunft. ...Die Selbstbejahung, Selbstbestätigung im *Widerspruch* mit sich selbst, sowohl mit dem Wissen als mit dem Wesen des Gegenstandes, ist also das wahre Wissen und Leben.«[23] Die Marxsche Kritik richtet sich also in ihrem Kern gegen einen Begriff von *Aufhebung*, der diese statt als Veränderung der *Realität*, als bloße Veränderung der *Gedanken über* die Realität faßt; denn dieser Begriff impliziert logisch, daß der Mensch »in seinem Anderssein als solchem bei sich«[24] ist, d.h. die entfremdeten Zustände der Gesellschaft nicht mehr als *zu überwindende*, sondern lediglich als *gedanklich zu verarbeitende* – und durch dieses Verarbeiten nicht mehr entfremdete – erscheinen.

Der unkritische Positivismus der spekulativen Methode im allgemeinen

Dieser apologetische Begriff von Aufhebung ist indessen für Marx *notwendige Folge* der Hegelschen Bestimmungen. Denn *eben weil* Hegels Ausgangspunkt die Reduktion des menschlichen Wesens auf ein reines Gedankenwesen sei, verwandele er die gesamte Menschheitsgeschichte in einen wesentlich *gedanklichen* Prozeß: in die abstrakt-logische Setzung und anschließend ebenso abstrakt-logische Aufhebung einer diesem abstrakten Gedankenwesen entgegengesetzten Gegenständlichkeit; und eben deshalb *können* im Rahmen dieser Konzeption der Zustand der Entfremdung nicht als *konkret gegenständliche* Realität und seine Aufhebung nicht als *konkret gegenständliche* Aktion gefaßt werden. In dem Nachweis dieses inneren logischen Zusammenhangs von abstraktem Menschenbild und »unkritischem Positivismus« liegt ein Schwerpunkt der Marxschen Hegelkritik in den »Manuskripten«; er kommt auf diesen Problemkomplex immer wieder zurück. »Der entfremdete Gegenstand, die entfremdete Wesenswirklichkeit des Menschen ist – da Hegel den Menschen = Selbstbewußtsein setzt – nichts als Bewußtsein, nur der Gedanke der Entfremdung, ihr *abstrakter* und darum inhaltsloser und unwirklicher Ausdruck, die *Negation*. Die Aufhebung dieser Entäußerung ist daher ebenfalls nichts als eine abstrakte, inhaltslose Aufhebung jener inhaltslosen Abstraktion, die *Negation der Negation*. ...Es sind daher die allgemeinen, abstrakten, jedem Inhalt zugehörigen darum auch sowohl gegen allen Inhalt gleichgültigen *Abstraktionsformen*, die ...logischen Kategorien, losgerissen vom *wirklichen* Geist und von der *wirklichen* Natur.«[25] Der Entfremdungsprozeß werde so zwangsläufig aus einem konkret

---

23 Ebd. S. 581
24 Ebd. S. 576
25 Ebd. S. 585

gesellschaftlichen, zu einem rein logisch-kategorialen: »Die ganze Entäußerungsgeschichte und die ganze Zurücknahme der Entäußerung ist daher nichts als die Produktionsgeschichte des abstrakten, d.i. absoluten Denkens, des logischen spekulativen Denkens. Die Entfremdung ...ist der Gegensatz von an sich und für sich, von Bewußtsein und Selbstbewußtsein, von Objekt und Subjekt, d.h. der Gegensatz des abstrakten Denkens und der sinnlichen Wirklichkeit, oder der wirklichen Sinnlichkeit innerhalb des Gedankens selbst.«[26]

Der Bestimmung des menschlichen Wesens als abstraktes *Selbstbewußtsein* in der »Phänomenologie« im besonderen entspreche nun die Bestimmung des Wesen des Seins als Denken in der spekulativen Methode im allgemeinen. Die ganze Hegelsche Philosophie bewege sich in der reinen Sphäre der Abstraktion: »Wie die 'Enzyklopädie' Hegels mit der Logik beginnt, mit dem *reinen spekulativen Gedanken*, und mit dem *absoluten Wissen*, dem selbstbewußten, sich selbst erfassenden philosophischen oder absoluten, d.i. übermenschlichen abstrakten Geiste, aufhört, so ist die ganze 'Enzyklopädie' nichts als das *ausgebreitete Wesen* des philosophischen Geistes, seine Selbstvergegenständlichung; wie der philosophisch Geist nichts ist als der innerhalb seiner Selbstentfremdung denkend, d.h. abstrakt sich erfassende sich erfassender entfremdete Geist der Welt. – Die *Logik* – das *Geld* des Geistes, der spekulative, der *Gedankenwert* des Menschen und der Natur – ihr gegen alle wirkliche Bestimmtheit vollständig gleichgültig gewordenes, und darum unwirkliches Wesen – das *entäußerte*, daher von der Natur und dem wirklichen Menschen abstrahierende Denken; das *abstrakte* Denken. ...[Die Natur] ist ihm äußerlich, sein Selbstverlust; und es faßt sie auch äußerlich, als ...entäußertes abstraktes Denken – endlich der Geist, dies in seine eigne Geburtsstätte heimkehrende Denken, welches sich als anthropologischer [usw.] ...Geist immer noch nicht für sich selbst gilt, bis es sich endlich als absolutes Wissen und darum absoluter, i.e. abstrakter Geist vorfindet und selbstbejaht, sein bewußtes und ihm entsprechendes Dasein erhält. Denn sein wirkliches Dasein ist die Abstraktion.«[27]

Das Wesen der spekulativen Methode sieht Marx also darin, einerseits in der reinen Sphäre des abstrakten Denkens, d.h. im Bereich rein innerlogischer Reflexion und Begriffsentwicklung, zu verbleiben, zugleich jedoch den Anspruch zu erheben, aus dieser abstrakt-logischen Reflexion heraus konkrete Seinsinhalte entwickeln zu können. Das notwendige Scheitern dieses Anspruchs, die unaufhebbare Leere der reinen Abstraktionen werde indes von Hegel faktisch eingestanden, indem er am Ende seiner »Logik« den Übergang der absoluten Idee

---

26 Ebd. S. 572
27 Ebd. S. 571/ 572

in die Natur postuliere: »Das Positive, was Hegel hier vollbracht hat – in seiner spekulativen Logik – ist, ...daß Hegel sie [die »allgemeinen fixen Denkformen in ihrer Selbständigkeit gegen Natur und Geist«] ...als Momente des Abstraktionsprozesses dargestellt und zusammengefaßt hat. ...Die ganze Logik ist also der Beweis, daß das abstrakte Denken für sich nichts ist, daß die absolute Idee für sich nichts ist, daß erst die *Natur* etwas ist.«[28] »Das mystische Gefühl, was den Philosophen aus dem abstrakten Denken in das Anschauen [der Natur] treibt, ist die *Langeweile*, die Sehnsucht nach einem Inhalt.«[29] Allerdings zeige sich, daß das abstrakte Denken auch wieder nur die abstrakte Natur aus sich entlassen hat, »das *Gedankending* der Natur. ...bei seiner Naturanschauung erfährt der abstrakte Denker, daß die Wesen, welche er in der göttlichen Dialektik als reine Produkte der in sich selbst webenden und nirgends in die Wirklichkeit hinausschauenden Arbeit des Denkens aus dem Nichts, aus der puren Abstraktion zu schaffen meinte, nichts andres sind, als *Abstraktionen* von *Naturbestimmungen*. Die ganze Natur wiederholt ihm also nur in einer sinnlichen, äußerlichen Form die logischen Abstraktionen.«[30] Marx' Hauptvorwurf an die spekulative Methode ist also: daß sie 1. ausschließlich in der reinen Sphäre des Denkens, der Abstraktion verbleibe, zugleich jedoch den Anspruch erhebe, aus dieser »nirgends in die Wirklichkeit hinausschauenden Arbeit des Denkens« Aussagen über Wirkliches und konkret Seiendes ableiten zu können; und daß sie 2. – wie die »Phänomenologie« das Wesen des Menschen als Selbstbewußtsein – das Wesen der Dinge überhaupt als bloßes *Gedankenwesen* fasse, d.h. genau genommen: aus ihren reinen Denkbewegungen nicht nur Aussagen über Wirkliches abzuleiten suche, sondern diese Denkbewegungen mit den wesentlichen Seinsbewegungen *identifiziere*.

Aufgrund dieses ihres Charakters schlage die spekulative Methode immanent und zwangsläufig in unkritischen Positivismus um. Denn aus der Identifizierung von Denken und Sein folgt, daß reine Denkhandlungen als *wirkliche* Handlungen erscheinen: Wirklichkeits*veränderung* wird so auf gedankliche Wirklichkeits*aneignung* reduziert. Das Verbleiben der Spekulation in der Sphäre einer rein abstrakten, aus sich heraus zu keinem konkreten Inhalt gelangenden Denkbewegung wiederum hat zwangsläufig die unkritische Affirmation beliebigen *gegebenen* Inhalts zur Folge. Indem die spekulative Methode die entfremdete Realität *gedanklich* auf abstrakt-logische Kategorienverhältnisse zurückführe, affirmiere sie das empirisch Bestehende, negiere damit die Forderung seiner

---

28 Ebd. S. 585
29 Ebd. S. 586
30 Ebd. S. 587

realen Aufhebung in konkret-gegenständlicher Aktion. »Und weil das Denken sich einbildet, unmittelbar das andre seiner selbst zu sein, *sinnliche Wirklichkeit*, also ihm seine Aktion auch für sinnlich wirkliche Aktion gilt, so glaubt dies denkende Aufheben, welches seinen Gegenstand in der Wirklichkeit stehenläßt, ihn wirklich überwunden zu haben, und andererseits, weil er ihm nun als Gedankenmoment geworden ist, darum gilt er ihm auch in seiner Wirklichkeit als Selbstbestätigung seiner selbst ...«[31] Der »unkritische Positivismus« wird also in der Marxschen Kritik als notwendige und logische Folge des Hegelschen Dialektikkonzepts aufgefaßt. Von einer »Akkomodation Hegels gegen Religion, Staat etc.« kann in Marx Augen keine Rede sein, denn »diese Lüge [ist] die Lüge seines Prinzips«.[32]

Der Marxsche Gegenentwurf

Mit ihren »gegen Natur und Geist« verselbständigten Denkformen sei die Hegelsche Philosophie insofern selbst »Resultat der allgemeinen Entfremdung des menschlichen Wesens«[33], als deren Kritik sie zunächst erschien. Diesen Abstraktionen setzt Marx sein Konzept des *wirklichen* sinnlich-gegenständlichen Menschen entgegen, der sich in einer gegenständlichen Umgebung zu bewähren hat und dessen Praxis wesentlich *gegenständliche* Tätigkeit ist: »Wenn der wirkliche, leibliche, auf der festen wohlgerundeten Erde stehende, alle Naturkräfte aus- und einatmende Mensch seine wirklichen, gegenständlichen *Wesenskräfte* durch seine Entäußerung als fremde Gegenstände setzt, so ist nicht das *Setzen* Subjekt; es ist die Subjektivität *gegenständlicher* Wesenskräfte, deren Aktion daher auch eine *gegenständliche* sein muß. Das gegenständliche Wesen wirkt gegenständlich, und es würde nicht gegenständlich wirken, wenn nicht das Gegenständliche in seiner Wesensbestimmung läge. ...Sein gegenständliches Produkt bestätigt nur seine gegenständliche Tätigkeit, seine Tätigkeit als die Tätigkeit eines gegenständlichen natürlichen Wesens.«[34] Der sinnliche Mensch ist selbst gegenständliches Wesen, d.h. in den allgemeinen Naturzusammenhang eingebunden; er ist damit zugleich abhängig von außer ihm existierenden Gegenständen. »Der Mensch ist unmittelbar Naturwesen. ...D.h. die Gegenstände seiner Triebe existieren außer ihm, als von ihm unabhängige Gegenstände; aber

---

31 Ebd. S. 582/583
32 Ebd. S. 581
33 Ebd. S. 585
34 Ebd. S. 577

diese Gegenstände sind Gegenstände seines Bedürfnisses ...Daß der Mensch ein leibliches, naturkräftiges, lebendiges, wirkliches, sinnliches, gegenständliches Wesen ist, heißt, daß er *wirkliche, sinnliche Gegenstände* zum Gegenstand seines Wesens, seiner Lebensäußerung hat oder daß er nur an wirklichen, sinnlichen Gegenständen sein Leben äußern kann. ... Der Hunger ist ein natürliches Bedürfnis; er bedarf also einer Natur außer sich, um sich zu befriedigen, um sich zu stillen.«[35] Aus der Abhängigkeit des Menschen von *gegenständlichen* Voraussetzungen folgt wiederum, daß eine Veränderung der menschlichen Lebenssituation ihrerseits von der Veränderung dieser *Voraussetzungen* abhängt; und der Charakter dieser Voraussetzungen als *gegenständliche* bedingt, daß sie nicht durch reine Gedankenbewegungen aufgehoben werden können, wohl aber durch wirkliche *gegenständliche* Aktion. Und das ist der entscheidende Punkt, um den es Marx geht.

---

35 Ebd. S. 578

III. Die Grundkategorien der Hegelschen Philosophie – Eine Analyse ihrer originären Bestimmung

Um die im vorangegangenen Kapitel referierte Kritik der »Ökonomisch-philosophischen Manuskripte« an der Hegelschen Dialektik und Spekulation bewerten zu können, ist eine Analyse der originären Hegelschen Bestimmung zumindest jener Kategorien, die im Zentrum dieser Kritik stehen, unerläßlich. Das beginnt mit der Kategorie des *Selbstbewußtseins*. Wir haben gesehen, daß für Marx die Reduktion des Menschen auf abstraktes Selbstbewußtsein Ausgangspunkt und Grundlage der Abstraktion der spekulativen Methode im allgemeinen ist, damit zugleich Ausgangspunkt und Grundlage des impliziten Positivismus der Hegelschen Form der Dialektik überhaupt. Es ist also die Stellung der Kategorie des Selbstbewußtseins im Hegelschen System zu untersuchen und zu überprüfen, ob und in welchen Zusammenhängen Hegel das menschliche Wesen als abstraktes Selbstbewußtsein bestimmt. Zugleich ist in diesem Kontext der Frage nachzugehen, inwiefern im Hegelschen System realgeschichtliche Entwicklung tatsächlich auf die reine Bewegung von *Gedanken* reduziert wird. Damit ist die Frage nach dem Charakter der spekulativen Methode selbst aufgeworfen. Es wird demnach notwendig sein, ihre Spezifik sowie den ihr zugrunde liegenden und sie konstituierenden Abstraktionsschritt anhand der Hegelschen Bestimmungen nachzuvollziehen.

Bei all diesen Fragen wird es sich als wesentlich erweisen, die Stellung der Kategorien innerhalb der Hegelschen »Phänomenologie« von derjenigen, die sie im System selbst einnehmen, *zu unterscheiden*. Marx interpretiert – und in diesem Punkt verbleibt er, ungeachtet aller Kritik, im Rahmen der junghegelianischen Rezeptionsvorgaben – die Hegelsche Philosophie im wesentlichen aus der Perspektive der »Phänomenologie« und ihrer Kategorien. Aber die »Phänomenologie« ist nicht schlechthin ein Teil des Hegelschen Systems, wie etwa die »Logik« oder die »Rechtsphilosophie«. Sie hat eine spezifische Stellung zum System und aus dieser folgt die Spezifik ihrer Kategorien.

Wir werden also damit beginnen, in einem ersten Kapitel die Stellung der »Phänomenologie« im Hegelschen System und die sich daraus ergebende Besonderheit der in ihr auftretenden Kategorien zu untersuchen. In einem zweiten Abschnitt wenden wir uns dann der Kategorie des »Selbstbewußtseins« zu: ihrer spezifischen Funktion innerhalb der »Phänomenologie« und ihrer Stellung im Hegelschen System allgemein. Der dritte große Komplex, bei dem die originären Hegelschen Bestimmungen gesichtet werden müssen, ist das Problem der spekulativen Methode. Gerade diese Thematik durchzieht freilich die gesamte Hegelsche Philosophie. Da es im Rahmen dieser Arbeit ausgeschlossen ist, eine Gesamtanalyse des Hegelschen Systems vorzunehmen, werden wir uns darauf beschränken müssen, die Hegelsche Methodologie anhand einiger ausgewählter Bestimmungen zu analysieren. Wir werden in diesem Zusammenhang zunächst auf die *Herleitung* des »wissenschaftlichen Standpunkts« in der »Phänomenologie« – die Dialektik von Bewußtsein und Gegenstand – eingehen. Zweitens werden wir das Wesen der spekulativen Methode anhand der Interpretation ausgewählter Kategorien aus der Hegelschen Reflexionslogik zu verdeutlichen suchen. Drittens wird eine Untersuchung der Spezifik der Hegelschen *Ontologie* sowie der in den ontologischen Bestimmungen gegründeten *logischen* Figuren, die die spekulative Methode konstituieren, unerläßlich sein.

1. Die Spezifik der »Phänomenologie des Geistes«

Als die Hegelsche »Phänomenologie« im Jahre 1807 erschien, trat sie unter dem Titel »System der Wissenschaft von G.W.F. Hegel. Erster Teil, die Phänomenologie des Geistes« ans Licht der Öffentlichkeit. Daß dieser »Teil« sich jedoch in sehr spezifischer Weise auf das – damals erst zu schaffende – Systemganze bezieht, er insofern ebensowohl zum System gehört wie selbst noch *nicht* System *ist*, erläutert Hegel in »Vorrede« und »Einleitung«. Es heißt dort: »Das Werden der Wissenschaft überhaupt oder des Wissens ist es, was diese Phänomenologie des Geistes darstellt.«[36] Gegenstand der »Phänomenologie« ist also ausdrücklich nicht die Darstellung der Wissenschaft, sondern die Darstellung des »*Werdens* der Wissenschaft«. Es geht um die *Herleitung* jenes wissenschaftlichen Standpunkts, auf dem das philosophische System sich später konstituieren wird, den es folglich *voraussetzt*. In einer *Anmerkung* zur Vorrede der »Logik« aus dem Jahr 1831, in der Hegel eine Neuerscheinung der »Phänomenologie« auf »nächste Ostern« ankündigt, weist er übrigens darauf hin, daß dieser zweiten Auflage der Titel »Erster Teil des Systems der Wissenschaft« »nicht mehr beigegeben«[37] werden sollte.

---

36 G.W.F. Hegel »Phänomenologie des Geistes«, in: Suhrkamp taschenbuch, Hegel-Werke in 20 Bänden, Frankfurt/Main 1986, Bd. 3, S. 31
37 G.W.F. Hegel »Wissenschaft der Logik«, Verlag Felix Meiner Leipzig 1948, Bd. 1, S. 7

Die »Phänomenologie« ist also keineswegs unmittelbarer »Teil« des Systems; sie übernimmt vielmehr auf ganz spezifische und in der Tradition beispiellose Weise eben jene Aufgabe, die seit Descartes an jedes wissenschaftliche Philosophieren gestellt war: nämlich die *erkenntnistheoretische Grundlage* der Philosophie zu klären, *bevor* mit dem Philosophieren im eigentlichen Sinne begonnen wird. »Das Ziel [der »Phänomenologie«] ist die Einsicht des Geistes in das, was das Wissen ist.«[38] Erst wenn diese Einsicht gewonnen ist, wird Philosophie als Wissenschaft und System möglich.

Nun ist bekannt, daß Hegel den Anspruch, man müsse vor dem Erkennen das Erkenntnisvermögen untersuchen, oft und grob verspottet hat. So heißt es etwa in der »Geschichte der Philosophie« gegen Kant: »Es ist, als ob man mit Spießen und Stangen auf die Wahrheit losgehen könnte. Vor der Wahrheit erkennt das Erkennen nichts Wahres ...«[39] Auch die Einleitung der »Phänomenologie« beginnt mit einer Polemik gegen die »natürliche Vorstellung«, daß »ehe in der Philosophie an die Sache selbst, nämlich an das wirkliche Erkennen dessen, was in Wahrheit ist, gegangen wird, es notwendig sei, vorher über das Erkennen sich zu verständigen, das als das Werkzeug, wodurch man des Absoluten sich bemächtige, oder als das Mittel, durch welches hindurch man es erblicke, betrachtet wird«[40]. Indessen kommt auch Hegel nicht daran vorbei, daß all diese »Vorstellungen und Redensarten«[41], diese »leeren Erscheinungen des Wissens«[42] einmal in der Welt sind. Und speziell nach der Destruktion des Verstandesdenkens durch die Kantische Kritik ist wissenschaftliche Philosophie mit absolutem Erkenntnisanspruch nur wieder möglich, wenn sie vorab ihren Standpunkt klärt. »Die Wissenschaft muß sich von diesem Scheine [den falschen erkenntnistheoretischen Vorstellungen] befreien, und sie kann dies nur dadurch, daß sie sich gegen ihn wendet.«[43] Der Kern dieser falschen Vorstellungen liegt gerade in der mit Descartes gestellten Aufgabe, d.h. in der Forderung einer *isoliert für sich* – unabhängig von allgemeiner Ontologie – vollzogenen Vorabklärung des erkenntnistheoretischen Standpunkts einer Philosophie. Denn in dieser Forderung ist bereits die unaufhebbare Kluft, die Gleichgültigkeit zwischen Denken und Sein, logischen und Seinsstrukturen impliziert, wenn diese Konsequenz auch

---

38 G.W.F. Hegel »Phänomenologie des Geistes«, a.a.O. S. 33
39 G.W.F. Hegel »Geschichte der Philosophie«, in: Suhrkamp taschenbuch, Hegel-Werke in 20 Bänden, Frankfurt/Main 1986, Bd. 20, S. 334
40 G.W.F. Hegel »Phänomenologie des Geistes«, a.a.O. S. 68
41 Ebd. S. 71
42 Ebd. S. 71
43 Ebd. S. 71

erst durch Kant ausgesprochen und zur Grundlage des Philosophierens erhoben wurde. Wird nun der *wissenschaftliche Standpunkt*, in dem dieses gleichgültige Verhältnis überwunden ist, letzterem schlechthin entgegengestellt, bleibt er ebenso wie dieses *bloße Behauptung* und ist ihm damit faktisch gleichwertig. Die einzig wahrhafte Widerlegung dieser »leeren Erscheinungen des Wissens« ist ihre *Darstellung*, sofern sie sich in ihr als widersprüchlich und sich selbst aufhebend erweisen; der wissenschaftliche Standpunkt ist dann absolut begründet – in sich selbst und gegen sie –, wenn er sich als notwendige *Konsequenz* ihrer eigenen Bewegung und Dialektik aufzeigen läßt. »Aus diesem Grunde soll [in der »Phänomenologie«]... die Darstellung des erscheinenden Wissens vorgenommen werden.«[44]

Der allen Formen dieses »erscheinenden Wissens« gemeinsame Grundzug ist, wie erwähnt, ihr Ausgehen von den »zwei Momente[n] des Wissens und der dem Wissen negativen Gegenständlichkeit.«[45] In dieser abstrakten Scheidung und Entgegensetzung von Wissen und Gewußtem, Erkennen und Erkanntem liegt für Hegel der *Standpunkt des Bewußtseins*, des »unmittelbaren Daseins des Geistes«[46]. Dies »Element des unmittelbaren Daseins« ist demnach »die Bestimmtheit, wodurch sich dieser Teil der Wissenschaft [die »Phänomenologie«] von dem anderen unterscheidet. Indem in diesem Elemente sich der Geist entwickelt und seine Momente auslegt, so kommt ihnen dieser Gegensatz zu, und sie treten alle als Gestalten des Bewußtseins auf.«[47] Die Dialektik dieser »Gestalten des Bewußtseins« mündet schließlich im absoluten Wissen, in dem der Standpunkt des Bewußtseins – und damit die Voraussetzung einer isoliert für sich betreibbaren Erkenntnistheorie – aufgehoben wird. Auf dieser Basis konstituiert sich dann das System.

Gegenstand der »Phänomenologie« ist also nicht die natürliche oder gesellschaftliche Geschichte im allgemeinen, sondern die *Geschichte des menschlichen Bewußtseins* in seiner Auseinandersetzung mit der natürlichen und gesellschaftlichen Außenwelt. Die »Phänomenologie« ist die universelle historische Darstellung der verschiedenen erkenntnistheoretischen Einstellungen als jeweils spezifischer Versuche, die Realität gedanklich zu bewältigen und das Verhältnis des menschlichen Denkens zu ihr zu bestimmen; sie weist die all diesen Versuchen immanente Dialektik und Widersprüchlichkeit nach, die sie schließlich zur Selbstaufhebung und zum Übergang in die nächsthöhere Bewußtseinsform füh-

---

44 Ebd. S. 72
45 Ebd. S. 38
46 Ebd. S. 38
47 Ebd. S. 38

ren. Und sie deckt die den verschiedenen erkenntnistheoretischen Haltungen impliziten *Ontologien* auf, d.h. die in jeder Bestimmung des Stellung des Denkens zum Sein untrennbar enthaltene *Bestimmung des Seins* selbst. Jede Veränderung der *Bewußtseinsform* zieht daher – *für das Bewußtsein, nicht an sich!* – eine Veränderung des *Gegenstandes* des Bewußtseins – d.h. eine veränderte *Bestimmung* des Gegenstandes durch das Bewußtsein – nach sich. Beide Seiten – Bewußtsein und Gegenstand, Erkenntnistheorie und Ontologie – bilden insofern von Beginn an eine Einheit; sie unterliegen einer gemeinsamen dialektischen Entwicklung, in deren Resultat – im absoluten Wissen – sich ihre vorausgesetzte Unabhängigkeit voneinander schließlich auch explizit aufhebt. Hegel beschreibt den konkreten Fortgang dieser Entwicklung folgendermaßen: »Es wird hiermit dem Bewußtsein, daß dasjenige, was ihm vorher das *Ansich* war, nicht an sich ist oder daß es nur *für es* an sich war. Indem es also an seinem Gegenstande sein Wissen diesem nicht entsprechend findet, hält auch der Gegenstand selbst nicht aus ...Diese *dialektische* Bewegung, welche das Bewußtsein an ihm selbst, sowohl an seinem Wissen als an seinem Gegenstande ausübt, *insofern ihm der neue wahre Gegenstand* daraus *entspringt*, ist eigentlich dasjenige, was *Erfahrung* genannt wird.«[48] In dieser Folge treten immer neue Gestalten des Bewußtseins auf, wobei immer wieder, »...was zuerst als der Gegenstand erschien, dem Bewußtsein zu einem Wissen von ihm herabsinkt... Dieser Umstand ist es, welcher die ganze Folge der Gestalten des Bewußtseins in ihrer Notwendigkeit leitet..«[49] Insgesamt gilt: »Die Reihe seiner Gestaltungen, welche das Bewußtsein auf diesem Wege durchläuft, ist ...die ausführliche Geschichte der *Bildung* des Bewußtseins selbst zur Wissenschaft.«[50] Da die Abfolge der verschiedenen Bewußtseinsgestalten aufgrund der geschilderten Dialektik in sich notwendig ist, »ist dieser Weg zur Wissenschaft selbst schon Wissenschaft und nach ihrem Inhalte hiermit Wissenschaft der *Erfahrung des Bewußtseins*.«[51]

Die »Phänomenologie« bezieht sich natürlich auf die gleiche Realität von Natur und Geschichte wie das System selbst. Aber sie bezieht sich auf diese Realität nicht *als solche*, sondern unter einem spezifischen, durch ihren Gegenstand bedingten Gesichtspunkt, welcher seinerseits diese Realität in einer spezifischen Beleuchtung erscheinen läßt. Darauf weist Hegel mehrfach ausdrücklich hin. So heißt es in der »Einleitung«: »Die Erfahrung, welche das Bewußtsein

---
48 Ebd. S. 78
49 Ebd. S. 80
50 Ebd. S. 73
51 Ebd. S. 80

über sich macht, kann ihrem Begriffe nach nichts weniger in sich begreifen als das ganze System desselben, oder das ganze Reich der Wahrheit des Geistes, so daß die Momente derselben in dieser eigentümlichen Bestimmtheit sich darstellen, nicht abstrakte, reine Momente zu sein, sondern so, wie sie für das Bewußtsein sind oder wie dieses selbst in seiner Beziehung auf sie auftritt, wodurch die Momente des Ganzen *Gestalten des Bewußtseins* sind. Indem es zu seiner wahren Existenz sich forttreibt, wird es einen Punkt erreichen, auf welchem es seinen Schein ablegt, mit Fremdartigem, das nur für es und als ein Anderes ist, behaftet zu sein, oder wo die Erscheinung dem Wesen gleich sein wird ...; und endlich, indem es selbst dies sein Wesen erfaßt, wird es die Natur des absoluten Wissens selbst bezeichnen.«[52] Die »Phänomenologie« ist also ihrem Anspruch und Ansinnen nach ausdrücklich *keine Geschichtsphilosophie* (wie auch natürlich keine Naturphilosophie) und eine Interpretation, die sie als solche zu fassen sucht, muß die Hegelschen Anschauungen aufs gröbste entstellen. Die Darstellung der »Phänomenologie« gründet sich vielmehr auf einer bewußt vorgenommenen, gegenstandsbedingten *Abstraktion*. Diese Abstraktion unterscheidet sich von derjenigen, auf der das Hegelsche System selbst basiert. Die letztere – der Standpunkt der spekulativen Methode – wird in der »Phänomenologie« aus der Dialektik der Bewußtseinsgestalten *abgeleitet*, ist also ihr *Resultat*. Darin – und nur darin – besteht ihr Bezug auf das System. (Wir werden auf die Spezifik der das System selbst begründenden Abstraktion – d.h. das Wesen der spekulativen Methode und das in ihr gesetzte Verhältnis von Sein und Denken – an späterer Stelle ausführlich eingehen. Auch die konkrete Art und Weise ihrer Ableitung in der »Phänomenologie« interessiert uns hier noch nicht. Hier geht es zunächst ausschließlich um die Spezifik der phänomenologischen Kategorien und des sie begründenden Abstraktionsschrittes.)

Daß die menschliche Geschichte in der »Phänomenologie« als *Geschichte des Bewußtseins*, als Abfolge von Bewußtseinsgestalten *erscheint*, ist also schlicht *Ausdruck ihres spezifischen Gegenstands*. Es bedeutet in keiner Weise, daß Hegel die Weltgeschichte in ihrem Wesen als bloße Bewußtseinsgeschichte auffassen würde. Vielmehr wird in der »Phänomenologie« selbst – im übrigen schon in ihrem Titel als *Phänomenologie* – immer wieder ausdrücklich betont, das der Darstellung der reinen Bewegung der Bewußtseinsgestalten eine *Abstraktion* zugrunde liegt: die Abstraktion nämlich von ihrem gesellschaftlichen Hintergrund, in den sie *objektiv* eingebettet sind und durch den sie in ihrer konkreten Beschaffenheit bestimmt werden. Wenn Hegel etwa das Verhältnis von Herr und Knecht in der »Phänomenologie« als Verhältnis zweier Bewußtseins-

---

52 Ebd. S. 80/81

gestalten untersucht, so heißt das nicht, daß er das Wesen realer Herrschafts- und Knechtschaftsverhältnisse in ihren Bewußtseinsformen sieht; es heißt lediglich, daß das, was ihn an den realen Herrschafts- und Knechtschaftsverhältnissen *in der »Phänomenologie«* interessiert, eben das Verhältnis und die Dialektik der ihnen entsprechenden *Bewußtseinsformen* ist und nicht diese realen Verhältnisse selbst. Von letzteren abstrahiert die »Phänomenologie« bewußt und es ist ihr spezifischer Gegenstand und Zielpunkt, der ihr diese Abstraktion vorschreibt.

Verunklärt werden diese Verhältnisse allerdings dadurch, daß Hegel selbst in der »Phänomenologie« über sein ursprüngliches Programm hinausgeht. Die »Momente des Geistes«, die er in ihr entwickelt, sind nämlich keineswegs alle bloße »Gestalten des Bewußtseins«. Genau genommen trifft diese Bestimmung allein auf die ersten drei Abschnitte der »Phänomenologie« – die Abschnitte »Bewußtsein«, »Selbstbewußtsein« und »Vernunft« – zu. Mit dem Übergang zum Geist wird die Sphäre des *Bewußtseins* und damit auch die ihr eigentümliche Abstraktionsstufe verlassen. Nach Hegels eigener Bestimmung unterscheiden sich die dem Übergang zum *Geist* folgenden Gestalten von den vorangegangenen dadurch, » ...daß sie die realen Geister sind, eigentliche Wirklichkeiten, und statt Gestalten nur des Bewußtseins Gestalten einer Welt.«[53] Der Geistbegriff wird hier annähernd synonym zu dem späteren Begriff des »objektiven Geistes« gebraucht; dessen Spezifik aber liegt gerade darin, kein rein geistiges, bewußtseinsabhängiges Prinzip zu repräsentieren, sondern das gesellschaftliche Sein in seiner vom Bewußtsein des Einzelnen unabhängigen, jeweils konkret-historischen Realität. (Wir werden auf den Hegelschen Geistbegriff bei Behandlung der Hegelschen Ontologie zurückkommen.) Anläßlich des Überganges zum »Geist« benennt Hegel nochmals ausdrücklich die der vorangegangenen Darstellung zugrunde liegende Abstraktion. So heißt es über das Verhältnis von Geist und Selbstbewußtsein: »Die Substanz und das allgemeine, sich selbst gleiche, bleibende Wesen, – ist er der unverrückte und unaufgelöste *Grund* und *Ausgangspunkt* des Tuns aller und ihr *Zweck* und *Ziel*, als das gedachte *Ansich* aller Selbstbewußtseine. ...Der Geist ist hiermit das sich selbst tragende, absolute reale Wesen. Alle bisherigen Gestalten des Bewußtseins sind Abstraktionen desselben; sie sind dies, daß er sich analysiert, seine Momente unterscheidet und bei einzelnen verweilt. Das Isolieren solcher Momente hat ihn selbst zur *Voraussetzung* und zum *Bestehen*, oder es existiert nur in ihm, der die Existenz ist. Sie haben so isoliert den Schein, als ob sie als solche *wären*; aber wie sie nur Mo-

---

53 Ebd. S. 326

mente oder verschwindende Größen sind, zeigte ihre Fortwälzung und Rückgang in ihren Grund und Wesen ...«[54] Der Geist – das bewußtseinsunabhängige gesellschaftliche Sein – wird damit ausdrücklich als unablösbare Grundlage der verschiedenen Bewußtseinsgestalten bestimmt, welche Grundlage in der vorhergehenden Darstellung – gegenstandsbedingt – nur noch nicht als solche reflektiert wurde; *in ihrer Existenz* – anders als in ihrer Darstellung – waren diese Bewußtseinsgestalten niemals für sich freischwebend, sondern immer an diese reale Seinsgrundlage gebunden.

Aber auch mit dem Übergang zum »Geist« wird die »Phänomenologie« nicht zur allgemeinen Geschichtsphilosophie. Ziel ihrer Analyse – und damit deren spezifischer Blickwinkel – ist nach wie vor die Ableitung des wissenschaftlichen Standpunkts, d.h. der spekulativen Methode in ihrer konkreten logischen Struktur. Diese hat sich aus der bisherigen Darstellung noch nicht ergeben; es hat sich vielmehr gezeigt, daß sie *allein* aus der dialektischen Bewegung der Bewußtseinsformen gar nicht ableitbar ist. Ergebnis dieser Bewegung ist die Aufhebung des Gegensatzes von Bewußtsein und Gegenstand, damit die Anerkennung der Einheit von Ontologie und Erkenntnistheorie (folglich auch Methodologie). Aus dieser Einheit folgt jedoch, daß die wissenschaftliche Methode nur über eine Analyse von Seinsstrukturen selbst – und nicht allein aus der Dialektik der Bewußtseinsformen – zu gewinnen ist. Denn die absolute Methode kann ja nur dann ihren Anspruch – die Reproduktion wesentlicher Seinszusammenhänge im Medium des Logischen – erfüllen, wenn ihre logische Struktur den ontischen Strukturen im Wesen entspricht. Um jedoch zu erkennen, welche logischen Grundfiguren diesen Strukturen angemessen sind, müssen die letzteren selbst in Betracht genommen werden. Die wissenschaftliche Methode läßt sich demnach weder a priori noch aus abstrakt erkenntnistheoretischen Erwägungen heraus entwerfen, sondern nur mit Blick auf die realen Strukturen des Seins. Sie besitzt in ihnen ihre Voraussetzung und Bedingung.

Entsprechend folgt nun in der Hegelschen »Phänomenologie« eine Untersuchung des *Zusammenhangs* zwischen den verschiedenen Rationalitätstypen und den historischen Gesellschaftsformen, in deren Rahmen sie jeweils entstanden sind. Die realhistorische Erscheinung des Verhältnisses einzelner und allgemeiner Interessen wird dabei als *wesentlicher Grund* der allgemein-philosophischen Bestimmung des Verhältnisses von Einzelnem und Allgemeinem in den verschiedenen Bewußtseinsformen erfaßt. Der letzte Teil der »Phänomenologie« gibt schließlich eine Analyse der verschiedenen Versuche der Menschheit, die

---

54 Ebd. S. 325/326

konkrete Struktur des Seins als Totum und die Stellung des Menschen in diesem Totum in religiösen Mythen bzw. künstlerischen Bildern zu erfassen und niederzulegen.

Mit dem Übergang zum *Geist* ist allerdings die phänomenologische Sphäre im eigentlichen Sinn – die Darstellung der Dialektik der *Bewußtseinsgestalten* – bereits verlassen. Die Bestimmung der »Phänomenologie« als »Wissenschaft der Erfahrung des Bewußtseins«, wie Hegel sie in der Vorrede und Einleitung vorgenommen hat, erweist sich als unzureichend, sofern sie ihre gestellte Aufgabe: die Herleitung der spekulativen Methode in ihrer konkreten logischen Struktur, erfüllen will. Denn diese Struktur ist mit der bloßen Aufhebung des Gegensatzes von Bewußtsein und Gegenstand, Wissen und Gewußtem noch keineswegs bestimmt. Interessant ist in diesem Zusammenhang folgendes: Im späteren Hegelschen System erscheint die »Phänomenologie« bekanntlich nicht mehr an dessen Anfang, sondern als Unterabschnitt des »Subjektiven Geistes«, und zwar wiederum identifiziert mit der Stufe des Bewußtseins. Allerdings beschränkt sich diese »Phänomenologie« nun tatsächlich auf die Kapitel »Bewußtsein«, »Selbstbewußtsein«, »Vernunft« und endet dort, wo sich im ursprünglichen Werk der Übergang zum Geist vollzieht. Sie kann auch dort enden, denn im Gegensatz zur ursprünglichen Fassung hat sie lediglich die Aufgabe, die Dialektik des Bewußtseins und seine letztliche Selbstaufhebung darzustellen, nicht aber die, die Struktur der absoluten Methode zu entwickeln. Die letztere Aufgabe kommt im späteren System genau genommen der »Logik« selbst zu, als deren Ergebnis die wissenschaftliche Methode in ihrer konkreten Gestalt hervorgeht. Dessen ungeachtet hat Hegel, wie aus der bereits zitierten Anmerkung in der Vorrede der »Logik« hervorgeht, noch kurz vor seinem Tod eine – vermutlich überarbeitete – Neuauflage der ursprünglichen »Phänomenologie« geplant. Auch bezieht sich die »Einleitung« der 1831 erschienenen »Logik« wiederum ausdrücklich auf die »Phänomenologie« als ihre Voraussetzung. Allerdings wird hier deren Ergebnis wesentlich auf die *Aufhebung des Gegensatzes von Bewußtsein und Gegenstand* – d.h. die Aufhebung der falschen erkenntnistheoretischen Voraussetzungen – reduziert. Die Grundfiguren der wissenschaftlichen Methode erscheinen dagegen als Resultat der *logischen Entwicklung selbst*.

Indessen ist das Verhältnis der beiden »Phänomenologien« zueinander im Hegelschen System ein Thema, das uns im Rahmen dieser Arbeit nicht näher beschäftigen kann.

2. Die Kategorie des »Selbstbewußtseins« im Hegelschen System

Ein entscheidender Kritikpunkt Marx' am Hegelschen System – ja der argumentative Ausgangspunkt seiner Kritik – lag, wie wir sehen konnten, in der These, die Hegelsche Philosophie reduziere das menschliche Wesen auf abstraktes Selbstbewußtsein. Wir werden daher im folgenden der Kategorie des Selbstbewußtseins und ihrer Stellung im Hegelschen System auf den Grund zu gehen suchen.

Bekanntlich erscheint die Kategorie des Selbstbewußtseins in der junghegelianischen Rezeption – insbesondere bei Bruno Bauer – tatsächlich als *die* Zentralkategorie der Hegelschen Philosophie. So interpretiert Bruno Bauer Hegels Bestimmung, die Substanz sei wesentlich Subjekt, als Aufhebung und Auflösung der Substanz *im Selbstbewußtsein*. Folgerichtig heißt es in der »Posaune des Jüngsten Gerichts« : »So wird nun das Selbstbewußtsein des Menschen alles, alles, es wird ein All, und ihm gehört die Allgemeinheit an, welche scheinbar der Substanz zugeschrieben wurde.«[55] Und an anderer Stelle: » ...das in sich gehende Selbstbewußtsein ist der allmächtige Hexenmeister, welcher das Universum mit allen seinen Unterschieden schafft. Dieser eine Akt des Insichgehens wirft aus dem Selbstbewußtsein seine Allgemeinheit als das Gute und als die Idee heraus, setzt den Menschen als endlich und natürlich und bewirkt es, daß für sein Bewußtsein die endliche und natürliche Welt überhaupt existiert.«[56] Für Bauer ist folglich »...das Selbstbewußtsein ...die einzige Macht der Welt und der Geschichte, und die Geschichte hat keinen anderen Sinn als den des Werdens und der Entwicklung des Selbstbewußtseins.«[57] Entsprechend erscheint Bauer der Hegelsche »Weltgeist« als ein bloßes »Gespenst«; er sei »nur ein Bild, welches der Philosoph zuweilen aufstellt«[58], das aber gegenüber den Selbstbewußtseinen keine eigenständige Realität habe. »Der Weltgeist hat erst seine Wirklichkeit im Menschengeiste ...Er hat kein Reich für sich, keine Welt für sich, keinen Himmel für sich, er hat keinen Thron und Zepter, denn das 'einzige Geisterreich, das es gibt, das wahrhafte Geisterreich, ist jener lange Zug von Geistern', die in der Geschichte gedacht und – revolutioniert haben.«[59]

---

55 Bruno Bauer »Die Posaune des jüngsten Gerichts über Hegel, den Atheisten und Antichristen«, in: »Die hegelsche Linke. Dokumente zu Philosophie und Politik im deutschen Vormärz« Verlag Philipp Reclam jun. Leipzig 1985, S. 286
56 Ebd. S. 360
57 Ebd. S. 291
58 Ebd. S. 291
59 Ebd. S. 290/291

Hegel habe » ...nur das Selbstbewußtsein für die einzige Macht der Welt, für den Schöpfer, Herrn und Tyrannen der Welt erklärt.«[60]

Es ist klar, daß Bauer mit dieser Interpretation in erster Linie das Ziel verfolgt, jedes transzendente, menschenjenseitige – ergo: religiöse – Prinzip aus der Welterklärung zu vertreiben und die Hegelsche Philosophie konsequent atheistisch auszulegen: »Diese Philosophie will keinen Gott, keine Götter, wie die Heiden; sie will nur Menschen, nur das Selbstbewußtsein, und alles ist ihr eitel Selbstbewußtsein.«[61] Im Konkreten geht es Bauer also gar nicht um Geschichts- sondern um Religionsphilosophie; es geht um den Nachweis, daß bereits Hegel die religiösen Vorstellungen als Schöpfungen des menschlichen Geistes durchschaut und als solche dargestellt habe. Entsprechend schreibt Bauer: »Das realisierte Selbstbewußtsein ist jenes Kunststück, daß das Ich sich einerseits wie in einem Spiegel verdoppelt und endlich nachher, wenn es sein Spiegelbild jahrtausendelang für Gott gehalten, dahinterkommt, daß jenes Bild im Spiegel es selber sei. ...Die Religion hält jenes Spiegelbild für Gott, die Philosophie hebt die Illusion auf und zeigt dem Menschen, daß hinter dem Spiegel niemand steckt, daß es also nur der Widerschein des Ich sei, mit welchem bis dahin dasselbe verhandelt ...«[62] In diesem Zusammenhang polemisiert Bauer im besonderen gegen Strauß' Interpretation der Religion als Substantialitätsverhältnis.

Nun erscheint bei Hegel das Substantialitätsverhältnis in der Tat als unzureichend und es wird die Forderung aufgestellt, »...das Wahre nicht als Substanz, sondern ebensosehr als Subjekt aufzufassen und auszudrücken.«[63] Der Kategorie der Substanz *fehlt* noch das Prinzip der Einzelheit, Tätigkeit – also des Selbstbewußtseins. Aber indem sie dieses in sich aufnimmt, geht sie keineswegs in es über, sondern die höhere Einheit, welche beide umfaßt, ist für Hegel die Kategorie des *Geistes*. So heißt es in der »Vorrede« zur »Phänomenologie«: »Daß das Wahre nur als System wirklich oder daß die Substanz wesentlich Subjekt ist, ist in der Vorstellung ausgedrückt, welche das Absolute als <u>Geist</u> ausspricht.«[64] Und ganz ähnlich in der späteren »Geschichte der Philosophie«: »Die absolute Substanz ist das Wahre, aber sie ist noch nicht das ganze Wahre; sie muß auch als in sich tätig, lebendig gedacht werden und eben dadurch sich als <u>Geist</u> bestimmen.«[65]

Worin liegt nun die Spezifik der Kategorie des »Selbstbewußtseins« und was

---

60 Ebd. S. 343
61 Ebd. S. 274
62 Ebd. S. 354
63 G.W.F. Hegel »Phänomenologie des Geistes«, a.a.O. S. 23
64 Ebd. S. 28
65 G.W.F. Hegel »Geschichte der Philosophie« a.a.O. S. 166

unterscheidet sie von der Kategorie des »Geistes«? In der »Enzyklopädie« erscheint das Selbstbewußtsein im Abschnitt »subjektiver Geist«, und zwar im Rahmen der dortigen »Phänomenologie des Geistes«. Es bezeichnet insofern ausdrücklich nur eine *Stufe der Bewußtseinsentwicklung*, und zwar diejenige, die den Übergang zwischen dem »Bewußtsein« als solchem und der »Vernunft« bildet. Bestimmt wird diese Stufe folgendermaßen: »Der Ausdruck vom Selbstbewußtsein ist Ich = Ich; – abstrakte Freiheit, reine Idealität ...Das abstrakte Selbstbewußtsein ist die *erste* Negation des Bewußtseins, daher auch behaftet mit einem äußerlichen Objekt, formell mit der Negation seiner...«[66] Im Zusatz zum § 387 der »Enzyklopädie« wird dieser Übergang folgendermaßen beschrieben: »Indem nun aber das Ich sich aus seiner Beziehung auf Anderes in sich reflektiert, wird es Selbstbewußtsein. In dieser Form weiß das Ich sich zunächst nur als das unerfüllte Ich und allen konkreten Inhalt als ein Anderes. Die Tätigkeit des Ich besteht hier darin, die Leere seiner abstrakten Subjektivität zu erfüllen, das Objektive in sich hineinzubilden, das Subjektive objektiv zu machen.«[67] Ganz ähnlich hieß es bereits in der ursprünglichen »Phänomenologie«: »Das Bewußtsein hat als Selbstbewußtsein nunmehr einen gedoppelten Gegenstand, den einen, den unmittelbaren, den Gegenstand der sinnlichen Gewißheit und des Wahrnehmens, der aber *für es* mit dem *Charakter des Negativen* bezeichnet ist, und den zweiten, nämlich sich selbst, welcher das wahre Wesen und zunächst nur erst im Gegensatze des ersten vorhanden ist. Das Selbstbewußtsein stellt sich hierin als die Bewegung dar, worin dieser Gegensatz aufgehoben und ihm die Gleichheit seiner selbst mit sich wird.«[68] Das Selbstbewußtsein steht also keineswegs für das *Wesen des Menschen*, sondern kennzeichnet eine spezifische Stufe menschlicher Bewußtseinsentwicklung; und zwar jene, in der sich der Mensch aus Anderem auf *sich* reflektiert und sich seiner als *Einzelnem* – und zwar als abstrakt für sich isoliertem Einzelnen – bewußt wird. Diese Bestimmung der *abstrakten Einzelheit* ist konstitutiv für die Stufe des Selbstbewußtseins. Das ihr entsprechende Verhältnis zur Außenwelt – zu Natur und Gesellschaft – ist folglich das einer *abstrakten Negation*. Die ganze Entwicklung des Selbstbewußtseins in der »Phänomenologie« besteht nun darin, daß der Mensch durch konkrete Erfahrung diesen Standpunkt eines für sich isolierten, abstrakten Einzelnen – und damit zugleich das abstrakt negative Verhältnis zu seiner natürlichen und gesellschaftlichen Außenwelt – überwindet; indem er ihn

---

66 G.W.F. Hegel »Enzyklopädie der philosophischen Wissenschaften«, in: Suhrkamp taschenbuch, Hegel-Werke in 20 Bänden, Frankfurt/Main 1986, Bd.10, S. 213
67 Ebd. S. 41
68 G.W.F. Hegel »Phänomenologie des Geistes« a.a.O. S. 139

überwindet, überwindet er zugleich die Stufe des *Selbstbewußtseins* im eigentlichen Sinn, wird *Vernunft* und schließlich *Geist*.

Um die Hegelsche Bestimmung dieser Kategorie zu verdeutlichen, wollen wir die Entwicklung des *Selbstbewußtseins* innerhalb der »Phänomenologie« in ihren Grundzügen skizzieren: »Das Selbstbewußtsein ist zunächst einfaches Fürsichsein, sichselbstgleich durch das Ausschließen aller anderen aus sich; sein Wesen und absoluter Gegenstand ist ihm Ich; und es ist in dieser Unmittelbarkeit oder in diesem Sein seines Fürsichseins Einzelnes...«[69] Die Gegenstände der Außenwelt ebenso wie die anderen Selbstbewußtseine haben für das einzelne Selbstbewußtsein keine Selbständigkeit und Wahrheit; es ist auf ihre Vernichtung gerichtet. Bezogen auf die Naturdinge verhält es sich so als *Begierde*. Bezogen auf die anderen Individuen geht es zunächst auf deren Tod, sodann auf ihre Unterwerfung. Im Verhältnis von Herr und Knecht treten die zwei Momente, die das Selbstbewußtsein als einzelnes notwendig an sich hat – Fürsichsein und Sein-für-Anderes – als zwei Gestalten des Bewußtseins auseinander. Im Prozeß der Arbeit erfährt das knechtische Bewußtsein allerdings den Gegenstand gleichermaßen als selbständigen wie auch als rational erkenn- und somit beherrschbaren; durch Einschub des *Mittels* im Arbeitsprozeß wird die Begierde *gehemmt*; die Auseinandersetzung mit der Außenwelt erhält gegenständliche Form und damit ein *Bleiben*, das sich über die Befriedigung der unmittelbaren Begierde hinaus erhält; der schlecht unendliche Progreß des organischen Seins, das in seiner Auseinandersetzung mit der Umwelt immer wieder beim gleichen Ausgangspunkt beginnt und daher nie über das einzelne Lebewesen als *unmittelbar einzelnes* hinauskommt, verwandelt sich damit in den konkreten Prozeß fortschreitender Natureinsicht und -bewältigung. In den Produkten seiner Arbeit findet das arbeitende Bewußtsein sich selbst wieder; es kommt zur Anschauung des selbständigen Seins als seiner selbst, bzw. seiner selbst *im Anderen*. Sein Verhältnis zu den Außendingen ist damit kein *abstrakt negatives* mehr, wie in der unmittelbaren, nur vernichtenden *Begierde*. In letzter Konsequenz bleiben die Zwecksetzungen des Menschen im ökonomischen Produktionsprozeß jedoch stets nur *beschränkte, besondere*; sie werden ihm von seinen Naturnotwendigkeiten diktiert und er bleibt in den *Mitteln* seines Handelns ein von den äußeren Naturzusammenhängen – in welchem Grade sich diese auch immer als rational erfaßbar und damit beherrschbar erweisen – *abhängiger*.

Das Selbstbewußtsein gewinnt nun seine nächste, höhere Gestalt, indem es sich auf sich selbst *als Ansichsein* bezieht. Das Selbstbewußtsein als *denkendes* erkennt sich als »*ansichseiendes Element*«. Freilich ist der so gewonnene Stand-

---
[69] Ebd. S. 147/148

punkt wiederum ein begrenzter: das Selbstbewußtsein» ...ist sich dies Element nur erst als allgemeines Wesen überhaupt, nicht als dies gegenständliche Wesen in der Entwicklung und Bewegung seines mannigfaltigen Seins.«[70] Die Freiheit des abstrakt einzelnen Selbstbewußtseins ist bloßer Rückzug aus der gesellschaftlichen Realität, die unangefochten als eine Welt realer Herrschafts- und Knechtschaftsverhältnisse bestehen bleibt. Ausdruck dieser Stufe sind die Philosophien des Selbstbewußtseins: Stoizismus und Skeptizismus (in der späteren Systematik auch Epikureismus) sowie das »unglückliche Bewußtsein«, d.h. das entstehende Christentum. Den Mangel dieses Standpunkts bestimmt Hegel folgendermaßen: »Dies Bewußtsein ist ...negativ gegen das Verhältnis der Herrschaft und Knechtschaft; sein Tun ist ...wie auf dem Throne so in den Fesseln, in aller Abhängigkeit seines einzelnen Daseins frei zu sein und die Leblosigkeit sich zu erhalten, welche sich beständig aus der Bewegung des Daseins, aus dem Wirken wie aus dem Leiden, in *die einfache Wesenheit des Gedankens zurückzieht.* ...so ist dies sein Wesen ebenso nur ein abstraktes Wesen. Die Freiheit des Selbstbewußtseins ist *gleichgültig* gegen das natürliche Dasein, hat darum *dieses ebenso frei entlassen* ... so, wie er [der Gedanke] sich hier als *Abstraktion* von der Mannigfaltigkeit der Dinge sich abtrennt, hat er *keinen Inhalt an ihm selbst*, sondern *einen gegebenen* ...«[71] Die Freiheit des Selbstbewußtseins als abstrakt Einzelnem kommt für sich zu keinem Inhalte; sie nimmt daher den *gegebenen* Inhalt der unfreien Welt in sich auf und schlägt in Unfreiheit um. Dieser Standpunkt des Selbstbewußtsein konnte »als allgemeine Form des Weltgeists« so nur »in der Zeit einer allgemeinen Furcht und Knechtschaft«[72] entstehen und er ist seinerseits *Ausdruck* dieser realen Knechtschaftsverhältnisse. Vermittelt über das »unglückliche Bewußtsein« geht das Selbstbewußtsein schließlich in die Vernunft über und hebt sich in ihr auf. Kennzeichnend für diesen Übergang ist in der Bestimmung der »Phänomenologie« folgendes: »Damit, daß das Selbstbewußtsein Vernunft ist, schlägt sein bisher negatives Verhältnis zu dem Anderssein in ein positives um. Bisher ist es ihm nur um seine Selbständigkeit und Freiheit zu tun gewesen, um sich für sich selbst auf Kosten der *Welt* oder seiner eigenen Wirklichkeit, welche ihm beide als das Negative seines Wesens erschienen, zu retten und zu erhalten. Aber als Vernunft, seiner selbst versichert, hat es die Ruhe gegen sie empfangen und kann sie ertragen; ...Es ist ihm, indem es sich so erfaßt, als ob die Welt erst jetzt ihm würde...«[73]

---

70 Ebd. S. 156/157
71 Ebd. S. 157
72 Ebd. S. 157
73 Ebd. S. 178/179

Die ganze Bewegung des Selbstbewußtseins in seinen verschiedenen Gestalten dreht sich also um einen zentralen Punkt: um die Überwindung der Bewußtseinshaltung des abstrakten Einzelnen – des rein ausschließenden Ich –, das seiner natürlichen wie gesellschaftlichen Außenwelt lediglich im Verhältnisse abstrakter Negation – d.h. entweder als bloß gedankliches *Abstrahieren* von ihr oder als der ebenso abstrakte und damit undurchführbare Versuch ihrer *Vernichtung* – zu begegnen vermag. Die Überwindung dieser Haltung wiederum ist gleichbedeutend mit der *Aufhebung* der Stufe des Selbstbewußtseins.

Die Kategorie des Selbstbewußtseins steht also bei Hegel keineswegs für das Wesen des Menschen im allgemeinen noch für eine jede bewußtseinsmäßige Selbstreflexion; sie kennzeichnet vielmehr eine spezifische – *zu überwindende* – Bewußtseinshaltung, deren Grundlage das abstrakt einzelne Fürsichsein – das unmittelbare Selbstbewußtsein des einzelnen Menschen – in Abscheidung vom konkreten Allgemeinen der Außenwelt bildet. Daß gerade dieses Verhältnis für den Standpunkt des Selbstbewußtseins konstitutiv ist, wird in einem Zusatz zum § 437 der »Enzyklopädie« ausdrücklich hervorgehoben: »«Indem aber das Selbstbewußtsein zu dieser Allgemeinheit [der in der Vernunft gewonnenen] gelangt, hört es auf, Selbstbewußtsein im eigentlichen oder engeren Sinne des Wortes zu sein, weil zum Selbstbewußtsein als solchem gerade das <u>Festhalten an der Besonderheit des Selbstes</u> gehört. Durch das Aufgeben dieser Besonderheit wird das Selbstbewußtsein zur Vernunft.«[74] Diese wiederum bildet die unmittelbare Brücke zur Kategorie des »Geistes« und damit zur Aufhebung der Stufe des Bewußtseins überhaupt: »Das Selbstbewußtsein, so die Gewißheit, daß seine Bestimmungen ebensosehr gegenständlich, Bestimmungen des Wesens der Dinge, als seine eigenen Gedanken sind, ist die Vernunft, welche als diese Identität nicht nur die absolute *Substanz*, sondern die Wahrheit als *Wissen* ist. ... Diese wissende Wahrheit ist der Geist.«[75]

Das Wesen des Menschen und der menschlichen Gesellschaften wird von Hegel folglich nicht als Selbstbewußtsein, sondern als *Geist* gefaßt. Der Geistbegriff wiederum steht weder für ein rein bewußtseinsmäßiges, noch für ein transzendentes, menschenjenseitiges Prinzip, sondern für die komplizierte Dialektik des Verhältnisses von Einzelnem und Allgemeinem im gesellschaftlichen Sein, die sich aus dem Zusammenhang individuellen Handelns und jener überindividuellen, objektiv-gegenständlichen Strukturen, die die Möglichkeiten und Grenzen menschlichen Handelns bestimmen, ergibt. So faßt Hegel den Geist in der »Phänomenologie« als »...diese absolute Substanz, welche in der vollkom-

---

74 G.W.F. Hegel »Enzyklopädie...« a.a.O. S. 228
75 Ebd. S. 229

menen Freiheit und Selbständigkeit ihres Gegensatzes, nämlich verschiedener für sich seiender Selbstbewußtseine, die Einheit derselben ist; Ich das Wir, und Wir das Ich ist.«[76] Und am Ende der »Phänomenologie« heißt es in einer allgemeinen Schlußfolgerung aus ihrem Gesamtverlauf: »Der Geist aber hat sich uns gezeigt, weder nur das Zurückziehen des Selbstbewußtseins in seine reine Innerlichkeit zu sein noch die bloße Versenkung desselben in die Substanz und das Nichtsein seines Unterschiedes, sondern *diese Bewegung* des Selbsts, das sich seiner selbst entäußert und sich in seine Substanz versenkt und ebenso als Subjekt aus ihr in sich gegangen ist und sie zum Gegenstande und Inhalte macht, als es diesen Unterschied der Gegenständlichkeit und des Inhalts aufhebt.«[77]

Die junghegelianische Rezeption, die den *Geist*begriff in die Kategorie des *Selbstbewußtseins* zurücknimmt und diese als Zentralkategorie des Hegelschen Systems interpretiert, reduziert die Hegelsche Philosophie damit faktisch auf einen subjektiven Idealismus vom Fichteschen Typ. In der Fichteschen Philosophie ist – nach Hegels eigenem Verständnis – tatsächlich das *Selbstbewußtsein* zentrale Kategorie. In seiner »Geschichte der Philosophie« führt Hegel aus: »...wir sehen [bei Fichte] Ich schlechthin bestimmt nur im Gegensatze, Ich nur als Bewußtsein und Selbstbewußtsein, das nicht darüber hinauskommt, noch zum Geiste wird. ...Ich [behält dadurch] die Bedeutung des einzelnen, wirklichen Selbstbewußtseins, entgegengesetzt dem allgemeinen, absoluten, oder dem Geiste, worin es selbst nur Moment ist; denn das einzelne Selbstbewußtsein ist eben dieses, das gegen ein Anderes auf der Seite stehenbleibt.«[78] D.h. die Kategorie des »Selbstbewußtseins« steht bei Hegel nicht nur nicht für das Wesen des Menschen; sie wird vielmehr ausdrücklich als eine in einer *Abstraktion* begründete – daher selbst abstrakte und zu überwindende – Kategorie aufgefaßt: die sie konstituierende Abstraktion liegt in der Auffassung des Menschen als *abstrakt Einzelnem*, die eben seiner *Realität* als konkret gesellschaftlichem Individuum widerspricht.

---

76 G.W.F. Hegel »Phänomenologie...« a. a. O. S. 145
77 Ebd. S. 587/588
78 G.W.F. Hegel »Geschichte der Philosophie« a.a.O. S. 408

3. Das »Geheimnis« der spekulativen Methode

Wohl kein Bereich der Hegelschen Philosophie ist in der Rezeptionsgeschichte heftiger in Verruf geraten als die Hegelsche Konzeption der *Spekulation*. Schon der Begriff »Spekulation« steht im heutigen Sprachgebrauch geradezu für weltfremde Begriffsakrobatik, für willkürlich-metaphysische Gedankenkonstruktionen, die jeden Bezug auf Wirkliches, jede inhaltliche Konkretion und damit jeden Erkenntniswert vermissen lassen. Marxens Ablehnung dieser Hegelschen Konzeption erscheint auf den ersten Blick nicht minder total und scharf als jene, die die positivistischen Philosophien ihr seit jeher entgegenbringen. In der Überzeugung, daß es sich bei der »spekulativen Konstruktion« um ein allemal unbrauchbares und zu überwindendes Relikt des »deutschen Idealismus« handelt, scheinen sich alle – sonst so gegensätzlichen – Richtungen der nachhegelschen Philosophie einig.

Nun ist die Hegelsche Spekulations-Theorie freilich nicht irgendein – beliebig abtrennbares – Element der Hegelschen Philosophie; sie ist vielmehr wesentlicher Kern der Hegelschen Methodenauffassung. Mit jener fällt genau genommen auch diese dem Verdikt des Unbrauchbaren anheim. Es ist daher dringend geboten, an einer Analyse der originären Hegelschen Bestimmungen zu überprüfen, ob und inwieweit die – auch im Marxismus – gängigen Vorurteile überhaupt das Wesen des Spekulationskonzeptes treffen.

Ein oberflächlicher Blick auf die Hegelschen Bestimmungen scheint ihnen zunächst Recht zu geben. So ergibt sich am Ende der »Phänomenologie« als Standpunkt der Wissenschaft: »der reine Begriff..., dessen Fortbewegung ...allein an seiner reinen Bestimmtheit«[79] hängt. Auch in Vorwort und Einleitung der »Wissenschaft der Logik« ist viel von der »reinen Wissenschaft« die Rede, vom »Reich des reinen Gedankens«, in dem »der Begriff als solcher ...das an und für sich Seiende ist«.[80] Und die Vorrede der »Phänomenologie« bestimmte: »Diese Bewegung der reinen Wesenheiten macht die Natur der Wissenschaftlichkeit überhaupt aus. ...In diesem [im »Element des Wissens«] breiten sich nun die Momente des Geistes in der *Form der Einfachheit* aus, die ihren Gegenstand als sich selbst weiß. Sie fallen nicht mehr in den Gegensatz des Seins und Wissens auseinander, sondern bleiben in der Einfachheit des Wissens ...«[81] Diese Formulierungen lassen sich allerdings nur adäquat verstehen, wenn der Hegelsche Begriff des *Begriffs* beachtet wird, der sich von dem formallogischen erheblich unterscheidet.

---

79 G.W.F. Hegel »Phänomenologie...« a.a.O. S. 589
80 G.W.F. Hegel »Wissenschaft der Logik« a.a.O. Bd. 1, S. 31
81 G.W.F. Hegel »Phänomenologie...« a.a.O. S. 39

Machen wir uns zunächst die Ausgangslage der Hegelschen Problemstellung bewußt. Es geht Hegel um den Entwurf einer philosophischen Methode, mittels derer das Denken die Fähigkeit erlangt, die wesentlichen Zusammenhänge und Beziehungen des Seins im Medium des Logischen zu reproduzieren. *Vollständig* geleistet wäre eine solche Aufhebung realer Seinsbeziehungen in logische dann, wenn sich alle unmittelbar nur *gegebenen* Inhalte und Zusammenhänge in *logisch ableitbare* und damit notwendige und vernunftbegründete verwandeln ließen. Letzte Konsequenz dieses Anspruchs wäre also die Auflösung alles kontingenten, a posteriori erfahrbaren Weltgehalts in ein rein a priori – deduktiv – konstruierendes und sich in dieser Konstruktion logisch selbst begründendes System. Mit diesem Anspruch ringt bekanntlich die Philosophie seit Descartes. Das formallogische Denken steht dabei vor folgendem Dilemma: es kommt rein aus sich heraus – d.h. apriori – nur zu analytischen Urteilen, die zwar je in sich notwendig, aber rein formell, d.h. inhaltsleer sind. Denn gerade in dieser Inhaltsunabhängigkeit und damit Gültigkeit für jeden beliebigen Inhalt liegt ja das Wesen der die formallogischen Formen konstituierenden Abstraktion; und allein sie ermöglicht es (ähnlich wie die Abstraktion von allem Qualitativen in der Mathematik) im Rahmen des so geschaffenen homogenen Mediums a priori nach dem ihm immanenten Regelsystem – und also mit Notwendigkeit – zu konstruieren. Wird dieses Regelsystem korrekt angewandt, ergeben sich so aus wahren Aussagen immer wieder wahre Aussagen; genau besehen allerdings ergeben sich vermittels einer solchen rein formalen Ableitung gar *keine neuen Aussagen*, sondern lediglich Umformungen der immer gleichen, zugrunde liegenden Aussage. Was in diesem Fortgang also nicht entsteht und aufgrund der inhaltsunabhängigkeit der Umformungsregeln auch nicht entstehen kann, sind neue Aussagen im Sinne *neuer spezifischer Inhalte.* Zu konkreten Inhalten, d.h. inhaltlichen Beziehungen, kommt das formallogische Denken daher nur, indem es sie *von außen*, aus der Erfahrung aufnimmt. Diese Inhalte werden nun entweder unter die formallogisch – d.h. vermittels Abstraktion – gebildeten Allgemeinheiten bloß subsumiert, d.h. es wird gerade ihre Spezifik als *besonderer Inhalt* aufgehoben; ihre Aufnahme ist damit zugleich ihre Vernichtung. Oder sie erhalten in ihrer Besonderheit eigenständigen Wert. Damit freilich gibt das formallogische Denken die Möglichkeit apriorischer Deduktion auf und fällt unaufhebbar in den Bereich des bloß Zufälligen zurück; seine Schlußformen sind unter diesen Umständen die der Induktion und Analogie, die sich zu strenger Notwendigkeit und objektiv-gültiger Allgemeinheit nicht mehr zu erheben vermögen. Dieses Dilemma prägte als Gegensatz des (quantifizierenden) Rationalismus und des Empirismus die Philosophiegeschichte seit Descartes.

Als den Grund dieser falschen Alternative erkannte Hegel die im formallogischen Verstandesdenken vorausgesetzte *Dualität von Inhalt und Form.* Alle Zusammenhänge und Beziehungen der Realität sind *spezifisch inhaltliche* Zusammenhänge, d.h. die Spezifik der Beziehung ist unmittelbar abhängig von der *inhaltlichen* Bestimmtheit des Bezogenen; beide Seiten erweisen sich in solchem Grade als untrennbar, daß schon die Scheidung zwischen Beziehung und Bezogenem in gewisser Hinsicht eine Abstraktion darstellt. Soll das Denken die Fähigkeit erlangen, solche Seinszusammenhänge adäquat zu erkennen und abzubilden, muß die Äußerlichkeit, das gleichgültige Verhältnis von logischer Form und konkretem Inhalt aufgehoben werden. Denn solange der Denkvorgang als *Formieren* äußerlich aufgenommenen *Stoffs* verstanden wird, solange bleiben Denken und Sein, logische und ontische Zusammenhänge einander schlechthin heterogen: das Denken wird zum (subjektiven) *Konstruieren,* das in dieser Konstruktion zwangsläufig nie über sich hinaus – zu Sein und Wirklichkeit – zu gelangen vermag. Der Kantische Standpunkt erweist sich so als logische Konsequenz der formallogischen Prämissen. Hegel schreibt in der Einleitung zur »Logik«: » ...indem die Verschiedenheit der Materie und der Form, des Gegenstandes und des Denkens nicht in jener neblichten Unbestimmtheit gelassen, sondern bestimmter genommen wird, so ist jede eine von der andern geschiedene Sphäre. Das Denken kommt daher in seinem Empfangen und Formieren des Stoffs nicht über sich hinaus, sein Empfangen und sich nach ihm Bequemen bleibt eine Modifikation seiner selbst, es wird dadurch nicht zu seinem Andern; ...es kommt also auch in seiner Beziehung auf den Gegenstand nicht aus sich heraus zu dem Gegenstande; dieser bleibt, als ein Ding an sich, schlechthin ein Jenseits des Denkens.«[82]

Hegels methodischer Einsatzpunkt ist es folglich, diese abstrakte Dualität von Form und Inhalt – und damit notwendig die von Denken und Sein, logischen und ontischen Strukturen – aufzuheben. Es geht um ein Denken, das die konkret-inhaltlichen Zusammenhänge der Realität als solche zu erfassen und in seinem Medium zu reproduzieren vermag, ein Denken folglich, das weder rein formallogisch konstruiert und die konkreten Inhalte durch bloße Subsumtion unter abstrakte Allgemeinheiten in ihrer Spezifik vernichtet, noch gezwungen ist, rein empirisch vorzugehen und damit auf logische Ableitung und Notwendigkeit zu verzichten. Es geht also um eine Methode, die sich als konkrete Form-Inhalt-Einheit begreift und vermittels dieser auf logischer Basis erzeugten Einheit die reale Seinsstruktur erfaßt.

---

[82] G.W.F. Hegel »Wissenschaft der Logik« a.a.O. Bd. 1, S. 25

Die Dialektik von Bewußtsein und Gegenstand und die Begründung der spekulativen Methode in der »Phänomenologie des Geistes«

Die »Phänomenologie« beginnt mit der »Ungleichheit, die im Bewußtsein zwischen dem Ich und der Substanz, die sein Gegenstand ist, stattfindet«[83]. Über eine Reihe von Bewußtseinsgestalten, eine Abfolge realhistorischer Weltzustände, endlich über die Formen von Kunst und Religion gelangt sie zum absoluten Wissen, in dem der »Standpunkt des Bewußtseins, von gegenständlichen Dingen im Gegensatze gegen sich selbst und von sich selbst im Gegensatze gegen sie zu wissen«[84] aufgehoben ist. Die »Phänomenologie« hat damit den Begriff der Wissenschaft und der spekulativen Methode zu ihrem Resultat. Denn: »Die reine Wissenschaft ...setzt die Befreiung von dem Gegensatze des Bewußtseins voraus. Sie enthält den Gedanken, insofern er ebensosehr die Sache an sich selbst ist, oder die Sache an sich selbst, insofern sie ebensosehr der reine Gedanke ist.«[85] Wie nun ist diese *Aufhebung des Gegenstandes des Bewußtseins* bzw. *die Befreiung des Bewußtseins von seinem Gegensatz* zu verstehen?

Wie wir *bereits* im ersten Kapitel nachwiesen, sind die Fragestellungen, denen die »Phänomenologie« nachgeht, nicht ontologische oder geschichtsphilosophische, sondern erkenntnistheoretische, insbesondere methodologische. Zugleich ist die »Phänomenologie« nicht Erkenntnistheorie schlechthin. Ihre Besonderheit gegenüber der traditionellen Erkenntnistheorie seit Descartes besteht vielmehr gerade in der Einsicht, daß die Antwort auf erkenntnistheoretische Fragen ohne die Thematisierung ontologischer und geschichtsphilosophischer Probleme überhaupt nicht gefunden werden kann. Aber die Behandlung dieser Probleme in der »Phänomenologie« hat ihren Zweck nicht in ihnen selbst, sondern dient ausschließlich der Ableitung des »wissenschaftlichen Standpunkts«. Die Entwicklung der »Phänomenologie« führt so in » ...<u>das Element des Wissens</u>. In diesem breiten sich nun [im System, beginnend mit der »Logik«] die Momente des Geistes in der *Form der Einfachheit* aus, die ihren Gegenstand als sich selbst weiß. Sie fallen nicht mehr in den Gegensatz des Seins und Wissens auseinander, sondern bleiben in der Einfachheit des Wissens, sind das Wahre in der Form des Wahren, und ihre Verschiedenheit ist nur Verschiedenheit des Inhalts.«[86] Es geht also bei der *Aufhebung des Gegenstandes des Bewußtseins* der Spezifik der »Phänomenologie entsprechend in erster Linie

---
83 G.W.F. Hegel »Phänomenologie...« a.a.O. S. 39
84 Ebd. S. 30
85 G.W.F. Hegel »Wissenschaft der Logik« a.a.O. Bd. 1, S. 30
86 G.W.F. Hegel »Phänomenologie...« a.a.O. S. 39

nicht um ein ontologisches, sondern um ein erkenntnistheoretisches Problem, (das freilich seine ontologische Grundlage hat).

Das Wesen des Bewußtseins liegt im Denken, d.h. in den logischen, rationalen Strukturen, vermittels derer es der Außenwelt gegenübertritt und ihre Phänomene in den Griff zu bekommen sucht. Von der Voraussetzung des *Gegensatzes* zwischen Bewußtseins und Gegenstand auszugehen, bedeutet insofern, den Gegenstand nicht nur als außerlogischen, sondern als *a-logischen*, als *ir-rationalen* vorauszusetzen. Es bedeutet, das Verhältnis der logischen Strukturen des Denkens zu den ontischen Strukturen der Realität als ein schlechthin äußerliches und gleichgültiges (bzw. definitiv gegensätzliches) zu bestimmen. In der Konsequenz dieses Standpunktes muß die Möglichkeit, letztere in ersteren zu reproduzieren, d.h. reale Zusammenhänge im Denken zu erkennen, ebenfalls verneint werden. Die ganze Entwicklung der »Phänomenologie« ist nun auf die Aufhebung dieses vorausgesetzten Gegensatzes gerichtet. In seiner – theoretischen und praktischen – Auseinandersetzung mit der Außenwelt erfährt das Bewußtsein die Zusammenhänge der Realität als rational erfaßbare, logisch reproduzierbare, es erfährt nicht nur Einzelheit sondern auch Allgemeinheit und Besonderheit als Kategorien der objektiven Realität, d.h. die Realität als in sich selbst strukturiert. Damit löst sich dem logischen Denken der Gegenstand *als ein ihm schlechthin Fremder, Jenseitiger* auf. Das Bewußtsein erfährt – Hegelisch ausgedrückt – die Identität von Denken und Sein.

Hinter dieser von Hegel immer wieder gebrauchten Formulierung scheint ein durchweg idealistischer Ansatz zu stecken. Dem ist jedoch nicht so, wie sich bei näherer Betrachtung zeigt. Denn diese Identität ist natürlich für Hegel wiederum eine dialektische, d.h. eine, die Nicht-Identität einschließt. Und er verweist immer wieder darauf, daß das Allgemeine in der Außenwelt *auf andere Art* existiert als im (subjektiven) Denken, nämlich niemals frei für sich. (Das einzige idealistische Moment steckt allenfalls darin, daß Hegel *Allgemeines* und *Logisches* als faktisch synonyme Ausdrücke gebraucht, er insofern aus der *objektiven Existenz* des Allgemeinen als Grund und Wesen des einzelnen Seienden folgert, das *Logische*, die *logischen Strukturen* selbst bildeten das *Wesen* der Realität. Diese Verkehrung hängt damit zusammen, daß er zwar die Angemessenheit von (dialektisch-)logischen und Seinsstrukturen als Resultat der *Erfahrung* des Bewußtseins in der phänomenologischen Entwicklung nachzuweisen vermag, diese Angemessenheit selbst jedoch nicht erklären kann. Tatsächlich setzt eine solche Erklärung einen wissenschaftlichen Erkenntnisstand voraus – erstens über unmittelbar biologische Prozesse bei der Herausbildung und Entwicklung des tierischen Zentralnervensystems bis hin zu seinem höchsten Produkt, dem menschlichen Gehirn, und zweitens über die konkreten Vorgänge der

Sprachentstehung und Sprachentwicklung – über den Hegel einfach noch nicht verfügen konnte.) Die Aufhebung des Gegensatzes von Bewußtsein und Gegenstand meint jedenfalls bei Hegel keineswegs, daß sich das Wesen des Gegenstandes als etwas Bewußtseinsartiges, vom Bewußtsein abhängiges erweist, sondern nicht mehr und nicht weniger als die Aufhebung der positivistischen bzw. irrationalistischen Prämisse, logische und Seinszusammenhänge seien grundsätzlich unterschiedenen Wesens, erstere daher bloße Konstruktion und letztere – sofern überhaupt als existierend angenommen – im rationalen Denken nicht erkennbar.

Das Bewußtsein erfährt in seiner Auseinandersetzung mit der Realität aber nicht nur, daß deren Zusammenhänge sich rationaler Erfassung keineswegs so starr entgegenstellen, wie es zunächst angenommen hatte; es erfährt zugleich, *welche Rationalitätsform* tatsächlich geeignet ist, das *Wesen* des Seins gedanklich zu erfassen und logisch zu reproduzieren. Denn das Resultat der »Phänomenologie« ist nicht schlechthin die Identität des »Wissens und der dem Wissen negativen Gegenständlichkeit«; vielmehr ist es ein *methodologisch genau bestimmtes* Wissen, das diese Identität – als Reproduktion nicht irgendwelcher, sondern der *wesentlichen* Seinszusammenhänge im Denken – zu verwirklichen vermag. Aus der Erfahrung des Bewußtsein an der Realität ergeben sich ganz bestimmte logische Grundformen, die den Seinszusammenhängen strukturell entsprechen und aufgrund dessen fähig sind, sie zu erfassen und abzubilden. Diese logische Grundform ist der spekulative Begriff; seine Bewegungsform ist die spekulative Methode.

Die Aufhebung des Gegensatzes von Bewußtsein und Gegenstand und die Ableitung der wissenschaftlichen Methode vollzieht sich in der Hegelschen »Phänomenologie« über mehrere Hauptschritte, die im folgenden skizziert werden sollen. Das, worauf es Hegel in dieser Entwicklung ankommt, wird bereits im ersten Abschnitt – »A. Das Bewußtsein« – sehr deutlich. (Nebenbei bemerkt, enthält dieses Kapitel eine bis heute unübertroffene Widerlegung der Prämissen sämtlicher empiristischer und positivistischer Philosophien, deren Selbstanspruch, jenseits von Materialismus und Idealismus zu stehen und schlechthin objektiv zu sein, Hegel überzeugend ad absurdum führt.) Das Bewußtsein tritt der Realität zunächst rein unmittelbar gegenüber. Es vermag in dieser Unmittelbarkeit von den Gegenständen jeweils nur das *Ist* auszusagen, nicht aber das *Was*; daraus folgt, daß es dieses *Ist* ausschließlich in Bezug auf sich selbst – nicht an sich, denn dazu bedürfte es ja des *Was* – zu bestimmen vermag. Der scheinbare Materialismus dieser Position verkehrt sich damit in subjektiven Idealismus. Zugleich verkehren sich der sinnlichen Gewißheit ihre eigenen Aussagen, indem sie je Einzelnes auszusprechen meint, jedoch immer zu Allgemeinaussagen kommt, da das abstrakt Einzelne sich als sprachlich nicht ausdrückbar erweist.

Die sinnliche Gewißheit geht damit in die Wahrnehmung über. Diese operiert mit den traditionellen Grundbegriffen der auf formaler Logik begründeten Ontologie: dem Ding und seinen Eigenschaften. Sie erfährt nun die innere Widersprüchlichkeit und die dialektische Natur dieser Begriffe: jedes Ding erweist sich als Eins und zugleich als in sich Unterschiedenes (als Ding *mannigfacher* Eigenschaften), als durch diesen inneren Unterschied als Konkretes *für sich* bestimmt und doch seine Spezifik erst im Zusammenhang, Zusammenwirken mit *anderen* Dingen entfaltend, d.h. es entwickelt die ganze Dialektik von Eins und Vielem, Fürsichsein und Sein-für-Anderes usw., die sich dadurch auszeichnet, daß jede Bestimmung bei näherer Betrachtung in ihr Gegenteil umschlägt, diese Bewegung also zwangsläufig formallogisch widersprechende Urteile produziert. Die Wahrnehmung erfährt somit die scheinbar so einfache und für sich feste Kategorie des »Dings« als dialektisch und sich selbst widersprechend und die festen formallogischen Abstraktionen von Eins und Auch, Wesentlichkeit und Unwesentlichkeit, Einzelnem und Allgemeinem als unwahr.

Die Wahrnehmung ist mit dieser Reflexion in den Verstand übergegangen, der die Bestimmungen »durch die Stützen des Insofern und der verschiedenen Rücksichten« auseinanderzuhalten sucht; »aber die Natur dieser Abstraktionen bringt sie an und für sich zusammen; der gesunde Verstand ist der Raub derselben, die ihn in ihrem wirbelnden Kreise umher treiben.«[87] Aus diesem Wirbel zieht sich der Verstand in die Kategorie des unbedingt-Allgemeinen als innere Einheit zurück, die er zunächst als *Kraft* bestimmt: » ...die selbständig gesetzten [Materien] gehen unmittelbar in ihre Einheit und ihre Einheit unmittelbar in die Entfaltung über und diese wieder zurück in die Reduktion. Diese Bewegung ist aber dasjenige, was *Kraft* genannt wird...«[88] Während bei den vorangegangenen Kategorien die Dinge selbst als für sich bestehende, isolierte und ruhende gefaßt wurden und die Bewegung rein auf der logisch-kategorialen Ebene eintrat, wird mit der Kategorie der *Kraft* erstmals ein materieller Bewegungszusammenhang als solcher dem Bewußtsein Gegenstand. Es erfährt diesen Zusammenhang nun ebenfalls als widersprüchlich: die Kraft ist als ausschließendes Eins auf *Anderes* bezogen und zugleich nur wirklich als *Einheit* beider Seiten, die Realisierung der Kraft ist zugleich das Aufheben ihrer Realität etc. D.h.: »Die Bewegung, welche sich vorhin als das Sichselbstvernichten widersprechender Begriffe darstellte, hat also hier die *gegenständliche* Form und ist Bewegung der Kraft, als

---

87 Ebd. S. 107
88 Ebd. S. 110

deren Resultat das unbedingt-Allgemeine als *Ungegenständliches* oder als *Inneres* der Dinge hervorgeht.«[89] Die realen Kräfte sind nur, als sich aufhebende, verschwindende. Der in ihnen realisierte spezifische Zusammenhang wird daher vom Verstand im *Begriff* der Kraft von ihrer realen materiellen Erscheinung gesondert und für sich festgehalten. Dies Allgemeine bestimmt der Verstand nunmehr als das *Wesen*, das *Innere* der realen Dinge, die sich in ihrer Existenz als veränderlich und unmittelbar verschwindend erweisen. Das Wesen der Realität ist damit an sich als Allgemeines – und d.i. für Hegel: als *Logisches* – bestimmt. Freilich als formallogisches, d.h. rein abstraktes Allgemeines. Es ist dem Bewußtsein insofern ein »reines Jenseits...; es ist *leer*, denn es ist nur das Nichts der Erscheinung und positiv das einfache Allgemeine.«[90] Im *Gesetz* wird das Wesen zur *bestimmten Beziehung* für sich selbständiger Seiender, d.h. das Allgemeine erhält in ihm einen spezifischen Inhalt. Insofern die Seiten jedoch für sich *selbständige* Seiende bleiben, haben sie diese Beziehung nicht *an ihnen selbst*; sie ist also *gesetzt* als ihnen *äußerlich*. Die Zusammenhänge treten damit auf die Seite des Verstandes hinüber. Er wird *Erklären*. Nunmehr wiederholt sich die vorangegangene Bewegung auf Seiten des Verstandes: Unterschiede werden gesetzt, die aus logischen Gründen zugleich wieder aufgehoben werden müssen: »Mit dem Erklären ist also der Wandel und Wechsel, der vorhin außer dem Innern nur an der Erscheinung war, in das Übersinnliche selbst eingedrungen.«[91] Der Verstand »erfährt also, daß es Gesetz der Erscheinung selbst ist, daß Unterschiede werden, die keine Unterschiede sind...«[92] So wird das »ruhige Reich der Gesetze« – d.h. das »Reich« der im formallogischen Denken zunächst für sich fixierten Allgemeinheiten – aus immanent logischen Gründen selbst bewegt und seine Bestimmungen schlagen in ihr Gegenteil um; es steht der in sich bewegten Welt der Erscheinung damit nicht mehr als abstrakter Gegensatz gegenüber. » ...die erste übersinnliche Welt war nur die *unmittelbare* Erhebung der wahrgenommenen Welt in das allgemeine Element; sie hatte ihr notwendiges Gegenbild an dieser, welche noch *für sich das Prinzip des Wechsels* und *der Veränderung* behielt; das erste Reich der Gesetze entbehrte dessen, erhält es aber als verkehrte Welt.«[93] Diese Bewegungen und Beziehungen sind indessen den bezogenen Momenten nun nicht mehr äußerlich, sondern von gleicher – nämlich logischer – Natur wie diese; sie sind ihnen daher *immanent*. »Es ist der

---

89 Ebd. S. 111
90 Ebd. S. 117
91 Ebd. S. 126
92 Ebd. S. 126/127
93 Ebd. S. 128

reine Wechsel oder *die Entgegensetzung in sich selbst, der Widerspruch zu denken.* Denn in dem Unterschiede, der ein innerer ist, ist das Entgegengesetzte nicht nur *Eines von Zweien* – sonst wäre es ein *Seiendes*, und nicht ein Entgegengesetztes –, sondern es ist das Entgegengesetzte eines Entgegengesetzten, oder das Andere ist in ihm unmittelbar selbst vorhanden. ...So hat die übersinnliche Welt, welche die verkehrte ist, über die andere zugleich übergegriffen und hat sie an sich selbst; sie ist für sich die verkehrte, d.h. die verkehrte ihrer selbst; sie ist sie selbst und ihre entgegengesetzte in einer Einheit. Nur so ist sie der Unterschied als *innerer* oder Unterschied *an sich selbst* oder ist als *Unendlichkeit.*«[94]

Damit ist das Wesen des spekulativen Begriffs bereits skizziert: es geht um diese aus der Reflexion auf die spezifische Inhaltlichkeit selbst der abstraktesten Kategorien *immanent logisch hervorgehende Bewegung*; in ihr hören die logischen Allgemeinheiten auf, für sich feste, isolierte Bestimmungen zu sein, die der bewegten Erscheinungswelt abstrakt gegenüberstehen; sie erweisen sich vielmehr selbst als übergehend und damit immanent auf Anderes bezogen. Das vorerst abstrakte Allgemeine zeigt sich so als konkretes Gefüge logisch-inhaltlicher Beziehungen, als *immanente Einheit unterschiedener Bestimmungen*; in dieser Form ist es zum *spekulativen Begriff* geworden. Die konkrete innere Struktur eines solchen Begriffs kann dabei variieren. *Rein* logisch bestimmbar ist er dann, wenn mit der Setzung der ersten Allgemeinbestimmung die ihr zugehörige Gegenbestimmung und die Beziehung beider implizit bereits vollständig mitgesetzt sind, diese daher rein logisch aus ersterer entwickelt werden können. Dies ist die höchste Form des spekulativen Begriffs; in ihr ist der konkrete Inhalt – bei Voraussetzung der Anfangsbestimmung – tatsächlich in ein rein logisches Gefüge auflöst. In den meisten Fällen allerdings wird das Besondere in seiner konkreten Inhaltlichkeit nicht rein innerlogisch aus seinem Allgemeinen zu entwickeln sein. Da es andererseits auch nicht unabhängig von diesem Allgemeinen bestimmbar ist – denn sonst wäre es ja nicht dessen Besonderung – erweist sich das Allgemeine als *übergreifendes*: es faßt das Besondere als in sich vermitteltes und sich selbst als diese Beziehung; es greift damit über sich und sein Gegenteil über und ist erst als dies Übergreifen wahrhaft Allgemeines. Mit dieser logischen Figur des übergreifenden Allgemeinen ist der abstrakte Gegensatz von Allgemeinem, Besonderem und Einzelnem, von Beziehung und Bezogenem und damit von Wesen und Erscheinungswelt aufgehoben, ohne daß der Unterschied der Momente sich in abstrakter Identität auflösen würde. Jeder spekulative Begriff ist eine solche zwei- oder mehrgliedrige Einheit unterschiede-

---

94 Ebd. S. 131

ner, eventuell entgegengesetzter Bestimmungen, die jeweils gegen- und durch einander bestimmt sind und ihre wahre logische Bestimmung überhaupt nur in dieser ihrer Beziehung finden. So definierte Hegel in der »Enzyklopädie« »begreifen« in Abgrenzung vom formallogischen Denken folgendermaßen: » ...das bloß verständige Bewußtsein ist noch nicht dahin gelangt, die im Gesetz vorhandene Einheit der unterschiedenen Bestimmungen zu *begreifen, d.h.* aus der einen dieser Bestimmungen deren entgegengesetzte dialektisch zu entwikkeln.«[95] Das Entscheidende ist also diese innere, notwendige, weil *logisch ableitbare* Beziehung zwischen Gedankenbestimmungen.

Die weitere Entwicklung der »Phänomenologie« besteht nun darin, daß das Bewußtsein in seiner Auseinandersetzung mit der Realität diese immer von neuem als im Wesen *rationale* erfährt, zugleich jedoch den formallogischen Rationalitätstypus als unzureichend, um die *Logik des Seins* zu reproduzieren. Mit der Einsicht in die logische Struktur des Wesens der Realität ist das Bewußtsein zunächst in Selbstbewußtsein übergegangen. Die sich hier anschließende Entwicklung haben wir bereits im vorangegangenen Kapitel verfolgt, können uns daher hier kurz fassen: Das Bewußtsein geht – als knechtisches – aus der bloß theoretischen in die praktische Auseinandersetzung mit der Realität über. Im konkreten Prozeß der Arbeit erfährt es die Zusammenhänge der Realität wiederum als rational erfaßbare, ihm also keineswegs fremd und feindlich gegenüberstehende, sondern als mit der Verbesserung der Arbeitsmittel zunehmend beherrschbare. Allerdings bleibt die unmittelbar praktische Tätigkeit immer auf einzelnes Seiendes und einzelne, für sich isolierte Zwecke gerichtet, verbleibt damit zugleich in Abhängigkeit von Anderem und somit fremdbestimmt. Die Philosophien des Selbstbewußtseins wiederum fassen zwar den Begriff, das Denken als Widerschein des Wesens der Realität, aber sie verbleiben auf der Stufe des nur formallogisch gefaßten Begriffs. D.h. ihr Begriff ist abstrakt Allgemeines, das gerade seiner Konkretion als *übergreifende* Einheit seiner selbst und seines Besonderen entbehrt, damit der Erscheinungswelt nur abstrakt negierend entgegentreten kann. Aufgrund seiner Abstraktheit kommt er aus sich – d.h. logisch – zu keinem Inhalt, läßt also den der entfremdeten Erscheinungswelt frei bestehen und ist nur die Flucht, das intellektuelle Sich-Zurückziehen aus dieser. Genau darin besteht sein Mangel. Über das »unglückliche Bewußtsein« kommt das Selbstbewußtsein schließlich zur »Vernunft«; statt auf ein weltleeres Jenseits, richtet es sich nun wieder unvermittelt auf das Diesseits: es entdeckt die Wirklichkeit » ...als *seine* neue wirkliche Welt, die in ihrem Bleiben Interesse für es hat wie vorhin nur in ihrem Verschwinden; denn ihr *Bestehen*

---

95 G.W.F. Hegel »Enzyklopädie...« a.a.O. S. 212

wird ihm seine eigene *Wahrheit* und *Gegenwart*: es ist gewiß, nur sich darin zu erfahren. Die Vernunft ist die Gewißheit, alle Realität zu sein ...«[96]
Das Selbstbewußtsein geht nun über zu konkreter Naturbeobachtung. Wir befinden uns im Zeitalter der entstehenden Naturwissenschaften: »Dieses Bewußtsein, welchem das *Sein* die Bedeutung des *Seinen* hat, sehen wir nun zwar wieder in das Meinen und Wahrnehmen hineingehen, aber nicht als in die Gewißheit eines nur Anderen, sondern mit der Gewißheit, dies Andere selbst zu sein. Früher ist es ihm nur *geschehen*, manches an dem Dinge wahrzunehmen und zu *erfahren*; hier stellt es die Beobachtungen und die Erfahrung selbst an.«[97] Die Rationalitätsform, deren sich das Selbstbewußtsein auf dieser Stufe bedient, ist zunächst die quantifizierende Mechanik: es verfährt klassifizierend und systematisierend und setzt die Gegenstande seiner Beobachtung dabei als unveränderliche, für sich isoliert bestehende voraus. Speziell in der Beobachtung des organischen Seins erfährt das Bewußtsein nun aber diese Rationalitätsform als unangemessen, indem die fließenden Übergänge der Realität die festen Systematisierungen immer wieder in Frage stellen: » ...so daß dies Festhalten an dem ruhigen sich gleichbleibenden Sein sich hier gerade in seinen allgemeinsten Bestimmungen, z.B. was das Tier, die Pflanze für wesentliche Merkmale habe, mit Instanzen geneckt sehen muß, die ihm jede Bestimmung rauben.«[98] Es geht nunmehr zur Methode der Induktions- und Analogieschlüsse über und zur Auffindung und Formulierung von Gesetzen auf ihrer Grundlage. Aber auch dabei erweisen sich die formallogische Methode des Bestimmens und die für sich festen, abstrakt gefaßten Kategorien, wie sie aus der alten Ontologie und Metaphysik übernommen wurden, immer wieder als hinderlich. Im »beobachtenden Verstand« » ...erhält es [das Aufgefaßte] die Weise einer festen Bestimmtheit, die Form einer unmittelbaren Eigenschaft oder einer <u>ruhenden</u> Erscheinung, wird ferner in die Bestimmung der <u>Größe</u> aufgenommen, und die Natur des Begriffs ist unterdrückt.«[99] Die Rationalitätsform des »beobachtenden Verstands« erweist sich als unfähig, das Organische zu fassen: »Das Sein aber, dessen Wirksamkeit die hier betrachtete ist [d.h. das organische] ist gesetzt als ein in seiner Beziehung auf sein Entgegengesetztes *sich erhaltendes* Ding; *die Tätigkeit* als solche ist nichts als die reine wesenlose Form seines Fürsichseins, und ihre Substanz, die nicht bloß bestimmtes Sein, sondern das Allgemeine ist, ihr *Zweck* fällt nicht außer ihr; sie ist an ihr selbst in sich zurückgehende, nicht

---
96 G.W.F. Hegel »Phänomenologie...« a.a.O. S. 179
97 Ebd. S. 185
98 Ebd. S. 191
99 Ebd. S. 213

durch irgendein Fremdes in sich zurückgelenkte Tätigkeit. Diese Einheit der Allgemeinheit und der Tätigkeit ist aber darum nicht für dies *beobachtende* Bewußtsein, weil jene Einheit wesentlich die innere Bewegung des Organischen ist und nur als Begriff aufgefaßt werden kann; das Beobachten aber sucht die Momente in der Form des *Sein* und *Bleibens*; und weil das organische Ganze wesentlich dies ist, so die Momente nicht an ihm zu haben und nicht an ihm finden zu lassen, verwandelt das Bewußtsein in seiner Ansicht den Gegensatz in einen solchen, als er ihr gemäß ist.«[100] D.h. die Zusammenhänge und *realen* Allgemeinheiten des organischen Seins lassen sich nur erkennen, wenn dessen Erscheinungen in ihrer Bewegung und Entwicklung statt als ruhende, für sich isolierte analysiert werden; und um es in dieser seiner Bewegung und Entwicklung fassen zu können, müssen statt abstrakt formallogischer Kategorien *Begriffe* (d.h. bewegliche, konkrete Einheiten unterschiedener logischer Bestimmungen) verwandt werden. In der Beobachtung der organischen Natur erfährt das Bewußtsein also seine formallogisch-festen Bestimmungen im allgemeinen und den mechanischen Gesetzesbegriff im besonderen als unzureichend: das organische Sein » ...verweigert dem Beobachten bleibende sinnliche Unterschiede oder, was dasselbe ist, zeigt seine wesentliche Bestimmtheit nur als den *Wechsel seiender* Bestimmtheiten.«[101] »Das Wesentliche des Organischen, da es an sich das Allgemeine ist, ist vielmehr überhaupt, seine Momente in der Wirklichkeit ebenso allgemein, d.h. als durchlaufende Prozesse zu haben, nicht aber an einem isolierten Dinge ein Bild des Allgemeinen zu geben. Auf diese Weise geht an dem Organischen die *Vorstellung* eines Gesetzes überhaupt verloren. Das Gesetz will den Gegensatz als ruhende Seiten auffassen und ausdrücken und an ihnen die Bestimmtheit, welche ihre Beziehung aufeinander ist. Das *Innere*, welchem die erscheinende Allgemeinheit, und das *Äußere*, welchem die Teile der ruhenden Gestalt angehören, sollten die sich entsprechenden Seiten des Gesetzes ausmachen, verlieren aber, so auseinandergehalten, ihre organische Bedeutung; und der Vorstellung des Gesetzes liegt gerade dies zum Grunde, daß seine beiden Seiten ein für sie gleichgültiges Bestehen hätten und an sie die Beziehung als eine gedoppelte entsprechende Bestimmtheit verteilt wäre. Jede Seite des Organischen ist vielmehr dies an ihr selbst, einfache Allgemeinheit, in welcher alle Bestimmungen aufgelöst sind, und die Bewegung dieses Auflösens zu sein.«[102] Im lebenden Organismus haben die Abstraktionen von Teil und Ganzem, Innerem und Äußerem, Ursache und Wirkung, Einzelnem und Allge-

---

100 Ebd. S. 202
101 Ebd. S. 213
102 Ebd. S. 211

meinem als je für sich isolierte keine Wahrheit. Die Rationalitätsform der Reflexion, des Verstandes, auf der die beobachtende Vernunft auf dieser Stufe steht, faßt diese Kategorien aber als für sich feste, isolierte, ruhende Bestimmungen: sie gerät damit in Konflikt zu ihrer Erfahrung, in der ihr »die Beziehung dieser abstrakten Bestimmungen, des Allgemeinen und Einzelnen, des Wesentlichen und des Äußerlichen« nunmehr »selbst der Gegenstand sind«. Somit wird die Beobachtung des Lebens, der organischen Natur zum mächtigen Anschub, die formallogische Methode und die auf ihrer Grundlage als für sich fest bestimmten Kategorien in Frage zu stellen und zum dialektischen Denken – d.h. zum Denken in Begriffen als fließender, beweglicher, konkret inhaltlicher Einheiten unterschiedener Bestimmungen – überzugehen.

Das konkrete Verhältnis des Allgemeinen zum Besonderen fällt jedoch im organischen Sein nahezu vollständig in den Bereich des Zufälligen herab; die Arten einer Gattung sind aus dieser nicht nur nicht logisch ableitbar, sondern in ihr nicht einmal ansatzweise *logisch* angelegt, daher schlechthin empirisch aufzunehmen. Das Allgemeine – die Gattung – ist hier lediglich in dem Sinne *übergreifende* Einheit, als sie den objektiven – nämlich stammesgeschichtlich entstandenen – Zusammenhang der ihr zugehörigen Arten – wie die Art den der ihr zugehörigen Individuen – verkörpert, sich in deren Reproduktion selbst reproduziert und allein darin ihr Dasein hat. Das Allgemeine ist insofern aus dem konkreten Entstehungs- bzw. Reproduktionszusammenhang erschließbar, seine konkreten Bestimmungen bleiben jedoch *nicht weiter ableitbare*, schlechthin kontingente und müssen als solche *aufgenommen* werden: »...die Bestimmtheit ihres [der Organismen] *sinnlichen Seins* besteht eben darin, vollkommen gleichgültig gegeneinander zu existieren und die des Begriffs entbundene Freiheit der Natur viel mehr darzustellen als die Einheit einer Beziehung, viel mehr ihr unvernünftiges Hin- und Herspielen auf der Leiter der zufälligen Größe zwischen den Momenten des Begriffs als diese selbst.«[103] Daraus folgt, » ... daß der Beobachtung an dem gestalteten Dasein nur die Vernunft *als Leben überhaupt* werden kann, welches aber in seinem Unterscheiden keine vernünftige Reihung und Gliederung sich selbst wirklich hat und nicht ein in sich gegründetes System der Gestalten ist. ...sie [die organische Natur] fällt von ihrem Allgemeinen, dem Leben, unmittelbar in die Einzelheit des Daseins herunter, und die in dieser Wirklichkeit vereinigten Momente der einfachen Bestimmtheit und der einzelnen Lebendigkeit bringen das Werden nur als die zufällige Bewegung hervor.«[104]

---

103 Ebd. S. 209/210
104 Ebd. S. 224/225

Insofern ist zur Erkenntnis der lebenden Natur zwar dialektisches Denken (d.h. Denken in flüssigen, als Einheit gegensätzlicher Bestimmungen gefaßten Begriffen) notwendig; die Möglichkeit, das Besondere aus seinem Allgemeinen *logisch* abzuleiten, ist jedoch auf Grund der *realen Strukturen dieses Seinsbereiches* nahezu ausgeschlossen. (Wobei zu berücksichtigen ist, daß diese Bestimmungen Hegels wiederum dem biologischen Erkenntnisstand seiner Zeit Rechnung tragen. Seit die Grundlagen der organischen Evolution in den Prozessen von *Mutation* und *Selektion* aufgedeckt wurden, hat auch die scheinbare Zufälligkeit der vielfältigen Erscheinungen des organischen Lebens ihre spezifische Logik erhalten. Die einzelne Mutation ist und bleibt unter biologischen Gesichtspunkten freilich reiner Zufall; aber daß sich je eine spezifische Merkmals- oder Verhaltensänderung im Kampf ums Dasein durchsetzen und damit erhalten kann, ist kein Zufall, sondern Folge des speziell durch sie erhöhten Arterhaltungswertes; ihr Bestehen ist insofern aus diesem *logisch erschließbar*. In diesem Sinne sind die Verhältnisse des organischen Seins tatsächlich in höherem Grade rational, als Hegel sie zu seiner Zeit fassen konnte) Dessen ungeachtet ist und bleibt die der organischen Natur angemessene Methode die der unmittelbar empirischen Forschung, der Induktions- und Analogieschlüsse: »Indem also in seiner Wirklichkeit die *Allgemeinheit des organischen Lebens* sich, ohne die wahrhaft fürsichseiende Vermittlung, unmittelbar in das Extrem der *Einzelheit* herunterfallen läßt, so hat das beobachtende Bewußtsein nur das *Meinen* als Ding vor sich; und wenn die Vernunft das müßige Interesse haben kann, dieses Meinen zu beobachten, ist sie auf das Beschreiben und Hererzählen von Meinungen und Einfällen der Natur beschränkt. Diese geistlose Freiheit des Meinens wird zwar allenthalben Anfänge von Gesetzen, Spuren von Notwendigkeit, Anspielungen auf Ordnung und Reihung ...darbieten. Aber die Beobachtung kommt in der Beziehung des Organischen auf die seienden Unterschiede des Unorganischen, die Elemente, Zonen und Klimate, in Ansehung des Gesetzes und der Notwendigkeit nicht über den *großen Einfluß hinaus*.«[105] Unabhängig davon, daß Hegel die Rationalität des organischen Seins unterschätzt (und beim Stand der biologischen Forschung seiner Zeit notwendig unterschätzen mußte) geht aus diesen Bestimmungen jedenfalls eines hervor: entgegen der landläufigen Vorstellung ist für Hegel die Methode der reflexiv-logischen Ableitung des Besonderen aus dem – inhaltlich gefaßten – Allgemeinen keineswegs eine allen Seinsbereichen angemessene; sie setzt vielmehr eine bestimmte Struktur des Verhältnisses von Allgemeinem und Besonderen im zu erkennenden Gegen-

---

105 Ebd. S. 225/226

stand selbst voraus. Wird eine rein logisch-spekulative Entwicklung dort zu geben versucht, wo sie nicht am Platze ist, entartet dies – auch nach Hegels eigener Auffassung – zur willkürlichen Konstruktion, die gerade das zu Leistende – die Reproduktion der *wesentlichen* Beziehungen und Zusammenhänge des Seins im Denken – nicht zu leisten vermag. Die Unangemessenheit einer rein logisch-reflexiven Fassung des Verhältnisses von Allgemeinem und Besonderem ist jedoch für Hegel wiederum nicht gleichbedeutend damit, daß der Rationalitätsform des formallogischen Denken mit seinen fixen, unbeweglichen Bestimmungen und wesentlich quantifizierenden Methoden das Feld überlassen bliebe. Es gibt also bei Hegel ein äußerst differenziertes, abgestuftes Methodenverständnis, das in der bisherigen Rezeptionsgeschichte viel zu wenig beachtet wurde. Zwischen den formallogischen Methoden (deren ontologische Einstellung zwangsläufig eine metaphysische ist und die daher Bewegung und Entwicklung nicht zu fassen und auszudrücken vermögen) und der rein logisch-reflexiven Fassung der Beziehung der Begriffsbestimmungen gibt es für Hegel eine Vielzahl methodischer Abstufungen, deren konkrete Form sich nach der objektiven Struktur des je untersuchten Seinsbereichs richtet. (Wir können all diese Probleme hier nur anreißen und werden an späterer Stelle nochmals ausführlich darauf zu sprechen kommen.)

Das Bewußtsein geht nunmehr von der Beobachtung der natürlichen zu der der menschlichen, gesellschaftlichen Außenwelt über. Als »beobachtende Psychologie« verbleibt sie dabei zunächst im Rahmen der innerhalb der Naturbeobachtung – speziell der Analyse des organischen Seins – entwickelten rein empiristischen Methoden: diese – so angebracht sie in jenem waren – erweisen sich jedoch nunmehr als vollkommen unangemessen und außerstande, die wesentlichen Zusammenhänge aufzudecken: »Die unterschiedenen wirklichen Individualitäten wieder so aufzufassen und zu erzählen, daß der eine Mensch mehr Neigung zu diesem, der andere zu jenem, der eine mehr Verstand als der andere habe, hat aber etwas viel Uninteressanteres als selbst die Arten von Insekten, Moosen usf. aufzuzählen, denn diese geben der Beobachtung das Recht, sie so einzeln und begriffslos zu nehmen, weil sie wesentlich dem Elemente der zufälligen Vereinzelung angehören. Die bewußte Individualität hingegen geistlos als *einzelne* seiende Erscheinung zu nehmen, hat das Widersprechende, daß ihr Wesen das Allgemeine des Geistes ist.«[106] D.h. dem gesellschaftlichen Sein entspricht eine höhere Rationalitätsform, *aufgrund* seiner objektiv höher organisierten Struktur, speziell aufgrund des veränderten Verhältnisses, in dem Einzelnes, Besonderes und Allgemeines in ihm zueinander stehen. Die Psychologie

---

106 Ebd. S. 230

geht aus vom für sich isoliert gefaßten *einzelnen* Menschen; gerade dadurch verbaut sie die Möglichkeit, sein Wesen – und das Wesen seiner Handlungen, folglich des gesellschaftlichen Geschehens insgesamt – zu erfassen. Denn dieses Wesen ergibt sich erst aus der Beziehung des Einzelnen zum jeweiligen Gesellschaftsganzen – als seiner Allgemeinheit – und setzt die Analyse dieser Beziehung voraus. »Die psychologische Beobachtung findet [daher] kein Gesetz des Verhältnisses des Selbstbewußtseins zu der Wirklichkeit oder der ihm entgegengesetzten Welt und ist durch die Gleichgültigkeit beider gegeneinander auf die *eigentümliche Bestimmtheit* der realen Individualität zurückgetrieben...«[107]

Zur Einsicht in das spezifische Verhältnis zwischen Einzelnem und Allgemeinem im gesellschaftlichen Sein kommt das Bewußtsein nun nicht durch theoretische Analyse, sondern durch praktische Erfahrung, durch den Übergang zur praktischen Auseinandersetzung mit seiner gesellschaftlichen Außenwelt. »...die Kategorie, welche die Form des Seins im Beobachten durchlaufen hat, ist jetzt in der Form des Fürsichseins gesetzt; das Bewußtsein will sich nicht mehr unmittelbar finden, sondern durch seine Tätigkeit sich selbst hervorbringen.«[108] Es durchläuft nunmehr wiederum verschiedene Gestalten, wobei deren Haltung zur Außenwelt – d. h. ihre erkenntnistheoretische und methodologische sowie darin implizierte ontologische Einstellung – Ausdruck ihrer konkreten Stellung in einer bestimmten Gesellschaft ist. Dem Zeitalter der griechischen Sittlichkeit entspricht das unmittelbare Aufgehen des einzelnen Selbstbewußtseins in seinem Allgemeinen. Diese Einheit zerbricht mit dem Untergang der griechischen Welt; das Selbstbewußtsein ist sich nunmehr für sich isoliert – als Einzelnes – das Wesen und stellt sich der Außenwelt entgegen, die ihm als schlechthin fremde, aufzuhebende gilt. Seine nächste Gestalt ist die »Lust«. Als solche – d.h. als rein passive, unproduktive Genußsucht, historisch: als adelige Lebensweise – bewirkt es nichts, erfährt daher auch seine Außenwelt als unbeeinflußbar, als bloße Notwendigkeit, leeres, totes Schicksal; die dieser Lebensweise angemessene Erkenntnishaltung ist der Irrationalismus. Als *Gesetz des Herzens* bzw. als *Tugend* sucht es sodann die Außenwelt aktiv zu verändern, freilich nach rein subjektiven Maßgaben, die den Gegebenheiten der Wirklichkeit unvermittelt, abstrakt negierend gegenüberstehen. Es scheitert damit zwangsläufig an der Realität. Das Resultat dieser Auseinandersetzung ist jedoch ein positives: das Bewußtsein erfährt den vorausgesetzten Gegensatzes seiner als Einzelnem und der es umgebenden gesellschaftlichen Außenwelt als unwahr. »Es [das Bewußtsein] hat in seinem Kampfe die Erfahrung gemacht, daß der Weltlauf so übel

---

107 Ebd. S. 233
108 Ebd. S. 261

nicht ist, als er aussah; denn seine Wirklichkeit ist die Wirklichkeit des Allgemeinen. Es fällt mit dieser Erfahrung das Mittel, durch Aufopferung der Individualität das Gute hervorzubringen, hinweg, denn die Individualität ist gerade die *Verwirklichung* des Ansichseienden ... die Bewegung der Individualität ist die Realität des Allgemeinen. ...Die Individualität des Weltlaufs mag wohl nur für sich oder eigennützig zu handeln meinen; sie ist besser, als sie meint; ihr Tun ist zugleich *ansichseiendes, allgemeines* Tun...«[109] Das Verhältnis des Einzelnen und Allgemeinen, das sich aus dieser Erfahrung ergibt – das unvermittelte ineinander Umschlagen beider Bestimmungen, die angenommene Realität des Allgemeinen im Einzelnen *als unmittelbarem* – ist jedoch selbst noch nicht ihr wahres, dem realen Sein angemessenes Verhältnis. Wir befinden uns im Zeitalter des entstehenden Kapitalismus, der Aufklärung und bürgerlichen Nationalökonomie. Die von letzteren formulierte simple Identität von subjektiver Eigensucht und Realisierung des Allgemeinen wird von Hegel bereits als irreal – und als apologetisch – durchschaut; die Postulierung dieser unmittelbaren Einheit erscheint als »geistiges Tierreich«. Das reale (im spekulativen Begriff gefaßte) Verhältnis beider Bestimmungen ist dagegen ein *vermitteltes*, ein Verhältnis, in dem das Einzelne im Allgemeinen ebensowohl aufgehoben als auch für sich freigelassen ist, das Allgemeine sich insofern zwar als übergreifend erweist, das Einzelne in ihm jedoch nicht schlechthin verschwindet. D.h. eben *weil* der Einzelne nicht als *unmittelbar Einzelner*, nicht für sich isoliert handelt, sondern *eingebunden* in von ihm unabhängige gesellschaftliche und politische Zusammenhänge, *abhängig* von den Mitteln seines Handelns, *darum* liegt in seinen Handlungen ein Allgemeines, das sie faktisch bestimmt, auch wenn das Individuum nur seinen subjektiven Interessen zu folgen scheint. Ob dieses *Allgemeine* tatsächlich den *allgemeinen* Interessen entspricht, hängt folglich von den konkreten gesellschaftlichen und politischen Strukturen ab, innerhalb derer die Einzelnen agieren.

Abschließend wird das Verhältnis von Einzelnem und Allgemeinem von Hegel dann noch einmal *negativ* bestimmt: die Kapitel »gesetzgebende« und »gesetzprüfende Vernunft« zeigen auf, wie die Einheit von Allgemeinem und Einzelnen *nicht* zu verstehen ist, nämlich nicht im Sinne der Kantischen Ethik, (die das Allgemeine formallogisch als bloß abstraktes faßt und bei der Zuordnung des Besonderen daher nur *subsumierend* vorgehen kann.)

Mit der Einsicht in das reale Verhältnis des Einzelnem zum Allgemeinem geht die »Vernunft« in den »Geist« über: »Die Vernunft ist Geist, indem sie die Gewißheit, alle Realität zu sein, zur Wahrheit erhoben und sie sich ihrer selbst

---

[109] Ebd. S. 291

als ihrer Welt und ihrer Welt als ihrer selbst bewußt ist.«[110] Damit ist – wie wir im ersten Kapitel aufzeigten – die eigentliche »Phänomenologie«, als Folge von Bewußtseinsgestalten, abgeschlossen. Was in der weiteren Entwicklung auftritt, sind nunmehr »*Gestalten einer Welt*«. D.h. die gesamte vorangegangene Entwicklung wiederholt sich noch einmal, nur werden jetzt die gesellschaftlichen Strukturen selbst in Augenschein genommen, deren bloßer Ausdruck und Widerschein die vorangegangenen Gestalten des Selbstbewußtseins waren. Im Zentrum steht dabei der *Zusammenhang* zwischen den jeweiligen historischen Erscheinungen des gesellschaftlichen Lebens und den verschiedenen Bewußtseinsformen, speziell zwischen den real-gesellschaftlichen Interessenverhältnissen und der Bestimmung des Verhältnisses von Einzelnem und Allgemeinem in den verschiedenen Rationalitätstypen. Die Ableitung der spekulativen Rationalitätsform und Methode ist dabei nach wie vor Zweck und Ziel der Darstellung.

Die alte griechische Welt zeigt sich darin als unzulänglich, daß der Einzelne in ihr noch nicht zu seinem Fürsichsein als Individualität und einzelne Persönlichkeit gelangt ist, sondern in unmittelbarer, unreflektierter Einheit mit der sittlichen Substanz lebt: »Wie aber in diesem Reiche der Gegensatz beschaffen ist, so ist das Selbstbewußtsein noch nicht in seinem Rechte als *einzelne Individualität* aufgetreten; sie gilt in ihm auf der einen Seite nur als *allgemeiner Willen*, auf der anderen als *Blut* der Familie; *dieser Einzelne* gilt nur als der *unwirkliche Schatten*.«[111] In der Erscheinung des römischen »Rechtszustandes« ist diese unmittelbare Identität – aber mit ihr vorerst jede Identität – von Einzelnem und Allgemeinem aufgehoben; letzteres erscheint als das ganz äußerliche, fremde Band, als bloße Notwendigkeit. Dem entspricht eben jene Rationalitätsform, die in den Philosophien des Selbstbewußtseins entwickelt wurde: das abstrakt Allgemeine als das für sich isolierte Wesen, das dem Einzelnen und Erscheinenden als bloßer Gegensatz gegenübersteht, in dieser Fassung freilich inhaltsleer bleibt und daher den Inhalt der menschenfremden Realität zugleich frei für sich bestehen und gelten läßt: »Was dem Stoizismus nur in der *Abstraktion* das *Ansich* war, ist nun *wirkliche Welt*. Er ist nichts anderes als das Bewußtsein, welches das Prinzip des Rechtszustandes, die geistlose Selbständigkeit, auf seine abstrakte Form bringt ...was als das absolute Wesen gilt, ist das Selbstbewußtsein als das reine *leere Eins* der Person. Gegen diese leere Allgemeinheit hat die Substanz die Form der *Erfüllung* und des *Inhalts*, und dieser ist nun völlig freigelassen und ungeordnet...«[112]

---

110 Ebd. S. 324
111 Ebd. S. 342
112 Ebd. S. 357

Die »Phänomenologie« springt von da nun wiederum direkt in die beginnende Neuzeit. Der Aufstieg und Niedergang des Absolutismus nebst parallel sich entwickelnder bürgerlicher Produktion erscheinen als »Welt des sich entfremdeten Geistes«. Es folgt eine Darlegung von hochinteressantem politischen Gehalt, in der wiederum die Erscheinung des Verhältnisses von Allgemeinem und Besonderem, das Ineinanderumschlagen beider Seiten im Mittelpunkt steht. Der Ständestaat zeigt sich als bloßer *Anspruch des Allgemeinen*, der diesen nicht zu realisieren vermag, solange er seine Realität nur in den Ständen und nicht eigenständige Institutionen ihnen gegenüber hat. Das ständische Bewußtsein – das bürgerliche als Reichtum ebenso wie das adelige – wiederum stilisiert sich selbst zum Interessenvertreter der Allgemeinheit – »edelmütiges Bewußtsein« –, erweist sich jedoch in seiner Realität als Verfolger ganz materieller, eigensüchtiger, partikularer Interessen – »niederträchtiges Bewußtsein« –. All diese Momente schlagen ununterbrochen ineinander um und sind nur in diesem Umschlagen. Aus der Erfahrung dieser Realität entsteht die Rationalitätsform der Aufklärung, d.h. jene Form der Dialektik, die die Bestimmungen zwar als flüssige, ununterbrochen in ihr Gegenteil übergehende begreift, jedoch bei diesem bloßen Wechsel und haltlosen Verschwinden im Anderen, bei einem universellen Relativismus und Skeptizismus stehen bleibt. Die Dialektik der Aufklärung entspricht also für Hegel der Erscheinung der frühbürgerlichen Gesellschaft, in der das Allgemeine – als Staat – noch keine Realität für sich gewonnen hat (bzw. nur im kurzzeitigen Blühen des Absolutismus gewinnt, sofort aber wieder verliert). »Die Sprache der Zerrissenheit aber ist die vollkommene Sprache und der wahre existierende Geist dieser ganzen Welt der Bildung. ...Es ist diese absolute und allgemeine Verkehrung und Entfremdung der Wirklichkeit und des Gedankens; die *reine Bildung*. Was in dieser Welt erfahren wird, ist, daß weder die *wirklichen Wesen* der Macht und des Reichtums noch ihre bestimmten *Begriffe*, Gut und Schlecht, oder das Bewußtsein des Guten und Schlechten, das edelmütige und niederträchtige, Wahrheit haben; sondern all diese Momente verkehren sich vielmehr eins im andern, und jedes ist das Gegenteil seiner selbst.«[113] Das Denken ist so nunmehr aus der Isolierung und dem Fixieren seiner Bestimmungen zum dialektisch gefaßten Begriff übergegangen: »Das ehrliche Bewußtsein nimmt jedes Moment als eine bleibende Wesenheit und ist die ungebildete Gedankenlosigkeit, nicht zu wissen, daß es ebenso das Verkehrte tut. Das zerrissene Bewußtsein aber ist das Bewußtsein der Verkehrung, und zwar der absoluten Verkehrung; der Begriff ist das herrschende in ihm, der die Gedanken zusammenbringt, welche der Ehrlichkeit weit auseinander liegen,

---

113 Ebd. S. 384

und dessen Sprache daher geistreich ist.« Diese Reflexionsform entspricht freilich noch nicht den realen Seinsstrukturen bzw. dem wahren spekulativen Verhältnis der Begriffsbestimmungen: »Indem es [dies Bewußtsein] das Substantielle nach der Seite der *Uneinigkeit* und des *Widerstreits*, den es in sich einigt, aber nicht nach der Seite dieser Einigkeit kennt, versteht es das Substantielle sehr gut zu beurteilen, aber hat die Fähigkeit verloren, es zu *fassen*. ...In jener Eitelkeit wird aller Inhalt zu einem Negativen, welches nicht mehr positiv gefaßt werden kann; der positive Gegenstand ist nur das reine Ich selbst ...«[114]

Indessen ist auf diesem Standpunkt das Rationale, die logischen Beziehungen und Bewegungen als Ausdruck – und einzig wahrer Ausdruck – des Wesens allen Seins erfaßt. Aus dieser Einsicht heraus sucht dieses Bewußtsein nun alles bloß Positive, Kontingente, alles, was sich nicht als rational begründet bzw. begründbar erweist, aufzulösen. Es richtet sich so zunächst gegen den christlichen Aberglauben, anschließend gegen die gesellschaftliche Realität selbst. Diese Form der Dialektik verfährt dabei rein negativ. Sie kommt für sich zu keiner konkreten Ausbreitung des Inhalts, denn sie faßt das Allgemeine noch nicht als *übergreifendes*, sich in seinem Gegenteil – dem Besonderen – erhaltendes, sondern als in diesem sich schlechthin aufhebendes. Anders ausgedrückt: sie faßt die logische Negation noch nicht als *bestimmte*, sondern als bloß abstrakte, alles Positive, Bestimmte nur auflösende und vernichtende Negation. Diese Rationalitätsform prägt nach Hegels Auffassung auch das Bewußtsein der Agierenden der französischen Revolution, der revolutionären Diktatur: »Diese ungeteilte Substanz der absoluten Freiheit erhebt sich auf den Thron der Welt, ohne daß irgendeine Macht der Welt ihr Widerstand zu leisten vermöchte.«[115] Sie vernichtet so alle überkommenen Realitäten, alle Überreste der feudalen Welt. Zu einem eigenen positiven Gesellschaftsentwurf vermag diese negative Dialektik jedoch nicht zu kommen: »Kein positives Werk noch Tat kann also die allgemeine Freiheit hervorbringen; es bleibt ihr nur das *negative Tun*; sie ist nur die *Furie* des Verschwindens.«[116] Auf dieser Stufe kann – im Denken und im politischen Handeln – nicht stehengeblieben werden. Mit Napoleon mündet die Revolution in einer neuen realen gesellschaftlichen Organisation, dem bonapartistischen Staat: »Die absolute Freiheit hat ...als *reine* Sichselbstgleichheit des allgemeinen Willens die *Negation*, damit aber *den Unterschied* überhaupt an ihr und entwickelt diesen wieder als wirklichen Unterschied. ...insofern diese Substanz sich als das Negative für das einzelne Bewußtsein gezeigt hat, bildet sich

---

114 Ebd. S. 390
115 Ebd. S. 433
116 Ebd. S. 435/ 436

also wieder die Organisation der geistigen Massen aus, denen die Menge der individuellen Bewußtsein zugeteilt wird. Diese, welche die Furcht ihres absoluten Herrn, des Todes, empfunden, lassen sich die Negation und die Unterschiede wieder gefallen, ordnen sich unter die Massen und kehren zu einem geteilten und beschränkten Werke, aber dadurch zu ihrer substantiellen Wirklichkeit zurück.«[117] In diesem Gesellschaftszustand (genauer: in seiner deutschen Ausformung unter Napoleonischem Einfluß) ist für Hegel die gesellschaftliche Realität erreicht, in der einzelne und allgemeine Interessen ausgeglichen sind und die so zugleich die Grundlage für die Erfassung des wahren Verhältnisses von Einzelnem und Allgemeinem in der spekulativen Rationalitätsform bildet. »Die absolute Freiheit hat also den Gegensatz des allgemeinen und einzelnen Willens mit sich selbst ausgeglichen; der sich entfremdete Geist, auf die Spitze seines Gegensatzes getrieben, in welchem das reine Wollen und das rein Wollende noch unterschieden sind, setzt ihn zur durchsichtigen Form herab und findet darin sich selbst ...so geht die absolute Freiheit aus ihrer sich selbst zerstörenden Wirklichkeit in ein anderes Land des selbstbewußten Geistes über... Es ist die neue Gestalt des moralischen Geistes entstanden.«[118] In ihm ist – für Hegel – die realhistorische Entfremdung des Einzelnen vom Allgemeinen aufgehoben und folglich auch die ihr entsprechende erkenntnistheoretische Haltung – der vorausgesetzte Gegensatz von Bewußtsein und Gegenstand, von Rationalität und Realität, von Denken und Sein: »...nun aber ist der Gegenstand ihm [dem Bewußtsein] selbst die Gewißheit seiner, das Wissen – so wie die Gewißheit seiner selbst als solche nicht mehr eigene Zwecke hat, also nicht mehr in der Bestimmtheit, sondern reines Wissen ist.«[119] Konkret entwickelt wird dieser Gesellschaftszustand in der »Phänomenologie« allerdings nicht. Statt aufzuzeigen, wie der Ausgleich zwischen dem einzelnen und dem allgemeinen Interesse – und auf dieser Basis zwischen dem Individuum und seiner gesellschaftlichen Außenwelt – konkret-gesellschaftlich sich darstellt, gibt Hegel in den folgenden Abschnitten lediglich eine rein negative Bestimmung: er grenzt das wahre Verhältnis des Einzelnen und Allgemeinen nochmals von seiner Kantischen und romantischen Fassung ab.

Mit der Einsicht in das wahre Verhältnis von Einzelnem und Allgemeinem auf Grundlage der nunmehr realhistorisch entstandenen, allgemeine und einzelne Interessen ausgleichenden (in ihrer konkreten Form freilich unentwickelt gebliebenen) Gesellschaft ist die »Phänomenologie« indes noch nicht am Ende.

---

117 Ebd. S. 438
118 Ebd. S. 439/440
119 Ebd. S. 441

Es folgt jetzt noch der Abschnitt »Die Religion«, in dem die alten Naturreligionen, die griechische Mythologie und Kunst sowie schließlich die christliche Religion behandelt werden. Gegenstand sind wiederum die in ihnen in anschaulicher bzw. mythischer Form niedergelegten Bestimmungen des Verhältnisses des Menschen zu seiner Außenwelt, entsprechend von Einzelnem und Allgemeinem, und die Untersuchung, inwiefern diese Bestimmungen bereits Andeutungen seiner spekulativen Fassung enthalten. Insbesondere die christlichen Mythen vom Sündenfall und der Dreieinigkeit des Geistes werden von Hegel in diesem Sinne interpretiert. Wir wollen dieser Darstellung nicht ausführlicher nachgehen.

Im abschließenden Kapitel »Das absolute Wissen« wird als Kern der *Aufhebung des Gegenstandes des Bewußtseins* nochmals benannt: die Fähigkeit der spekulativen Methode, vermittels ihrer logischen Grundformen – dem übergreifenden Allgemeinen und der bestimmten Negation – die wesentlichen Seinsstrukturen im Denken zu reproduzieren und – soweit möglich – in ihrer Notwendigkeit und inneren Logik zu erfassen, damit jene Äußerlichkeit zwischen Beziehung und Bezogenem, Form und Inhalt, Einzelnem und Allgemeinem, die die formale Logik nie zu überwinden vermag, aufzuheben und die Kontingenz bloß gegebener Inhalte weitest möglich in logisch-reflexiv erschlossene konkret-inhaltliche Beziehungen aufzulösen. Das ist es, was sich hinter der Auflösung des Seins in Wissen verbirgt. Nunmehr, schreibt Hegel, » ...kommt der Geist dazu, sich zu wissen, nicht nur wie er *an sich* oder nach seinem absoluten *Inhalte*, noch nur wie er *für sich* nach seiner inhaltslosen Form oder nach der Seite des Selbstbewußtseins, sondern wie er *an und für sich* ist.«[120] Das Wesentliche der spekulativen Methode ist folglich diese aus konkret inhaltlicher Reflexion sich herstellende Einheit von Form und Inhalt; genau dadurch gibt es nicht mehr ein *Bewußtsein*, das in einen äußerlichen Stoff als seinem *Gegenstand* Beziehungen und Strukturen *hineinbringt*, sondern die logische Entwicklung der Inhalte erweist diese selbst als konkretes Beziehungsgefüge, somit als an sich und durch sich selbst formiert; beide Seiten werden untrennbar und dadurch fähig, adäquates Abbild der ebenfalls je konkret inhaltlichen Seinszusammenhänge zu werden: »Diese letzte Gestalt des Geistes, der Geist, der seinem vollständigen und wahren Inhalte zugleich die Form des Selbsts gibt und dadurch seinen Begriff ebenso realisiert, als er in dieser Realisierung in seinem Begriffe bleibt, ist das absolute Wissen; es ist der sich in Geistgestalt wissende Geist oder das begreifende Wissen.«[121]

---
120 Ebd. S. 579
121 Ebd. S. 582

Die *Aufhebung des Gegenstandes* bedeutet also zweierlei: 1. die Einsicht in die selbst rationale, daher in logischen Beziehungen abbildbare Struktur des Seins im allgemeinen; damit die Aufhebung seiner Fremdheit und Äußerlichkeit gegenüber dem Denken; 2. die Einsicht in die konkrete Rationalitätsform des spekulativen Begriffs im besonderen, die als einzige in der Lage ist, die Dualität von Form und Inhalt zu überwinden und somit die Kontingenz und Positivität gegebener Inhalte in logische Beziehungen aufzulösen. Die erste Stufe tritt dabei historisch früher auf als die zweite; Hegel schreibt: »In der Wirklichkeit ist nun die wissende Substanz früher da als die Form oder Begriffsgestalt derselben. ...Zuerst gehören dem Selbstbewußtsein daher von der Substanz nur die abstrakten Momente an;« – d.h. die logischen Kategorien als für sich isolierte, fixe Allgemeinbestimmungen – »aber indem diese als die reinen Bewegungen sich selbst weitertreiben, bereichert es sich, bis es die ganze Substanz dem Bewußtsein entrissen, den ganzen Bau ihrer Wesenheiten in sich gesogen und – indem dieses negative Verhalten zur Gegenständlichkeit ebensosehr positiv, Setzen ist – sie aus sich erzeugt und damit für das Bewußtsein zugleich wiederhergestellt hat.«[122] – D.h. die logische Reflexion auf diese abstrakten Bestimmungen zeigt, daß sie von ihnen unterschiedene, möglicherweise gegensätzliche Bestimmungen logisch in sich enthalten bzw. in diese übergehen und erst in der Einheit mit ihnen wahrhaft bestimmt sind; die abstrakten Bestimmungen konkretisieren sich in dieser Reflexion und die so gesetzten Beziehungen sind dem Inhalt immanent und somit notwendig. – »In dem Begriffe, der sich als Begriff weiß« – in der Wissenschaft der Logik – »treten hiermit die *Momente* früher auf als das erfüllte Ganze, dessen Werden die Bewegung jener Momente ist. In dem *Bewußtsein*« – in der Phänomenologie – »dagegen ist das Ganze, aber unbegriffene, früher als die Momente...«[123] Ist der wissenschaftliche Standpunkt gewonnen, stellen sich die Momente des Geistes nunmehr dar » ...als *bestimmte Begriffe* und als die organische, in sich selbst gegründete Bewegung derselben.«[124] »...indem das Moment die Form des Begriffs hat, vereinigt es die gegenständliche Form der Wahrheit und des wissenden Selbsts in unmittelbarer Einheit. ...der reine Begriff und dessen Fortbewegung hängt allein an seiner *reinen Bestimmtheit*.«[125]

Anschließend wird von Hegel nochmals dargelegt, daß die Einsicht in diese spekulative Rationalitätsform erst auf Grundlage einer spezifischen gesellschaft-

---

122 Ebd. S. 584
123 Ebd. S. 584
124 Ebd. S. 589
125 Ebd. S. 589

lichen Struktur entstehen konnte, in der die Entfremdung zwischen einzelnen, besonderen und allgemeinen Interessen – und damit der *Schein* eines real gegensätzlichen Verhältnisses der Kategorien als solcher – überwunden wurde: »Es muß aus diesem Grunde gesagt werden, daß nichts *gewußt* wird, was nicht in der Erfahrung ist ... Er [der Geist] ist an sich die Bewegung, die das Erkennen ist, – die Verwandlung jenes Ansich in das Fürsich, der Substanz in das Subjekt, des Gegenstandes des Bewußtseins in Gegenstand des Selbstbewußtseins, d.h. in ebensosehr aufgehobenen Gegenstand oder in den *Begriff.* Sie ist der in sich zurückgehende Kreis, der seinen Anfang voraussetzt und ihn nur am Ende erreicht. ...Ehe daher der Geist nicht *an sich,* nicht als Weltgeist« – d.h. in der realen gesellschaftlichen Entwicklung, in der Geschichte – »sich vollendet, kann er nicht als *selbstbewußter* Geist seine Vollendung« – d.h. die Einsicht in die spekulative Begriffsform – »erreichen.«[126] Es handelt sich also ausdrücklich nicht um eine rein gedankliche Entwicklung, sondern dieser liegen vielmehr reale *gesellschaftliche Veränderungen* zugrunde.

Inwieweit Hegel hier freilich einen keineswegs unentfremdeten Gesellschaftszustand idealisiert, ob die spekulative Methode als *rein* Begriffs-immanente Entwicklung zu verstehen ist und inwiefern die Hegelschen Bestimmungen sich zum Teil widersprechen, all diese Fragen sollen uns in den folgenden Kapiteln beschäftigen.

Die Dialektik von setzender, äußerlicher und bestimmender Reflexion und der Rückgang in den Grund

Die Spezifik der Reflexionssphäre: Das Sein als Schein

Die Dialektik der drei Reflexionstypen wird im ersten Kapitel der Wesenslogik – Überschrift »Der Schein« – abgehandelt. Die Wesenslogik allgemein ist der Bereich des Verstandeskategorien, deren innere Dialektik und Selbstaufhebung in ihr entwickelt wird. Diese Kategorien unterscheiden sich von den in der Seinslogik behandelten dadurch, daß über die *unmittelbaren* Seinsbestimmungen zur *Vermittlung,* d.h. zu einer *tiefer* liegenden Seinsschicht – als dem *Wesen* des unmittelbaren Seins – hinausgegangen wird; die hieraus entspringende Doppelung und Vermittlung entfaltet sich nunmehr in den Kategorien der Wesenslogik. Den Unterschied des Verstandes – Stufe des Wesens – von der Wahrnehmung – Stufe der Unmittelbarkeit – bestimmt Hegel in der »Enzyklopädie« fol-

---

126 Ebd. S. 585

gendermaßen: »Indem sich ...das Bewußtsein von der *Beobachtung* der *unmittelbaren Einzelheit* und von der *Vermischung* des *Einzelnen* und des *Allgemeinen* [Bestimmung konkreter Qualitäten und Quantitäten] zur Auffassung des *Innern* des Gegenstandes erhebt, den Gegenstand also auf eine dem *Ich* gleiche [d.i. *logische*] Weise bestimmt, so wird dieses zum *verständigen* Bewußtsein.«[127] D.h. nunmehr wird das Allgemeine – d.h. die logischen, rationalen Bestimmungen – unmittelbar als *objektiv*, ja als das *Wesen* des objektiv Seienden bestimmt. Dieser Standpunkt fällt zunächst in das Extrem, das außerlogische Sein als das diesen Verstandesbestimmungen gegenüberstehende *Andere* – das unmittelbare Bestehen im Gegensatz zum rational bestimmten Wesen – zum bloßen *Schein*, zum bloß Negativen, Aufzuhebenden herabzusetzen. Der Standpunkt der Reflexion ist daher der des sich frei für sich ergehenden verständigen Denkens, das seine logischen Bestimmungen und die durch sie konstituierten Beziehungen als solche *unmittelbar* für Wesensbestimmungen (d.i. für *wesentliche Bestimmungen des Seins*) nimmt und sich rein in ihnen bewegt. Jede Reflexion auf Anderes – im Sinne einer Reflexion auf das außerlogisch Bestehende – ist mit der Herabsetzung des Seins zum bloßen Schein aufgehoben. »Das Wesen *scheint* zunächst in ihm selbst, in seiner einfachen Identität; so ist es die abstrakte Reflexion, die reine Bewegung von nichts durch nichts zu sich selbst zurück.«[128]

Setzende, äußerliche und bestimmende Reflexion

Die Reflexion ist so zunächst *setzende Reflexion*. Die Kategorie des »Setzens« steht bei Hegel für eine gedanklich hergestellte, logisch explizierte Beziehung. Der ihr zugehörige Gegenbegriff ist der des »Ansich«. Und zwar in doppelter Hinsicht: 1. in dem Sinne, daß eine *nur* ansichseiende Beziehung – zwischen Denkbestimmungen bzw. realen Sachverhalten – ungenügend ist; sie ist erst dann in ihrer Wahrheit aufgefaßt, wenn sie auch *gesetzt* – d.h. als solche logisch bestimmt, entwickelt – ist. 2. hat Hegel immer wieder den Ausdruck des *nur* Gesetzten, im Sinne einer rein gedanklich konstruierten Bestimmung oder Beziehung, der eben das *An sich*, die Realgrundlage, fehlt, die es daher als *bloße Setzung* und damit als *nichtig* zu erkennen gilt. Diese Unterscheidung zwischen dem *Gesetzten* und dem *nur Gesetzten* kann jedoch die *setzende Reflexion* für sich nicht treffen, denn mit der Auflösung des Seins im Schein fehlt auch jeder

---

127 G.W.F. Hegel »Enzyklopädie...« a.a.O. S. 211
128 G.W.F. Hegel »Wissenschaft der Logik« a.a.O. Bd. 2, S. 123

Bezug auf ein Ansich. Die *setzende Reflexion* setzt logische Beziehungen – im Sinne abstrakter Identität bzw. ebenso abstrakter Unterscheidung – und hat an sich selbst kein Maß für den Wert dieser Beziehungen; oder genauer: mit der Herabsetzung des unmittelbaren Seins zum bloßem Schein, d.i. mit der Auflösung ontologischen Denkens, *gibt* es keinen Unterschied zwischen willkürlich-konstruierten und objektiven Zusammenhängen, zwischen Einsicht und Manipulation. Die setzende Reflexion konstruiert a priori und bleibt – als formallogisches Verstandesdenken – dabei rein formell. Damit aber werden die unmittelbaren Seinsinhalte nicht wirklich aufgehoben; sie sind vielmehr als *a-logische* – d.h. als abstrakter Gegensatz der formellen Tätigkeit der Reflexion, gegen den diese sich richtet – *vorausgesetzt*. D.h. die setzende Reflexion *setzt* zugleich das Sein als unaufhebbar irrationales, den logischen Setzungen schlechthin äußerliches und damit unerkennbares. Und zwar setzt sie das Sein in dieser Bestimmung in ihrem Setzen ebenso voraus, wie das Fichtesche Ich sich in unendlicher Selbstproduktion nur zu verwirklichen vermag, indem es das Nicht-Ich als unaufhebbaren Gegenstoß immer wieder mitproduziert. Subjektiv-idealistischer Konstruktivismus (der von der unaufhebbaren Dualität von logischen Formen und realen Seinsbeziehungen ausgeht) und Positivismus erweisen sich als ineinander übergehend und notwendig zusammenhängend.

Aufgrund dieser in ihr vorausgesetzten Dualität ist die setzende Reflexion nämlich zugleich eine bloß *äußere*. In dieser Bestimmung ist das unmittelbare Sein, auf dessen Oberfläche sie vorgeht, als ihre Voraussetzung *gesetzt*. D.h. als *äußere Reflexion* ist sie Formieren eines von außen – erfahrungsmäßig – gegebenen Inhalts, wobei ihre Formen ausdrücklich als diesen Inhalten *nicht immanent* bestimmt sind; der Inhalt selbst bleibt daher, wie er *unmittelbar* aufgenommen wurde: ein unaufhebbar zufälliger, kontingenter.» ...das Endliche gilt als das Erste, als das reale; von ihm wird als einem zugrunde liegenden und zugrund liegen Bleibenden angefangen, und das Unendliche ist die gegenüberstehende Reflexion in sich.«[129]

Indem sich diese vorausgesetzte Bestimmung der Seinsinhalte als a-logischer, ir-rationaler gleichermaßen als bloße *Setzung* der Reflexion erweist, geht die äußere Reflexion in die *bestimmende* über. Diese ist die »Einheit der setzenden und der äußeren Reflexion«. Näher bestimmt Hegel dies folgendermaßen: »Die äußere Reflexion fängt vom unmittelbaren Sein an, die setzende vom Nichts. Die äußere Reflexion, die bestimmend wird, setzt ein Anderes, aber das Wesen, an die Stelle des aufgehobenen Seins; das Setzen setzt seine Bestimmung nicht an die Stelle eines Andern; es hat <u>keine Voraussetzung</u>. Aber <u>deswegen</u> ist es

---

[129] Ebd. S. 17

nicht die vollendete, bestimmende Reflexion; die Bestimmung, die es setzt, ist daher <u>nur ein Gesetztes</u>; es ist Unmittelbares ...«[130] Indem die setzende Reflexion das außerlogische Sein als bloß Negatives, als bloßen Schein auffaßt, damit nur von sich ausgeht, aus sich konstruiert, wird sie notwendig willkürlich; ihre Setzungen sind so bloß *unmittelbare*, d.h. in sich nicht begründet und nicht begründbar. Der Mangel der äußeren Reflexion wiederum besteht nicht darin, sich auf ein außerlogisches Sein – als *Voraussetzung* – zu beziehen, sondern darin, dieses Sein als Unmittelbares und in dieser Unmittelbarkeit fest für sich Bestehendes aufzufassen; ihr Mangel besteht also in der vorausgesetzten Dualität ihrer logischen Formbestimmungen (in denen sie ja tatsächlich über die Seinsinhalte als *unmittelbare* hinausgeht) und der realen, wesentlichen Seinsbeziehungen, wobei sie genau diese Voraussetzung mit der setzenden Reflexion teilt. Die bestimmende Reflexion geht – wie die äußerliche – vom außerlogischen Sein aus, bleibt aber nicht bei den für sich abstrakten Bestimmungen, die es ihm als unmittelbarem entnimmt, stehen; die Aufnahme dieser Inhalte ist vielmehr zugleich ihre Verwandlung, ihre *Aufhebung* als *abstrakter, für sich isolierter Bestimmungen*, wobei diese Umwandlung in der Überzeugung geschieht, allein dadurch zum *Wesen* des Seins – folglich zur *wahren Bestimmung dieser Inhalte* – vorzudringen. Die bestimmende Reflexion beginnt also bei einem zunächst unmittelbar *aufzunehmenden* Inhalt; ihre logische Bewegung ist indessen nicht ein bloß äußerlich-gleichgültiges Formieren dieses Inhalts, sondern in ihr ist *gesetzt*, daß dieser Inhalt als *unmittelbar aufgenommener* noch nicht in seiner Wahrheit ist, sondern diese erst in der und durch die logische Reflexion, die ihn verändert, erhält. Damit ist die in setzender und äußerer Reflexion gleichermaßen vorausgesetzte abstrakte Dualität von Inhalt und Form, von logischer und Seinsbeziehung aufgehoben.

Charakter und Dialektik der Reflexionsbestimmungen: Identität, Unterschied und Verschiedenheit

Wie diese Aufhebung der Form-Inhalt-Dualität konkret zu verstehen ist, wird im weiteren Fortgang der Wesenslogik deutlich, in dem sich der Dreischritt von setzender, äußerer und bestimmender Reflexion immer von neuem – auf je spezifischer kategorialer Ebene – wiederholt: zunächst in der Dialektik der Reflexionsbestimmungen.

Das Sein als unmittelbares wird durch konkrete Qualitäten bestimmt; entspre-

---

130 Ebd. S. 20

chend steht in der Seinslogik – als der Reflexion auf dieses unmittelbare Bestimmen – die Kategorie der Qualität im Zentrum. Mit der Wesenslogik wird über dieses unmittelbare Bestimmen hinausgegangen; die logischen Beziehungen und Allgemeinheiten haben sich nunmehr von dem – als Veränderliches und Verschwindendes vorerst zum bloßen Schein herabgesetzten – Sein gelöst und gelten als sein Wesen. Die Reflexion operiert mit diesen für sich isolierten und gegenüber dem Sein – bzw. dem konkreten Seienden – verselbständigten logischen Allgemeinbestimmungen, den *Reflexionsbestimmungen*. Die Reflexionslogik ist nunmehr die Reflexion auf dieses Tun der Reflexion; sie bestimmt den grundlegenden Charakter und die Verhältnisweise dieser abstrakten Allgemeinheiten des formallogischen Verstandesdenkens. D.h. wie die Seinslogik nicht die konkreten Qualitäten, sondern die *Kategorie der Qualität* behandelt, so die Reflexionslogik nicht die konkreten Reflexionsbestimmungen, sondern die *Kategorie der Reflexionsbestimmung*.

Die Qualitäten – obgleich ebenfalls Allgemeinbestimmungen – bleiben an ein je konkret Seiendes gebunden, sind insofern in dessen Werden und Vergehen unmittelbar einbezogen. Die Allgemeinbestimmungen der Reflexion hingegen, indem sie in *Abstraktion* von diesem veränderlichen und vergehenden Sein entstanden sind und ihr Sinn und Zweck gerade die Heraushebung bestimmter Beziehungen als *wesentlicher* und bleibender aus diesem universellen Werden und Vergehen ist, haben eine immanente Tendenz zur Verfestigung und Versteinerung in sich und damit gegeneinander: »Die Reflexionsbestimmung ist von der Bestimmtheit des Seins, der Qualität, unterschieden; ...Die Negation als Qualität ist Negation als *seiend*; das Sein macht ihren Grund und Element aus. Die Reflexionsbestimmung hingegen hat zu diesem Grunde das Reflektiertsein in sich selbst. ...Die Bestimmung besteht hier nicht durch das Sein, sondern durch ihre Gleichheit mit sich. Weil das Sein, das die Qualität trägt, das der Negation ungleiche ist, so ist die Qualität in sich selbst ungleich, daher übergehendes, im Andern verschwindendes Moment. Hingegen die Reflexionsbestimmung ist das Gesetztsein als Negation, Negation, die zu ihrem Grunde das Negiertsein hat, also sich in sich selbst nicht ungleich ist, somit *wesentliche*, nicht übergehende Bestimmtheit. Die Sich-selbst-Gleichheit der Reflexion, welche das Negative nur als Negatives, als Aufgehobenes oder Gesetztes hat, ist es, welche demselben Bestehen gibt. Um dieser Reflexion in sich willen erscheinen die Reflexionsbestimmungen als freie, im Leeren ohne Anziehung oder Abstoßung gegeneinander schwebende Wesenheiten.«[131] Das formallogische Verstandesdenken fixiert bestimmte Beziehungen als abstrakte Allgemeinheiten und

---

[131] Ebd. S. 21/22

hält sie für sich in dieser Abstraktion fest. Indessen wird sich zeigen, daß die Bestimmungen der Reflexion die Dialektik an sich selbst haben, die sie als für sich fixierte, isolierte aufhebt. Diese Dialektik ergibt sich gerade aus ihrem Charakter, abstrakte – d.h. aus einem wirklichen, veränderlichen Konkreten *abstrahierte* und zugleich als dessen *Wesen* gesetzte – Bestimmung zu sein »...so ist die Reflexionsbestimmtheit *die Beziehung auf ihr Anderssein* [das veränderliche Konkrete] *an ihr selbst*. – Sie ist nicht als seiende, ruhende Bestimmtheit, welche bezogen würde auf ein Anderes, so daß das Bezogene und dessen Beziehung verschieden voneinander sind, jenes ein Insichseiendes, ein Etwas, welches sein Anderes und seine Beziehung auf dies andere von sich ausschließt. ...Die Qualität geht durch ihre Beziehung in anderes über; in ihrer Beziehung beginnt ihre Veränderung. Die Reflexionsbestimmung hingegen hat ihr Anderssein in sich zurückgenommen. Sie ist *Gesetztsein*, Negation, welche aber die Beziehung auf anderes in sich zurückbeugt, und Negation, die sich selbst gleich, die Einheit ihrer selbst und ihres Andern und nur dadurch Wesenheit ist.«[132]

Ausdruck der im formallogischen Denken zunächst vorgenommenen Fixierung der Allgemeinbestimmungen sind die bekannten »Denkgesetze«: der Satz der Identität, des Widerspruchs und des ausgeschlossenen Dritten. Die Reflexionslogik behandelt entsprechend die Kategorien der Identität und des Unterschieds, der Verschiedenheit, des Gegensatzes und schließlich des Widerspruchs. Das Wesentliche dieser Darstellung liegt darin aufzuzeigen, daß diese Kategorien, sofern sie in ihrer konkreten Bestimmung betrachtet werden, sich als dialektisch und in ihr Anderes, ihr Gegenteil, übergehend erweisen, somit an sich selbst die vorausgesetzte Fixierung aufheben. In dieser Entwicklung wiederholt sich nun auf höherer Ebene der Fortgang von setzender, äußerer und bestimmender Reflexion. Die Beziehungen, die die Reflexion als formallogisches Denken *setzt*, sind zunächst solche abstrakter Identität bzw. ebenso abstrakter Unterscheidung. Die Reflexion auf die Kategorien von Identität und Unterschied zeigt indessen, daß diese für sich isoliert gar nicht bestimmbar sind, d.h. ihr Anderes *logisch* in sich enthalten: » ...der Unterschied an sich ist der sich auf sich beziehende Unterschied; so ist er die Negativität seiner selbst, der Unterschied nicht von einem Andern, sondern seiner von sich selbst. ...Er ist also er selbst und die Identität. Beide zusammen machen den Unterschied aus. ...Der Unterschied ist das Ganze und sein eigenes Moment, wie die Identität ebensosehr ihr Ganzes und ihr Moment ist. – Dies ist als die <u>wesentliche Natur der Reflexion</u> und als <u>bestimmter Urgrund aller Tätigkeit und Selbstbewegung</u>

---

132 Ebd. S. 22/23

zu betrachten. – Unterschied wie die Identität machen sich zum Momente oder zum Gesetztsein, weil sie als Reflexion die negative Beziehung auf sich selbst sind.«[133] Die Dialektik der Kategorien Unterschied und Identität als solcher impliziert die Unzulänglichkeit des formallogischen Verstandesdenkens, das bei solchen für sich fixierten Identitäten bzw. Unterscheidungen stehenbleibt. Jede Setzung einer bestimmten Identität, eines bestimmten Unterschieds als für sich *isolierte* ist Abstraktion. Zunächst eine denknotwendige Abstraktion, denn jedes Begreifen *beginnt* damit, aus dem allgemeinen Fluß, dem universellen Werden und Vergehen bestimmte Beziehungen als allgemeine und bleibende für sich herauszuheben. Darin, das Konkrete zu trennen und dem so gewonnenen Allgemeinen fixes Bestehen zu geben, besteht für Hegel, die »unendliche Kraft des Verstandes«. Auf dieser Stufe der für sich fixierten abstrakten Allgemeinheiten darf jedoch nicht stehen geblieben werden. Zugleich ist das Hinausgehen über diese abstrakten Allgemeinheiten nicht ihr *äußerliches* Inbeziehungsetzen, ihr Beziehen auf andere, ebenso fest für sich fixierte Allgemeinheiten; sondern es ist die *Reflexion* auf ihre zunächst unmittelbar gesetzte *inhaltliche* Bestimmung, die *ihr Anderes* an ihnen selbst aufzeigt. Die Beziehung, die sich hieraus ergibt, ist somit eine *logische* und zugleich eine dem vorausgesetzten Inhalt *immanente*. Indem die Reflexion sie als solche faßt, ist sie nicht mehr nur setzende, sondern bestimmende. Hegel geht davon aus, daß erst in dieser Vermittlung die Seinsbeziehung als *wesentliche* reproduziert werden kann, während es sich bei den für sich fixierten Allgemeinheiten um bloße Abstraktionen handelt, durch letztere also bloß *einseitige*, nicht wesentliche Beziehungen ausgedrückt werden. Aber gerade wegen dieses ihres Charakters, als *abstrakte* Bestimmungen zugleich als *Wesen* eines seienden *Konkretums* gesetzt zu sein, erweisen sie sich als dialektisch; d.h. *weil* sie aus einem konkreten Beziehungsgefüge *abstrahiert* wurden, haben sie diese Beziehungen – zumindest ansatzweise – logisch an sich. Und der Mangel des formallogischen Verstandes liegt darin, diese logische Reflexion auf ihre immanente Bestimmtheit nicht durchzuführen, sondern sie in ihrer Abstraktion festzuhalten und in dieser Form als äußere Hülle auf den empirischen Stoff *anzuwenden*.

Die abstrakten, für sich isoliert festgehaltenen Identitäten bzw. Unterscheidungen sind diesem »Stoff« dann zwangsläufig äußerlich. Wird so vorgegangen, schlägt die setzende Reflexion also wiederum in die äußerliche um. Dadurch wandeln sich auch die Kategorien. »Diese äußerliche Identität ist nun die Gleichheit, und der äußerliche Unterschied die Ungleichheit.«[134] Das Verfahren

---

133 Ebd. S. 33
134 Ebd. S. 35

der Reflexion als *äußerlicher* ist das *Vergleichen*, das Inbeziehungsetzen heterogener, für sich isolierter Bestimmungen in einem *Dritten*; die Beziehungen, die so gewonnen werden, sind die abstrakter *Verschiedenheit*, d.h. in ihnen ist gesetzt, daß sie nicht wesentliche, sondern nur äußerliche sind, die die bezogenen Inhalte als solche nichts angehen.

Charakter und Dialektik der Reflexionsbestimmungen: Gegensatz und Widerspruch

Das, worum es Hegel geht, ist also immer die Aufhebung dieser Gleichgültigkeit von Beziehung und Bezogenem und insofern von Inhalt und logischer Form. Die höhere Form dieser Form-Inhalt-Einheit gegenüber dem als konkret in sich (d.h. in Einheit mit der Identität) gefaßten Unterschied ist die Beziehung des *Gegensatzes*: »Im Gegensatze ist die bestimmte Reflexion, der Unterschied vollendet. Er ist die Einheit der Identität und der Verschiedenheit; seine Momente sind in einer Identität verschiedene; so sind sie entgegengesetzte.«[135]

Im Verhältnis der Seiten des Gegensatzes, des Positiven und Negativen, wird nunmehr die spekulative Grundstruktur des Verhältnisses eines je zweigliedrigen Paars von Reflexionsbestimmungen entwickelt. Das Bestehen der bezogenen Momente ist erstens » ...untrennbar Eine Reflexion; es ist eine Vermittlung, in welcher jedes durch das Nichtsein seines Andern, damit durch sein Anderes oder sein eigenes Nichtsein ist.«[136] Indem so beide Seiten bestimmt sind, als in ihr Gegenteil übergehend und dies an ihnen habend, so schlagen sie unmittelbar ineinander um; damit hören sie freilich zugleich auf, aus ihrer konkreten Beziehung heraus bestimmt zu sein, werden ununterscheidbar und zugleich gleichgültig gegeneinander: » ...indem jene erste Reflexion die eigene Reflexion des Positiven und Negativen in sich selbst, jedes sein Gesetztsein an ihm selbst ist, so ist jedes gleichgültig gegen diese seine Reflexion in sein Nichtsein, gegen sein eigenes Gesetztsein. ...jeder Seite kommt daher zwar eine der Bestimmtheiten von Positivem und Negativem zu; aber sie können verwechselt werden, und jede Seite ist von der Art, daß sie ebensogut als positiv wie als negativ genommen werden kann.«[137] Dies ist der Standpunkt des Skeptizismus und der bloß negativen Dialektik, die die Identität von Identität und Nichtidentität zweier Momente bloß als den schlecht unendlichen Progreß des fortwährenden Inein-

---

135 Ebd. S. 40
136 Ebd. S. 42
137 Ebd. S. 43

anderumschlagens des einen ins andere, nicht aber als logisch konkret zu entwickelnde Beziehung aufzufassen vermag. Auch diesen Standpunkt gilt es daher zu überwinden. »Aber das Positive und Negative ist drittens nicht nur ein Gesetztes, noch bloß ein Gleichgültiges, sondern ihr Gesetztsein oder die Beziehung auf das Andere in einer Einheit, die nicht sie selbst sind, ist in jedes zurückgenommen. ...Das Positive hat die Beziehung auf das Andere, in der die Bestimmtheit des Positiven ist, ebenso das Negative ist nicht Negatives als gegen ein Anderes, sondern hat die Bestimmtheit, wodurch es negativ ist, gleichfalls an ihm selbst. ... Allein das ansichseiende Positive oder Negative heißt wesentlich, daß entgegengesetzt zu sein nicht bloß Moment sei, noch der Vergleichung angehöre, sondern die eigene Bestimmung der Seiten des Gegensatzes ist. An sich positiv oder negativ sind sie also nicht außer der Beziehung auf Anderes, sondern *daß* diese Beziehung, und zwar als ausschließende, die Bestimmung oder das Ansichsein derselben ausmacht; hierin sind sie es also zugleich an und für sich.«[138] Als *gegensätzliche* Reflexionsbestimmungen sind die beiden Seiten also nicht schlechthin ineinander übergehend, sondern sie sind logisch vollständig durch einander bestimmt und in dieser Bestimmung zugleich unterscheidbar, d.h. jedes spezifisch an sich bestimmt, aber dies nur in der und durch die Beziehung auf sein Anderes. Ihre konkrete Bestimmung gewinnen sie insofern erst durch und infolge logischer Reflexion und sie werden durch diese *vollständig*, d.h. in ihrer Beziehung auf ihr Anderes und darin zugleich *an sich*, bestimmt. Ihre wahre Bestimmung kann also gar nicht als gegebene aufgenommen werden, sondern sie ist in einer logischen Entwicklung hervorzubringen. Hegel faßt den gesamten Fortgang dieser Verhältnisse an späterer Stelle folgendermaßen zusammen: »Der Unterschied überhaupt enthält seine beiden Seiten als *Momente*; in der *Verschiedenheit* fallen sie gleichgültig auseinander; im *Gegensatze* als solchem sind sie Seiten des Unterschieds, eines nur durchs andere bestimmt, somit nur Momente; aber sie sind ebensosehr bestimmt an ihnen selbst, gleichgültig gegen einander und sich gegenseitig ausschließend: *die selbständigen Reflexionsbestimmungen.*«[139] Indem das Denken diese Verhältnisse faßt, gerät es in Widersprüche, d.h. die Formulierung dieser Verhältnisse produziert notwendig einander logisch widersprechende Urteile. Dies gilt bereits für den konkret gefaßten Unterschied. »Der Unterschied überhaupt ist schon der Widerspruch an sich; denn er ist die Einheit von solchen, die nur sind, insofern sie nicht eins sind, – und die Trennung solcher, die nur sind als in derselben Beziehung getrennte. Das Positive und Negative aber sind der gesetzte Wider-

---

138 Ebd. S. 43/44
139 Ebd. S. 48/49

spruch, weil sie als negative Einheiten selbst das Setzen ihrer, und darin jedes das Aufheben seiner und das Setzen seines Gegenteils ist.«[140] Wird dieser Widerspruch der Bestimmungen bloß als ihr gegenseitiges Sichaufheben und rastloses Verschwinden aufgefaßt, sind wir wieder auf die Position des Skeptizismus und der rein negativen Dialektik zurückgefallen. In Wahrheit aber lösen sich nicht die Bestimmungen als solche auf, sondern lediglich ihre vorausgesetzte Selbständigkeit: »...das Resultat des Widerspruchs ist nicht nur Null. – Das Positive und Negative machen das *Gesetztsein* der Selbständigkeit aus; die Negation ihrer durch sie selbst hebt das Gesetztsein der Selbständigkeit auf. Dies ist es, was in Wahrheit im Widerspruche zugrunde geht.«[141] Die zunächst nur gesetzten und als selbständige vorausgesetzten Reflexionsbestimmungen lösen sich damit in ihrer konkreten logischen Beziehung auf und gewinnen zugleich erst in ihr ihre wahren Bestimmung: diese Bestimmung ist nicht mehr bloßes Gesetztsein – d.h. ein unmittelbares und insofern grundloses, wie noch in der setzenden Reflexion – sondern in sich logisch begründet; es ist damit nicht mehr nur subjektive Setzung, sondern Reproduktion eines *an sich seienden* Zusammenhangs, dessen zunächst nur abstrakte Momente die einzelnen Reflexionsbestimmungen als für sich isolierte waren und in dem als *objektiv-einheitlichem* ihre Dialektik ihre *Grund* findet: »Nach dieser positiven Seite, daß die Selbständigkeit im Gegensatze als ausschließende Reflexion sich zum Gesetztsein macht und es ebensosehr aufhebt, Gesetztsein zu sein, ist der Gegensatz nicht nur *zugrunde*, sondern *in seinen Grund* zurückgegangen.«[142]

Die Wiederherstellung des Seins als Grund: das spekulative Denken als Ausdruck der Prozessualität des Seins

Grundlage der in sich widersprüchlichen Beziehungen der Reflexionsbestimmungen ist die konkrete Struktur der Seinsbeziehungen, die die Dialektik der abstrakten Bestimmungen hervorruft und sich in ihr reproduziert. Die abstrakten formallogischen Bestimmungen, die Identitäten bzw. Unterschiede für sich fest fixieren, fassen das Seiende als ruhendes, je für sich isoliert bestehendes. Das Sein ist aber wesentlich Prozeß; jedes Seiende ist bewegt und veränderlich, es ist insofern ebensowohl mit sich *identisch* (denn sonst wäre es nicht *ein* Seiendes, das sich verändert) als auch *nicht identisch* (denn sonst wäre es nicht ein

---

140 Ebd. S. 49
141 Ebd. S. 51
142 Ebd. S. 52

Seiendes, das sich *verändert*), d.h. es ist Identität von Identität und Nichtidentität. Genau davon abstrahiert die formale Logik; und eben deshalb sind die Reflexionsbestimmungen *außerhalb* dieser ihrer dialektischen Beziehungen, als für sich isolierte, *unwahr* und bloße subjektive Setzungen. Denn das formallogische Denken, das auf der Stufe der Fixierung stehenbleibt, ist zwangsläufig außerstande, Bewegung, Veränderung und Entwicklung zu fassen. »Denn die Identität ...ist nur die Bestimmung des einfachen Unmittelbaren, des toten Seins; er [der Widerspruch] aber ist die Wurzel aller Bewegung und Lebendigkeit; nur insofern etwas in sich selbst einen Widerspruch hat, bewegt es sich, hat Trieb und Tätigkeit.«[143] Schon die einfache mechanische Bewegung – adäquat gedanklich gefaßt – ergibt einander widersprechende Aussagen; (denn Etwas ist nur bewegt, indem es in ein und derselben Hinsicht zugleich an einem bestimmten Ort und nicht an diesem Ort ist); »die Bewegung [ist daher] der daseiende Widerspruch selbst«[144]. Erst recht gilt dies für alle höheren Bewegungsformen der Materie, für organisches Leben und gesellschaftliche Entwicklung: »Ebenso ist die innere, die eigentliche Selbstbewegung, der *Trieb* überhaupt ...nichts anderes, als daß etwas in sich selbst, und der Mangel, das *Negative* seiner selbst, in einer und derselben Rücksicht ist. Die abstrakte Identität mit sich ist noch keine Lebendigkeit, sondern daß das Positive an sich selbst die Negativität [d.h. der Mangel, der Widerspruch und damit Trieb der Fortentwicklung] ist, dadurch geht es außer sich und setzt sich in Veränderung. Etwas ist also lebendig nur insofern es den Widerspruch in sich enthält, und zwar diese Kraft ist, den Widerspruch in sich zu fassen und auszuhalten. ...- Das *spekulative Denken* besteht nur darin, daß das Denken den Widerspruch und in ihm sich selbst festhält, nicht aber, daß es sich, wie es dem Vorstellen geht, von ihm beherrschen und durch ihn sich seine Bestimmungen nur in andere oder in Nichts auflösen läßt.«[145] Das prozessuale, veränderliche, sich entwickelnde Sein ist demnach die Grundlage und Basis der Dialektik der Verstandesbestimmungen, d.h. jeglicher für sich fixierter abstrakter Bestimmungen und Verallgemeinerungen. Sie alle heben in der logischen Reflexion auf diese ihre Bestimmung ihre Abstraktion auf und erweisen sich als Übergehen in ihr Anderes oder *ihre Anderen*. Die Beziehung der Bestimmungen entspricht freilich keineswegs immer der einer rein ausschließenden Reflexion, d.h. der konträren *Gegensatzbeziehung* zweier vollständig logisch durch- und gegen einander bestimmter Seiten. Aber »...jede Bestimmung, jedes Konkrete, jeder Begriff ist wesentlich eine Einheit unter-

---
143 Ebd. S. 58
144 Ebd. S. 59
145 Ebd. S. 59/60

schiedener und unterscheidbarer Momente, die durch den *bestimmten, wesentlichen Unterschied* in widersprechende übergehen.«[146]

Mit der Aufhebung der Selbständigkeit der Reflexionsbestimmungen ist zugleich das *Sein* als *Grund* ihrer Dialektik und Beziehung wiederhergestellt. Die Bestimmungen der Reflexion erweisen sich als dialektisch, weil sich in ihnen die reale Dialektik spiegelt, die jedes bewegte, veränderliche Seiende und das Sein in seiner Totalität als mit sich ebenso Identisches wie Nichtidentisches an sich hat. Das Sein als Prozeß ist weder schlechthin heterogenes Auseinander, das erst durch die logischen Bestimmungen Einheit und Form bekommt, noch ist es in sich so homogen, wie jede formallogische Verallgemeinerung als abstrakte Identität es setzt. Genau darin liegt die Unwahrheit dieser formallogischen Identitäten, die sich an ihnen in logischer Reflexion erweist. Deshalb heben die »...selbständigen Reflexionsbestimmungen ...sich auf, und [erst] die zugrunde gegangene Bestimmung ist die wahrhafte Bestimmung des Wesens. ...Die Reflexionsbestimmung, indem sie zugrunde geht, erhält ihre wahrhafte Bedeutung, der absolute Gegenstoß ihrer in sich selbst zu sein, nämlich daß das Gesetztsein, daß dem Wesen zukommt, nur als aufgehobenes Gesetztsein ist, und umgekehrt, daß nur daß sich aufhebende Gesetztsein das Gesetztsein des Wesens ist.«[147] Jedes Denken ist an die Form des Urteils gebunden; es setzt darin eine bestimmte Beziehung und fixiert sie für sich. Wahres Denken ist es jedoch erst, wenn es die Fixierung dieser Setzung zugleich wieder aufhebt, in logischer Reflexion auf ihre vorerst abstrakte Inhaltlichkeit die in ihr angelegten Beziehungen und Übergänge in Anderes entwickelt, was freilich wieder nur im Rahmen der Urteilsform möglich ist. Die im realen Sein sich überlagernden Zusammenhänge sind so im logischen Denken nur als Nacheinander, als logische *Folge* von Urteilen erfaßbar. Jedes einzelne dieser Urteile bleibt notwendig Abstraktion; in ihrer Gesamtheit als konkretes, logisch entwickeltes Beziehungsgefüge indessen geben sie in unendlicher Annäherung ein zunehmend adäquates Bild der realen Seinsstruktur, und zwar auf die dem Denken einzig mögliche Weise.

Die Identität von Identität und Nichtidentität im Sein, d.h. seine nie bis ins letzte aufhebbare Heterogenität, schließt zugleich die *rein innerlogische* Reproduktion seiner Strukturen und Zusammenhänge aus. Eben deshalb ist die rein sich in sich ergehende Reflexion ungenügend und zur Einsicht in das Wesen letztlich nicht fähig. Die Sphäre der beisichseienden logischen Reflexion ist in sich homogen; die Seinssphäre unaufhebbar heterogen. Gerade dieser Wider-

---

146 Ebd. S. 61/62
147 Ebd. S. 63

spruch liegt der Dialektik der abstrakten Verstandesidentitäten letztlich zugrunde. Das Denken vermag die realen Seinszusammenhänge nicht *rein* aus sich heraus zu reproduzieren. Nur so ist die von Hegel dargelegte Notwendigkeit einer Aufhebung der reinen Reflexionssphäre und ihr Rückgang in den Grund – als Wiederherstellung des vordem zum bloßen Schein herabgesetzten Seins – zu verstehen. »Die Reflexion ist die *reine Vermittlung* überhaupt, der Grund ist die *reale Vermittlung* des Wesens mit sich.«[148] Im Grund ist die Beziehung *reale Seinsbeziehung*, die in ihrer Einheit zugleich unaufhebbar heterogen bleibt, d.h. deren Seiten einerseits bloße Momente sind, andererseits jedoch je für sich ein – relativ – eigenständiges Bestehen haben. Diese Heterogenität macht sich geltend und beeinflußt ihrerseits die Beziehung. »Die reine Vermittlung [die reine Reflexion] ist nur reine Beziehung, ohne Bezogene. ...Der Grund dagegen ist reale Vermittlung, weil er die Reflexion als aufgehobene Reflexion enthält; er ist das durch sein Nichtsein in sich zurückkehrende und sich setzende Wesen.«[149] Die Spezifik der konkreten Seinszusammenhänge liegt gerade darin, daß sie weder eine bloß äußerliche Verbindung an sich selbständiger Elemente sind, noch diese Elemente sich in ihrer Beziehung schlechthin aufheben; genau deshalb lassen Seinszusammenhänge sich nie auf reine Form reduzieren, weder auf mathematische noch auf logische. Die logischen Formen, isoliert für sich, sind ebenso eine bloße Abstraktion wie die mathematischen; fähig, *wesentliche* Seinszusammenhänge in sich zu reproduzieren, werden sie erst, wenn sie nicht formallogisch fixiert, sondern dialektisch als Form-Inhalt-Einheit verstanden werden; diese Einheit wiederum kann nicht aus der reinen logischen Reflexion, sondern nur aus der Verbindung dieser und der Reflexion auf Außerlogisches – konkret Seiendes – entstehen, denn *rein* aus sich kommt die Reflexion zu keiner Inhaltlichkeit.

Dieser mit dem Grund gewonnene *Seins*aspekt wird von Hegel ausdrücklich betont: »Das Wesen hat eine Form und Bestimmungen derselben. Erst als Grund hat es eine feste Unmittelbarkeit oder ist Substrat. Das Wesen als solches ist eins mit seiner Reflexion, und ununterschieden ihre Bewegung selbst. ...Ein Bezogenes tritt erst im Grund nach dem Momente der aufgehobenen Reflexion hervor.«[150] Im Kapitel »Der absolute Grund« wird nun in der Dialektik von Form und Wesen, Form und Materie und Form und Inhalt in ontologischer Hinsicht entwickelt. Jetzt geht es nicht mehr nur um die Beziehungen logischer Bestimmungen, sondern ausdrücklich um Seinsstrukturen, die in logischer Re-

---

148 Ebd. S. 64
149 Ebd. S. 64
150 Ebd. S. 67

flexion auf die entsprechenden Kategorien reproduziert werden. Wesentlicher Inhalt dieses Kapitels ist es, die aus der metaphysischen Ontologie überlieferte abstrakte Dualität von Wesen und Form, Materie und Form und entsprechend Inhalt und Form durch Entwicklung ihrer immanenten Dialektik als logischer Kategorien in ihre konkrete Einheit (die freilich ihre Unterscheidbarkeit einschließt – eben im Sinne eines echt spekulativen Verhältnisses) aufzuheben. Das so entwickelte Verständnis des Seins als untrennbarer Einheit von Materie und Form *gründet* und *begründet* die Spezifik der Hegelschen Methode. Wir halten es daher für nötig, auf die Hegelsche Ontologie, deren entscheidende Bestimmungen in den bisherigen Darlegungen bereits angeklungen sind, in einem gesonderten Kapitel einzugehen, um auf der so gewonnenen Grundlage die Spezifik der spekulativen Methode genauer bestimmen zu können.

Der Begriff als »gegenständliches Wesen« – Hegels Ontologie als Grundlage seines Methodenkonzepts

Die Realität des Allgemeinen im prozessualen Komplex

Wir sahen bereits in der Analyse der Reflexionsbestimmungen, daß der Charakter des Seins als konkrete Einheit von Inhalt und Form für Hegel in dessen Prozessualität begründet liegt. Insofern das einzelne Seiende bewegtes und veränderliches ist, steht es in von ihm als Einzelnem unabhängigen Beziehungen und Wechselwirkungen; es wird zum Element konkreter Bewegungszusammenhänge, die es einerseits in seiner Bewegung und Veränderung konstituiert, von denen es in seiner konkreten Bewegungsform jedoch zugleich *abhängt* und die daher seinen Charakter *prägen* und bestimmen. Isoliert von diesen Zusammenhängen, ist sein Wesen folglich überhaupt nicht adäquat erfaßbar. Das Seiende als Bewegtes ist, was es ist, nur als Moment seines Bewegungszusammenhangs. Hegel zeigt auf, daß diese Verhältnisweise bereits auf den Mechanismus – trotz der in ihm gesetzten völligen Äußerlichkeit des Zusammenhangs gegenüber seinen Elementen – zutrifft. Je höher organisiert nun der konkrete materielle Bewegungskomplex ist, in desto höherem Grade ist das einzelne Element durch ihn in seinem Wesen bestimmt, desto unwahrer wird folgerichtig eine gedankliche Abstraktion, die es isoliert für sich, herausgelöst aus diesen seinen Beziehungen, zu fassen sucht.

Das Sein selbst strukturiert sich also in konkrete Bewegungszusammenhänge, die sich als prozessuale Komplexe zu je relativen Totalitäten schließen, die wiederum Unterkomplexe übergeordneter Bewegungszusammenhänge bilden können. In dieser Struktur des prozessualen Seins gründet sich die Objektivität der Kategorien Allgemeinheit, Besonderheit und Einzelheit – ihr Charakter Formbestimmungen des Seins, keineswegs nur des Denkens zu sein. Das Allgemeine hat seine *reale Existenz* eben in solchen prozessualen Komplexen, die von den einzelnen Elementen bzw. Unterkomplexen in ihrer Bewegung konstituiert werden, zugleich jedoch als *konkret strukturierte* jeweils *mehr* sind als die Summe ihrer Elemente; in ihnen ist das einzelne Element daher – als einzelnes – aufgehoben, d.h. es ist nur *in ihm*, was es ist. Das wahre Allgemeine ist daher nicht eine vom fest für sich isolierten Einzelnen durch Abstraktion gewonnene Bestimmung, sondern der je konkrete Bewegungskomplex, in den das Einzelne real eingebunden ist, der entsprechend auch nur dann bestimmt werden kann, wenn seine Elemente nicht als fixe, ruhende, sondern *in ihrer Bewegung* und in den durch diese konstituierten Zusammenhängen betrachtet und analysiert werden. Folgerichtig bestimmt Hegel: »...die Natur begreifen, heißt, sie als Prozeß darstellen.«[151] Als bewegtes und veränderliches realisiert das Einzelne das Allgemeine und hebt sich darin auf. Und in diesem je konkret strukturierten Prozeß des Einzelnen hat das Allgemeine seine denkunabhängige Realität. So hieß es bereits in der »Phänomenolo-gie« bezogen auf den lebendigen Organismus: »Das Wesentliche des Organischen, da es an sich das Allgemeine ist, ist vielmehr überhaupt, seine Momente in der Wirklichkeit ebenso <u>allgemein, d.h. als durchlaufende Prozesse</u> zu haben ...«[152] Und in den Vorlesungen zur Philosophiegeschichte bestimmt Hegel: »Dies Eins in seiner Einheit mit der Bewegung, dem Prozesse der Individuen ist das Allgemeine, Gattung, Verstand oder der in seiner Unendlichkeit einfache Begriff als Gedanke ...«[153]

Bezogen auf das gesellschaftliche Sein faßt Hegel diese Dialektik des Einzelnen und des Allgemeinen im Begriff des *objektiven Geistes*. Hegel geht ganz richtig davon aus, daß » ...die Handlungen der Menschen ...von ihren Bedürfnissen, ihren Leidenschaften, ihren Interessen, ihren Charakteren und Talenten ausgehen, und zwar so, daß es in diesem Schauspiel der Tätigkeit nur die Bedürfnisse, Leidenschaften, Interessen sind, welche als die Triebfedern <u>erscheinen</u> ...«[154] – Zugleich jedoch – und dies drückt der *Geist*begriff aus – sind die Handlungen der Menschen nicht allein aus diesen Triebfedern zu erklären, denn deren konkrete Äußerung und Wirkungsweise hängt eben von den konkreten

---

151 G.W.F. Hegel »Geschichte der Philosophie« a.a.O. Bd. 18, S. 330
152 G.W.F. Hegel »Phänomenologie...« a.a.O. S. 211
153 G.W.F. Hegel »Geschichte der Philosophie« a.a.O. S. 337
154 G.W.F. Hegel »Philosophie der Geschichte« in: Suhrkamp taschenbuch, Hegel-Werke in 20 Bänden, Frankfurt/Main 1986, Bd. 12, S. 34

gesellschaftlichen und politischen Verhältnissen jener Geschichtsperiode ab, in der sie sich äußern und zu der sie gehören: »Es ist diese geistige Gesamtheit, welche *ein* Wesen, der Geist *eines* Volkes ist. Ihm gehören die Individuen an; jeder Einzelne ist der Sohn seines Volkes und zugleich, insofern sein Staat in Entwicklung begriffen ist, der Sohn seiner Zeit ...«[155] Die jeweiligen prozessualen Komplexe sind im gesellschaftlichen Sein folglich die je verschiedenen *historischen* Formen der Gesellschaft. In ihre Bewegungszusammenhänge ist der einzelne Mensch eingebunden, sie bestimmen die Möglichkeiten und Richtungen, also das Wesen seines Handelns und somit sein Wesen. Sie sind das übergreifende Allgemeine, in dem er ist, was er ist; erst als in diesen Zusammenhängen *vermittelter* ist er Subjekt der Geschichte. Das heißt: der einzelne Mensch wird wesentlich durch die Bedingungen seiner Zeit bestimmt, gerade weil er als *bewegter – d.i. als handelnder –* seine für sich isolierte Einzelheit überwinden und in diese Zusammenhänge eintreten muß, weil er *in seinem Handeln* von objektiven, von ihm als Einzelnem unabhängigen *Mitteln* seines Handelns abhängt. Die Geschichte ist für Hegel insofern »...die Idee, die sich auf natürliche Weise vollbringt, nicht mit dem Bewußtsein der Idee, – freilich mit Gedanken, aber mit bestimmten Zwecken, Umständen. ...Das muß auch sein; die Idee ist einerseits durch den Gedanken produziert, dann durch die Mittel der Handelnden. Die Idee kommt zustande in der Welt, da hat es keine Not; es ist nicht nötig, daß die Regierenden die Idee haben..«[156] Denn gerade weil jedes Individuum nicht als unmittelbar einzelnes und isoliertes, sondern als eingebunden in die gesellschaftlichen und politischen Zusammenhänge seiner Zeit agiert und tätig ist, kommt » ...in der Weltgeschichte durch die Handlungen der Menschen noch etwas anderes überhaupt heraus..., als sie bezwecken und erreichen, als sie unmittelbar wissen und wollen; sie vollbringen ihr Interesse, aber es wird noch ein Ferneres damit zustande gebracht, das auch innerlich darin liegt, aber das nicht in ihrem Bewußtsein und in ihrer Absicht lag.«[157] Begreifbar wird das historische Geschehen folglich auch nur dann, wenn nicht *der* Mensch als für sich isolierter Einzelner bzw. als überhistorisches Abstraktum den Ausgangspunkt der Analyse bildet, sondern eben von jenen konkret gesellschaftlichen Zusammenhängen und objektiven Vermittlungsprozessen ausgegangen wird.

Die kategoriale Gliederung und konkrete Form-Inhalt-Einheit des Seins liegt folglich für Hegel in seiner Prozessualität, in seiner Struktur als konkretes Beziehungsgefüge prozessualer Komplexe und Unterkomplexe.

---

155 Ebd. S. 72
156 G.W.F. Hegel »Geschichte der Philosophie« a.a.O. Bd. 18 S. 34
157 G.W.F. Hegel »Philosophie der Geschichte« a.a.O. S. 42/43

Ontische und logische Strukturen

Die formallogische Dualität von Einzelnem und Allgemeinem ist daher bloße Setzung und an sich unwahr. Im realen Sein geht das Einzelne als bewegtes, veränderliches in sein Allgemeines über; in der konkreten – von ihm als unmittelbar Einzelnem nur bedingt abhängigen – Form seiner Bewegung konstituiert es sein Allgemeines und erst darin sich selbst. Die Beziehung beider Momente ist folglich immanent, nicht äußerlich. Und gerade in dieser Immanenz der Zusammenhänge von Einzelnem und Allgemeinem in der Realität liegt die Logisierbarkeit der Seinsstrukturen, die Möglichkeit ihrer Reproduktion in logischen Formen. Freilich nicht in formallogischen Formen, die die Beziehungen gerade in Abstraktion von ihrer konkreten Inhaltlichkeit zu konstruieren suchen, sondern in einer Logik, die auf die konkrete Inhaltlichkeit der Bestimmungen reflektiert und aus dieser Reflexion heraus die ihnen immanenten bzw. in ihnen angelegten Beziehungen und Übergänge offenlegt.

Aus der genannten Seinsstruktur ergibt sich zugleich der Begriff eines Allgemeinen, das weder bloßes Produkt gedanklicher Abstraktionsprozesse noch selbständig für sich bestehende Entität ist, sondern seine reale Existenz eben im *Prozeß seines Besonderen* hat, sich gegenüber diesem also nicht subsumierend verhält – d.h. es in seiner Spezifik als Besonderes vernichtet –, sondern in dem das Besondere erst seine wahre Bestimmung erhält, denn diese hat es nicht als für sich isoliertes, sondern nur in der Beziehung zu seinem Allgemeinen. Der *Vernunftbegriff* sei daher, schreibt Hegel, mit Recht » ...dem Abstrakt-Allgemeinen des Verstandes gegenübergestellt worden, als welches sich nur *subsumierend* auf das Besondere bezieht, welches es nicht in ihm selbst hat.«

Auf die Frage »was es in allen jenen Gegenständen ist, um dessen willen sie vernünftig [d.i. in logischen Strukturen reproduzierbar] sind?« antwortet die Hegelsche »Logik« folgerichtig: »Es ist dies, daß das Unendliche derselben nicht die leere Abstraktion vom Endlichen und die inhalts- und bestimmungslose Allgemeinheit ist, sondern die erfüllte Allgemeinheit, der Begriff, der *bestimmt* ist und seine Bestimmtheit auf diese wahrhafte Weise an ihm hat, daß er sich in sich unterscheidet und als die Einheit von diesen seinen verständigen und bestimmten Unterschieden ist. Nur so *erhebt* sich die Vernunft über das Endliche, Bedingte, Sinnliche, oder wie es sonst bestimmt werden mag, und ist in dieser Negativität wesentlich inhaltsvoll, denn sie ist die Einheit als von bestimmten Extremen; so aber ist das Vernünftige nur der Schluß.«[158] Aufgrund der Natur des realen Einzelnen, bewegt, veränderlich, verschwindend und in

---

158 G.W.F. Hegel »Wissenschaft der Logik« a.a.O. S. 309

dieser seiner Bewegung in sein Allgemeines aufgehoben zu sein, sind die logischen Schlußformen nichts dem Seienden Äußerliches. Indem die einzelne abstrahierte Bestimmung *an sich* Moment einer solchen Ganzheit ist und erst in ihr ihre Wahrheit hat, enthält sie diese Bezüge an sich; sofern mit ihr in zunächst notwendig abstrahierender Seinsreflexion eine tatsächlich wesentliche Bestimmtheit des entsprechenden Komplexes erfaßt wurde, sind in ihrem vorerst abstrakten Inhalt dessen grundlegende Beziehungen logisch angelegt. Nichts anderes als die genannte Immanenz des Verhältnisses von Einzelnem und Allgemeinem im realen Sein, welches im Denken lediglich reproduziert, nicht aber erst geschaffen wird, meint Hegel, wenn er scheinbar so idealistische und »panlogistische« Ausdrücke gebraucht wie: alle Dinge seien ein »Urteil« oder ein »Schluß«. So erläutert er in der »Enzyklopädie«: »... alle Dinge sind ein Urteil, – d.h. sie sind Einzelne, welche eine Allgemeinheit oder innere Natur in sich sind, oder ein Allgemeines, das vereinzelt ist«[159]. Und hinsichtlich des Schlusses heißt es: er sei »... die Bestimmung, daß das Besondere die Mitte sei, welche die Extreme des Einzelnen und Allgemeinen zusammenschließt. Diese Form des Schließens ist eine allgemeine Form aller Dinge. Alle Dinge sind besondere, die sich als ein Allgemeines mit dem Einzelnen zusammenschließen.«[160] Die dieser Realstruktur entsprechende logische Form ist freilich nicht die äußere Vermittlung zweier selbständiger Extreme in einem ihnen gegenüber ebenso selbständigen Dritten, dem *medius terminus*. Sondern mit der Inhaltlichkeit der logischen Beziehungen, mit der logischen Reflexion als konkret inhaltlicher, verschwindet auch diese Äußerlichkeit der Vermittlung. Insofern die inhaltlichen Bestimmungen – als zunächst abstrakte – gewisse Beziehungen, Übergänge, Zusammenhänge implizit bereits an sich haben, diese daher logisch-reflexiv aus ihnen entwickelbar sind, ist die Formulierung gerechtfertigt, daß sich im Vernunftschluß der Inhalt nur mit sich selbst vermittle. Damit wird die Vermittlung freilich nicht überflüssig, denn erst in ihr – als konkret logisch expliziertem Beziehungsgefüge – wird der zunächst nur abstrakt bestimmte Inhalt in seiner *Wahrheit* gefaßt. Sowenig das Einzelne für sich Wahrheit hat, so wenig die einzelne, isolierte Bestimmung; wie jenes erst in seinem konkreten Bewegungszusammenhang ist, was es ist, so entsteht der konkrete Inhalt, der diesen Zusammenhang ausdrückt, erst in der und durch die logische Vermittlung. D.h. das Wesen eines konkreten Seinskomplexes ist nicht in einem einzelnen oder mehreren für sich isolierten Urteilen zu erfassen, sondern nur in einer konkreten logischen Folge von Urteilen, in denen der vorerst abstrakte Inhalt der Aus-

---

159 G.W.F. Hegel »Enzyklopädie ...« a.a.O. S. 318/319
160 Ebd. S. 84

gangsbestimmungen als Gefüge konkreter Beziehungen entwickelt wird. Dieser Begriff von logischer Vermittlung steckt dahinter, wenn Hegel sich gegen die Auffassung verwahrt, »...als ob in der vernünftigen Verbindung, welche wesentlich dialektisch ist, ein Inhalt noch dieselben Bestimmungen behielte, die er hat, wenn er für sich fixiert ist.«[161]

Das Wesen des Einzelnen erschließt sich somit aus jenem Bewegungskomplex, in den es eingebettet ist. Dieser Komplex ist nicht das absolute Totum, sondern eine je konkrete relative Totalität. Diese vermag zugleich natürlich wiederum Untersystem einer höheren Systemganzheit zu sein, in welcher immer weitergehenden Vermittlung sich letztlich der Gesamtzusammenhang des Seins als Totum gründet. Aber das Wesen des konkreten Einzelnen liegt nicht in diesem Totum als solchem, sondern in jenem je konkreten Komplex, den es in seiner Bewegung unmittelbar konstituiert und in dem diese Bewegung in sich zurückgebeugt ist. Es ergibt sich so ein Bild des Seins als gegliedert in konkrete prozessuale Komplexe und Unterkomplexe, jeder solcher Komplex in sich relative Totalität, relativ stabiles System mit je spezifischen Gesetzlichkeiten und Strukturen.

Hegels Kritik an der mechanischen Kausalität und ihren linearen Kausalreihen folgt nun wesentlich aus dieser Seinsauffassung. Indem das Sein sich in relativ ganzheitliche prozessuale Komplexe strukturiert, sind damit auch deren Wirkungszusammenhänge je in sich zurückgebeugt. Jeder dieser Komplexe ist – in der Selbstbewegung seiner materialen Struktur – in gewisser Hinsicht Ursache seiner selbst und gerade dadurch relative Totalität. Folgerichtig ist für Hegel der Begriff der *causa sui* »...ein Grundbegriff in allem Spekulativen. Das ist die unendliche Ursache, in der die Ursache mit der Wirkung identisch ist.«[162] Freilich ist das konkrete innere Bewegungsgefüge eines jeden solchen Komplexes nicht aus sich heraus entstanden, sondern aus der – je nach Seinsbereich völlig unterschiedliche gearteten – Aufnahme und Verarbeitung von Informationen der Umwelt. Aber das ändert nichts daran, daß er – als einmal entstandener – sich aus seinen konkreten *inneren* Strukturen heraus reproduziert und die Spezifik, mit der er auf Außeneinwirkung reagiert, von diesem seinem *inneren* Gefüge, das ihn als *diesen konkreten* auszeichnet, abhängt.

---

161 G.W.F. Hegel »Wissenschaft der Logik« a.a.O. S. 332
162 G.W.F. Hegel »Geschichte der Philosophie« a.a.O. Bd. 20, S. 168

Der Prozeß als mit sich Identisches und Nicht-Identisches – Die Eigenständigkeit des Besonderen und Einzelnen

Das Verhältnis von Element und Komplex, von Einzelnem und Allgemeinem ist allerdings noch wesentlich komplizierter als bisher – bewußt vereinfachend – dargestellt. Denn der Bewegungszusammenhang eines selbstbewegenden, dynamischen Systems ist selbst kein statischer, konstanter. Letztlich sind alle realen Prozesse irreversible, d.h. es gibt keine reine Reproduktion, in der sich immer wieder der gleiche Ausgangszustand herstellen würde. Dies gilt sogar für die anorganische Natur, erst recht für die organische und natürlich für das gesellschaftliche Sein. D.h. der jeweilige Komplex verändert sich in seinem Prozeß; er ist nur in seiner Bewegung, dies heißt zugleich: er *ist*, indem er *nicht mehr* ist. Er liegt – als konkretes materiell-strukturiertes Gefüge – nicht dem Prozeß *zugrunde*, sondern verändert sich zugleich in ihm. Er ist als konkret seiender mit sich identisch und nicht-identisch. Ihn als *einen* prozessualen Komplex, als *ein* System zu fassen, ist insofern immer schon Abstraktion. Allerdings eine vernünftige Abstraktion, solange das Identische das übergreifende Moment bildet; ändert sich indessen das Wesen der ihn konstituierenden Bewegungsform, ist er nicht mehr *dieser*, sondern es ist ein *anderer*, neuer Komplex aus ihm entstanden, der sich in erster Linie wiederum aus sich – seinen spezifischen inneren Strukturen –, nicht aus seinem Vorgänger und auch nicht aus seinem Entstehen erklärt. Der Wandel *innerhalb* des System mündet irgendwann in den Wandel *des* Systems und ist qualitativ von diesem zu unterscheiden. Hegel faßt diesen Unterschied in seiner »Geschichte der Philosophie« als den zwischen einer Verwandlung »der Existenz nach« und einer »dem Begriffe nach«[163]. D.h. mit dem neuen Komplex hat sich das übergreifende Allgemeine selbst und damit der Ausgangspunkt der logisch-begrifflichen Entwicklung verändert.

Die Verwandlung »der Existenz nach« ist in den spezifischen Zusammenhängen des entsprechenden Systems in gewisser Hinsicht angelegt; sie ist insofern – tendenziell – logisch erschließbar, wenn der Bewegungsmechanismus des Systems bekannt und auf den Begriff gebracht ist. Allerdings hat diese Erschließbarkeit – auch bei Entwicklungen *innerhalb* eines Komplexes – Grenzen. Denn Entwicklung ist unter allen Umständen mehr als das bloße *Herauswickeln* eines ursprünglich-keimhaft angelegten Inhalts. Dieses »*mehr*« hat seine seinsmäßige Grundlage in einem Moment des Verhältnisses von Einzelnem und Allgemeinem im prozessierenden Seinskomplex, von dem wir bisher ebenfalls abstrahiert haben. Bisher haben wir dieses Verhältnis lediglich von der Seite bestimmt,

---

[163] Ebd. Bd. 18, S. 390

daß das einzelne Moment sein wahres Sein erst in diesem konkreten Bewegungszusammenhang erhält, es also erst in seinen Beziehungen, erst als in seinem Allgemeinen *aufgehobenes* ist, was es ist. Zugleich jedoch – und dies ist die andere Seite – geht es in diesen seinen Beziehungen *nie vollständig* auf; das einzelne Moment als einzelnes ist also nicht allein durch sein Allgemeines bestimmt, sondern ebenso durch sich selbst. Die Elemente sind, was sie sind, *nur in ihrer Beziehung* auf den prozessualen Komplex, deren Element sie sind; aber sie *sind* nicht nur diese Beziehung, sondern bleiben zugleich Element, Substrat der Beziehung, d.h. sie lösen sich nie restlos in ihrer Beziehung auf. Mit dem *Bestehen* des Einzelnen als Bezogenem und Beziehungsgrundlage indes ist zugleich ein unaufhebbares Moment seiner *Eigenständigkeit* gegenüber der Beziehung verknüpft. Das Einzelne als Element bzw. Untersystem ist in seiner Spezifik *nicht* zu begreifen *ohne Bezug* auf sein Allgemeines, aber es ist zugleich *nicht allein aus* diesem Allgemeinen begreifbar. Gerade darin liegt seine Dialektik, sowohl aufgehobenes als auch eigenständiges zu sein. Das Sein hat also zum einen seine Einheit in konkreten prozessualen Komplexen, als deren Gesamtgefüge es sich letztlich zum Totum konstituiert. Es bleibt jedoch in dieser seiner Einheit zugleich unaufhebbar heterogen, sowohl im Verhältnis dieser Komplexe als je relativer Totalitäten zueinander als auch in der Beziehung der Elemente und Unterkomplexe auf den sie je integrierenden Gesamtkomplex.

Diese Heterogenität des Seins wiederum – d.h. die je relative Eigenständigkeit des Einzelnen und Besonderen gegenüber seinem Allgemeinen – begründet die Unmöglichkeit, das Sein rein formal zu fassen bzw. auf formale Beziehungen zu reduzieren. Hegel erläutert diese Grundstruktur des Seins u.a. im Begriff der Idee: »Die Identität der Idee mit sich selbst ist eins mit dem Prozesse; der Gedanke, der die Wirklichkeit von dem Scheine der zwecklosen Veränderlichkeit befreit und zur Idee verklärt, muß diese Wahrheit der Wirklichkeit nicht als die tote Ruhe, als ein bloßes Bild, matt, ohne Trieb und Bewegung, als einen Genius oder Zahl oder einen abstrakten Gedanken vorstellen; die Idee hat um der Freiheit willen, die der Begriff in ihr erreicht, auch den <u>härtesten Gegensatz</u> in sich; ihre Ruhe besteht in der Sicherheit und Gewißheit, womit sie ihn ewig erzeugt und ewig überwindet und in ihm mit sich selbst zusammengeht.«[164]

Auf dieser Heterogenität des Seins – dem »härtesten Gegensatz«, den es in sich hat – beruht die Rolle des Zufalls als Seinsprinzip; und in diesem wiederum liegt die letztlich schlechthin unaufhebbare Existenz des Kontingenten und logisch Unableitbaren begründet. Entgegen allen Vorurteilen seines angeblichen »Panlogismus« hat Hegel dieses Moment stets anerkannt. So heißt es etwa in

---

[164] G.W.F. Hegel »Wissenschaft der Logik« a.a.O. S. 412

der »Enzyklopädie« über die *Zufälligkeit*: es gebühre »...derselben doch als einer Form der Idee überhaupt, auch in der gegenständlichen Welt ihr Recht. Dies gilt zunächst von der Natur, auf deren Oberfläche sozusagen die Zufälligkeit ihr freies Ergehen hat, welches dann auch als solches anzuerkennen ist, ohne die ...Prätension, darin ein nur so und nicht anders sein Können finden zu wollen. Ebenso macht sich dann auch das Zufällige in der geistigen Welt geltend ... Es ist ganz richtig, daß die Aufgabe der Wissenschaft und näher der Philosophie überhaupt darin besteht, die unter dem Scheine der Zufälligkeit verborgene Notwendigkeit zu erkennen; dies darf jedoch nicht so verstanden werden, als ob das Zufällige bloß unserer subjektiven Vorstellung angehöre und deshalb, um zur Wahrheit zu gelangen, schlechthin zu beseitigen sei.«[165] Daß bestimmte Erscheinungen uns als *zufällig* und logisch *unableitbar* erscheinen, muß also nicht in dem ungenügenden Stand unserer Erkenntnisse begründet sein, sondern kann seine Ursache gleichermaßen im *realen Charakter* dieser Erscheinungen haben. Als unaufhebbar *zufällig* im Rahmen eines spezifischen Komplexes müssen zum einen all jene Prozesse erscheinen, die primär auf die Einwirkung *anderer* Komplexe und nicht auf dessen eigene innere Bewegungszusammenhänge zurückzuführen sind. Die Zufälligkeit dieser Phänomene ist zugleich insofern relativ, als die konkrete Art und Weise, wie sich die äußeren Einflüsse im einzelnen System auswirken, eben von dessen immanenten Strukturen abhängt; (was die entsprechenden Phänomene wiederum zu begrenzt logisch ableitbaren werden läßt). *Zufällig* im Rahmen eines Komplexes sind zum anderen alle Vorgänge, in denen sich die *Eigenständigkeit* des Besonderen und Einzelnen gegenüber seinem Allgemeinen geltend macht; alle Vorgänge also, die *nicht* in den allgemeinen Bewegungszusammenhängen des entsprechenden Komplexes als solchen begründet sind, folglich – wie gut diese immer logisch-begrifflich erfaßt sein mögen – auch nicht unmittelbar aus diesen abgeleitet werden können; (wiewohl sie andererseits auch nicht *isoliert* von diesen Zusammenhängen begriffen werden können). Jede wirkliche Höherentwicklung, jede Entstehung von wirklich Neuem beruht gerade auf dieser unaufhebbaren Eigenständigkeit und Unauflösbarkeit des Einzelnen und Besonderen. Denn nur durch sie wird das Entwicklungsprinzip als bloßes *Herauswickeln* eines bereits keimhaft Angelegten durchbrochen und erst dann kann von wirklicher Entwicklung die Rede sein.

Diese unaufhebbare Rolle des Zufalls und des Kontingenten wiederum setzt allen Versuchen, Seinsprozesse rein innerlogisch-reflexiv zu reproduzieren, deutliche Grenzen. Zugleich sind die so entstehenden Brüche im Seienden nicht schlechthin a-logische bzw. ir-rationale, denn sie vollziehen sich *innerhalb* kon-

---

165 G.W.F. Hegel »Enzyklopädie ...« a.a.O. S. 286/287

kreter Bewegungskomplexe und folglich in den mit diesen abgesteckten Möglichkeitsfeldern. Die Eigenständigkeit des Einzelnen ist *relativ*, denn es ist ja nicht das für sich isolierte Einzelne, das sich als eigenständiges geltend macht, sondern es ist das in seinem Allgemeinen vermittelte Einzelne, das *als Vermitteltes* – nicht als solches – eigenständig agiert. Konkret sind diese Verhältnisse nur zu fassen, wenn man sie nach den verschiedenen Seinsbereichen spezifiziert. Denn das spezifische Verhältnis von Einzelnem und Allgemeinem – und entsprechend die Art und Weise, wie sich die Selbständigkeit des Vermittelten in seiner und gegen seine Vermittlung geltend macht – hängt von der spezifischen Organisationsform der entsprechenden Bewegungskomplexe ab. Mit dem Auftreten selbstreproduzierender Systeme als konkreter, in sich gegliederter Einzelner im organischen Sein erhält beispielsweise das Verhältnis von Allgemeinem und Einzelnem eine völlig neue Qualität, damit aber auch die Rolle des Zufalls. Der mit jeder Mutation gesetzten Abweichung in der DNS-Reduplikation liegen biochemische Prozesse zugrunde, die als solche sicher nicht indeterminiert sind, für das *biologische* Leben jedoch blanke Zufälle bleiben. Nicht zufällig, sondern logisch begründbar ist indes, weshalb ganz bestimmte Mutationen sich im biologischen Daseinskampf behaupten konnten, während die meisten zum Tod des so geborenen Lebewesens führen und mit diesem spurlos verschwinden. Jeder einzelne Schritt der organischen Evolution ist also in seiner konkreten Form unableitbar zufällig; nicht zufällig, sondern erschließbar indessen ist die innere *Logik* dieser Evolution. Auf weit höherem Niveau treten uns diese Beziehungen im gesellschaftlichen Sein entgegen. Hier ist das Einzelne nicht mehr nur objektiv ein im Allgemeinen Vermitteltes, sondern es ist erstmals in der Lage, auf dieses Allgemeine selbst zu *reflektieren*. Damit bekommt sein Agieren innerhalb seiner Bewegungszusammenhänge und auch seine Eigenständigkeit diesen gegenüber eine völlig neue Qualität und Rationalität. Und damit verändert sich zugleich die Wirkungsweise und Rolle des Zufalls (ohne, daß dieser in seiner Bedeutung aufgehoben würde). Wir können hier auf diese hochinteressanten ontologischen Fragen leider nicht konkreter eingehen.

Bezogen auf das gesellschaftliche Sein bringt Hegel die beschriebene Dialektik des Einzelnen und Allgemeinen – das Einzelne, das erst in seinem Allgemeinen, d.h. als Vermitteltes, ist, was es ist, sich zugleich jedoch in dieser seiner Vermittlung nie völlig aufhebt; das Allgemeine, das das Wesen des Einzelnen bestimmt, zugleich jedoch allein in dessen Bewegung existiert – in seiner konkreten Fassung des *Geist*begriffs zum Ausdruck. Sehr deutlich wird dies u.a. in der bereits zitierten Bestimmung des Geistes am Ende der »Phänomenologie«: »Der Geist aber hat sich uns gezeigt, weder nur das Zurückziehen des Selbstbewußtseins in seine reine Innerlichkeit zu sein noch die bloße Versenkung desselben in die Substanz und das Nichtsein seines Unterschiedes, sondern *diese Bewegung* des Selbsts, das sich seiner selbst entäußert und sich in seine Substanz versenkt und ebenso als Subjekt aus ihr in sich gegangen ist und sie zum Gegenstande und Inhalte macht, als es diesen Unterschied der Gegenständlichkeit und des Inhalts aufhebt.«[166] Hegels Kritik am Spinozistischen Substanzbegriff konzentriert sich gerade darauf, daß in ihm diese Dialektik – die unaufhebbare Eigenständigkeit des Besonderen und Einzelnen gegenüber seinem Allgemeinen als zugleich in ihm vermittelter – nicht gefaßt, das Allgemeine entsprechend nicht als eine sein Anderes *übergreifende*, sondern als fest für sich zugrunde liegende und sein Anderes schlechthin *auflösende* Bestimmung verstanden wird: »Die spinozistische Substanz ist die allgemeine und so die abstrakte Bestimmung; man kann sagen, es ist die Grundlage des Geistes, aber nicht als der absolut unten fest bleibende Grund, sondern als die abstrakte Einheit, die der Geist in sich selbst ist. Wird nun bei dieser Substanz stehengeblieben, so kommt es zu keiner Entwicklung, zu keiner Geistigkeit, Tätigkeit.... In die *eine* Substanz gehen alle Unterschiede und Bestimmungen der Dinge und des Bewußtseins nur zurück; so, kann man sagen, wird im Spinozistischen System alles nur in diesen Abgrund der Vernichtung hineingeworfen. ...Was diesem Besonderen nun widerfährt, ist, daß es nur Modifikation der absoluten Substanz ist, nichts Wirkliches an ihm selbst sei; die Operation an ihm ist nur die, es von seiner Bestimmung, Besonderung zu entkleiden, es in die absolute Substanz zurückzuwerfen.«[167] Die Auffassung des Einzelnen als *abstrakte* Negation des Allgemeinen – d.h. als eines vom Allgemeinen isolierbaren, schlechthin fürsichseienden Moments – und die ebenso abstrakte Negation der Eigenständigkeit und Wirklichkeit dieses Einzelnen – seine vollständige Auflösung in dem fest für sich bestehenden Allgemeinen – sind für Hegel gleichermaßen unwahre und innerlich zusammengehörige ontologische Bestimmungen. Ausdrücklich heißt es in der »Geschichte der Philosophie«: »Der Mangel des Spinoza ist, daß er das Dritte nur als Modus faßt, als schlechte Einzelheit. Die wahrhafte Einzelheit, Individualität, wahrhafte Subjektivität ist nicht nur Entfernung vom Allgemeinen, das schlechthin Bestimmte; sondern es ist, als schlechthin bestimmt, das Fürsichseiende, nur sich selbst Bestimmende. Das Subjektive ist so ebensosehr die Rückkehr zum Allgemeinen...«[168], ohne sich freilich schlechthin in diesem aufzuheben. Der Mangel der Spinozistischen Ontologie ist für Hegel wiederum die Grundlage der Mangelhaftigkeit des durch ihn repräsentierten Rationalitäts-

---

166 G.W.F. Hegel »Phänomenologie ...« a.a.O. S. 587/ 588
167 G.W.F. Hegel »Geschichte der Philosophie« a.a.O. Bd. 20, S. 166
168 Ebd. S. 170

typus: der rein formalen Deduktion. In dieser wird das Besondere gerade in seiner Spezifik *aufgehoben*, nicht aber als wesentlich im Allgemeinen Vermitteltes und zugleich, als dies Vermittelte, ebenso Eigenständiges erfaßt. Will das Denken die realen Seinszusammenhänge reproduzieren, bedarf es also einer Methode, die fähig ist, diese ganze komplizierte Dialektik von Element und Komplex, Einzelnem und Allgemeinem, Zufälligem und Notwendigen zu erfassen und auszudrücken.

Negation und Negation der Negation – Die absolute Methode

Die absolute Methode in Abgrenzung von Formalismus und Positivismus

In der Hegelschen Ontologie – in der Auffassung des Seins als Gefüge prozessualer Komplexe – gründet und begründet sich nun die Spezifik seiner Methodologie: weder lassen sich konkrete Seinsbeziehungen je rein in Form auflösen (was ihrer logischen Homogenisierung und Formalisierung unaufhebbare Grenzen setzt) noch ist die Form etwas ihnen schlechthin Äußerliches, sondern das Sein als prozessuales ist an sich selbst formiert und kategorial gegliedert, seine wesenhaften Strukturen sind daher in logischen Formen (und allein vermittels ihrer) reproduzierbar, freilich immer in den durch die unaufhebbare Heterogenität ihres materialen Substrats gesetzten Grenzen.

Der Grad und die Art und Weise der Logisierbarkeit realer Seinsbeziehungen unterscheidet sich dabei je nach Seinsbereich und entsprechend verschieden ist auch das Verhältnis von innerlogischer und Seinsreflexion in der Entwicklung der Bestimmungen und Beziehungen konkreter Begriffe. Unaufhebbar indes bleibt die Dialektik von logischer Homogenisierung und realer Heterogenität, die zur Folge hat, daß wesentliche Seinsbeziehungen nur erfaßt werden können, wenn die logische Reflexion nicht rein bei sich verbleibt, sondern den unaufhebbaren *Gegenstoß* außerlogisch aufzunehmender Inhalte in sich integriert. Die dialektisch-logische Entwicklung ist also weder rein formale Deduktion noch die bloß äußerliche Anordnung kontingenter Tatsachen; es geht vielmehr um eine logische Ableitung, die das Unableitbare in sich *integriert*, d.h. es sowohl *aufnimmt* (nicht abstrakt nur negiert bzw. subsumiert, also in seiner Spezifik vernichtet) als auch *aufhebt* (d.h. nicht in der fixen, für sich isolierten Bestimmung, in der es sich unmittelbar gibt, erhält, sondern diese vielmehr als unwahre erweist). Erst auf diese Weise wird die Dualität von Form und Inhalt aufhebbar und die logische Entwicklung konkrete inhaltlich-formale Einheit.

Hegels Abgrenzung ist also eine doppelte: zum einen gegen jeden Formalismus und Schematismus, der alle konkreten Inhalte und konkret inhaltlichen Beziehungen in formale aufzulösen sucht; zum anderen gegen jeden Positivismus und reinen Empirismus, der Philosophie und Wissenschaft als bloß äußerliches Ordnen unmittelbar aufzunehmender, für sich isolierter Inhalte (bzw. Einzeltatsachen) begreift. (Wobei beide Denktypen letztlich in einander übergehen, denn da aus der rein formellen Reflexion unmöglich konkrete Inhalte ableitbar sind, müssen diese zwangsläufig von außen aufgenommen werden, und zwar dann so, wie sie sich *unmittelbar* geben.) Die Unzulänglichkeit sowohl der rein formal-logischen Reflexion, die für sich leer bleibt und zu keinen Inhalten kommt, als auch der äußerlich an fest für sich gegebenen Inhalten vorgehenden Reflexion, die entsprechend auch bloß äußerliche und zufällige Beziehungen aufzuzeigen vermag, wird im Verlauf der »Logik« anhand der Bestimmung konkreter Kategorien immer wieder demonstriert. So beispielsweise am Grund selbst. Der Grund ist zunächst *formeller Grund*, d.h. rein logisch-formal bestimmt. Diese Bestimmung – eben weil sie rein formal ist – vermag aus sich heraus zu keiner *inhaltlichen Unterscheidung* von Grund und Begründetem zu gelangen, d.h. ein und derselbe Inhalt wird zum einen als Grund, zum anderen als Begründetes bestimmt, wobei diese Form dem Inhalt gleichgültig und äußerlich ist und eben daher keinerlei Erkenntniswert hat: »Insofern nun im bestimmten Grunde Grund und Begründetes beide die ganze Form und ihr Inhalt zwar ein bestimmter, aber einer und derselbe ist, so ist der Grund in seinen beiden Seiten noch nicht real bestimmt... Weil der Inhalt nur diese einfache Bestimmtheit ist, die nicht die Form der Grundbeziehung an ihr selbst hat, so ist sie der mit sich identische Inhalt, gegen die Form gleichgültig und diese ihm äußerlich; er ist ein Anderes als sie.«[169] Um konkrete inhaltliche Unterscheidung zu gewinnen, wird somit zum *realen Grund* übergegangen: d.h. zur Aufnahme gegebener Inhalte, die das Denken gegeneinander als Grund und Begründetes bestimmt. Indem diese jedoch als bloß aufgenommene – schlechthin heterogene – die Grundbeziehung nicht an ihnen selbst haben, wird ihr Inbeziehungsetzen als Grund und Begründetes rein willkürlich und zufällig, leistet damit wiederum gerade das nicht, was es leisten soll: eine reale, wesentliche Seinsbeziehung (nämlich die einen Sachverhalt gründende und damit die ihm entsprechenden Urteile begründende) auszudrücken. Die Unzulänglichkeit beider Rationalitätstypen liegt dabei wieder in dem abstrakten Auseinanderfallen von Form und Inhalt: entweder wird in rein logischer Reflexion die Grundbeziehung als formale bestimmt, d.h. Grund und Begründetes werden inhaltlich *identisch* gesetzt, dann bleibt die Grundbeziehung bloße Tautologie – zwar in sich notwendig,

---

[169] G.W.F. Hegel »Wissenschaft der Logik« a.a.O. Bd. 2 S. 78

aber nichtssagend –, oder je *verschiedene*, in Seinsreflexion abstrahierte Inhalte werden zueinander als Grund und Begründetes in Beziehung gesetzt, dann wird die Grundbeziehung willkürlich und zufällig.»Die formelle Grundbeziehung enthält nur Einen Inhalt für Grund und Begründetes; in dieser Identität liegt ihre Notwendigkeit aber zugleich ihre Tautologie. Der reale Grund enthält einen verschiedenen Inhalt; damit tritt aber die Zufälligkeit und Äußerlichkeit der Grundbeziehung ein. Einerseits ist dasjenige, was als das Wesentliche und deswegen als die Grundbestimmung betrachtet wird, nicht Grund der andern Bestimmungen, die mit ihr verknüpft sind. Andererseits ist es auch unbestimmt, welche von mehrern Inhaltsbestimmungen eines konkreten Dinges als die wesentliche und als Grund angenommen werden soll, die Wahl ist daher zwischen ihnen frei.«[170] Eine wirkliche Begründung vermag daher nur eine Verbindung aus formell logischer und konkret inhaltlicher Reflexion hervorzubringen; erst in ihr ist zu erreichen, daß das Bezogene der Grundbeziehung weder abstrakt identisch (die Beziehung damit inhaltsleer) noch abstrakt verschieden (die Beziehung damit willkürlich) ist. Das, worum es geht, ist also: gerade *aus der konkreten inhaltlichen Bestimmtheit* der Bezogenen (die nicht rein innerlogisch, sondern zunächst nur in *Seinsreflexion* zu gewinnen ist) *ihre Beziehung* als Grund und Begründetes zu *entwickeln* und *abzuleiten* (was nur in logischer Reflexion auf diese aufgenommenen Inhalte möglich ist, wodurch sie zugleich ihre Abstraktheit als für sich isoliert fixierte verlieren, also nicht in der Bestimmung bleiben, die sie als Produkt abstrahierender Seinsreflexion zunächst haben, vielmehr ihre wahre Bestimmung in dieser und durch diese Beziehung gewinnen). Der wahrhaft *zureichende Grund* ist also weder der formale noch der reale, sondern – wie Hegel selbst bestimmt – erst der *Begriff*, (der freilich an dieser Stelle der Logik noch nicht behandelt wird).

Die gleiche Dialektik wiederholt sich auf anderer Ebene u.a. in der Dialektik der Kategorien Möglichkeit, Wirklichkeit und Notwendigkeit, die sich in rein apriori formallogischer wie auch in rein aposteriori seinsreflexiver Bestimmung als letztlich ununterscheidbar erweisen und ihre wahre Bestimmung erst in der Verbindung beider Reflexionstypen (die damit natürlich aufhören, zwei für sich isolierte Reflexionstypen zu sein) erhalten. Genau der gleichen Logik folgt die Bewegung des Kausalitätsverhältnisses – von der formellen Kausalität über das bestimmte Kausalitätsverhältnis in die Wechselwirkung -; aus ihr geht schließlich der Begriff hervor. Der spekulative Begriff nun ist der eigentliche Boden der Hegelschen Methode. Er ist das konkrete *tertium datur* sowohl zur *formellen* Bestimmung – der bloßen Subsumierung des konkreten Inhalts – als

---

170 Ebd. S. 84/85

auch zur *äußeren* Bestimmung – der Sprengung und Auflösung der Form im Inhalt –.

Die spekulative Methode als analytisch-synthetische Einheit – Der Begriff des Begriffs

Den Kern der spekulativen Methode, der dialektisch-logischen Ableitung, bestimmt Hegel im Resümee seiner »Wissenschaft der »Logik« folgendermaßen: »Das Wesentliche ist, daß die absolute Methode die Bestimmung des Allgemeinen in ihm selbst findet und erkennt. ...Die absolute Methode ...verhält sich nicht als äußerliche Reflexion, sondern nimmt das Bestimmte aus ihrem Gegenstande selbst, da sie selbst dessen immanentes Prinzip und Seele ist.«[171] Die absolute Methode sei insofern *analytisch*, als sie die weitere Bestimmung ihres anfänglichen Allgemeinen in diesem selbst findet; sie sei aber ebensosehr *synthetisch*, »...indem ihr Gegenstand, unmittelbar als *einfaches Allgemeines* bestimmt, durch die Bestimmtheit, die er in seiner Unmittelbarkeit und Allgemeinheit selbst hat, als ein *Anderes* sich zeigt«[172]. »Dieses so sehr synthetische als analytische Moment des Urteils, wodurch das anfängliche Allgemeine aus ihm selbst als das Andere seiner sich bestimmt, ist das *dialektische* zu nennen.«[173] Die spekulative Methode ist also, wie wir bereits sahen, konzipiert als *tertium datur* sowohl zu rein formallogischer (analytischer) als auch zu rein äußerlich-empirischer (synthetischer) Reflexion. Der Spezifik des Seins als Gefüge prozessualer Komplexe, deren Elemente erst in ihren Bewegungszusammenhängen sind, was sie sind, zugleich jedoch nicht in diesen ihren Beziehungen aufgehen, kann nur eine Denkmethode entsprechen, die das Einzelne und Besondere zum einen nicht für sich fixiert, sondern aus seiner Vermittlung in seinem Allgemeinen begreift, es zum anderen jedoch ebensowenig in dieses Allgemeine auflöst, dieses vielmehr als *übergreifendes* versteht, das erst in seinem Besonderen zu seiner wahren – nicht mehr abstrakten – Bestimmung kommt. Aus der Hegelschen Ontologie folgt also zweierlei: 1. Aus der Priorität der prozessualen Komplexe gegenüber ihren Elementen folgt, daß das Sein in der Form, wie es sich unmittelbar gibt – als Summe kontingenter, für sich isolierter Einzeltatsachen – nicht in seinem Wesen und seinen wesentlichen Zusammenhängen zu erfassen ist. 2. Aus der letztlich unaufhebbaren Gebundenheit der konkreten Seinsprozes-

---

171 Ebd. S. 490/491
172 Ebd. S. 491
173 Ebd. S. 491

se an ihre stofflich-materiale Grundlage, d.h. aus der Unmöglichkeit, sie in reine Beziehungen aufzulösen, folgt auf logischer Ebene ein nicht aufhebbares Moment der Unableitbarkeit und Kontingenz des Inhalts. D.h. sowohl formallogischer Schematismus als auch empiristischer Positivismus verbauen den Weg zu wirklicher Erkenntnis, anstatt sie zu ermöglichen.

Aus der oben zitierten Hegelschen Darstellung der *absoluten Methode* ergeben sich nun sofort folgende zwei Fragen: Woher gewinnt sie jenes »anfängliche Allgemeine«, mit dem sie beginnt? Und wie ist die Formulierung zu verstehen, daß sie »die Bestimmung des Allgemeinen in ihm selbst findet«, d.h. wie ist ein Fortgang vom Allgemeinen zum Besonderen möglich, der das Besondere weder bloß subsumiert und damit vernichtet, noch als bloß zufällig aufgenommenes bestehen läßt?

Bei Abhandlung der *Definition* in der »Logik« gibt Hegel folgende Bestimmung: »...die Beglaubigung, daß eine Gedankenbestimmung ...das einfache und bestimmte Wesen des Gegenstandes ausmache, kann nur eine *Ableitung* solcher Bestimmung aus der konkreten Beschaffenheit sein. Dies erforderte aber eine Analyse, welche die unmittelbaren Beschaffenheiten in Gedanken verwandelt und das Konkrete derselben auf ein Einfaches zurückführt, – eine Analyse, die höher ist als die betrachtete [die formallogische], weil sie nicht abstrahierend sein, sondern in dem Allgemeinen das Bestimmte des Konkreten noch erhalten, dasselbe vereinigen und von der einfachen Gedankenbestimmung abhängig zeigen sollte.«[174] Auch die spekulative Methode setzt also konkrete Seinsanalyse voraus; allerdings unterscheidet sich diese Analyse bereits als solche von der des formallogischen Denkens. Dieser Unterschied ist folgendermaßen zu fassen: Der Mangel der Definition besteht für Hegel ausdrücklich darin, daß sie sich an den Gegenstand als *unmittelbaren* – d.h. an ihn, wie er sich als scheinbar vereinzelter und ruhender zunächst darbietet – hält; sie kann daher für ihre Verallgemeinerungen »...nur eine seiner unmittelbaren sogenannten Eigenschaften, – eine Bestimmung des sinnlichen Daseins oder der Vorstellung gebrauchen.«[175] Die so gewonnenen Allgemeinheiten entstehen also durch einen dem Gegenstand äußerlichen Abstraktionsvorgang: durch das bloße *Weglassen* seiner weiteren konkreten Bestimmungen. Ob die so abstrahierte Gedankenbestimmung sein Wesen trifft oder ihn nur in oberflächlicher Beziehung faßt, ist insofern rein zufällig. Der Ausgangspunkt der formallogischen Abstraktion unterscheidet sich also von dem der spekulativen Methode nicht dadurch, daß er aus der Reflexion auf konkret Seiendes gewonnen wird – darin stimmen beide überein –, sondern

---

174 Ebd. S. 454/455
175 Ebd. S. 455

durch die *Art und Weise* dieser Reflexion. Wird der Mangel der ersteren gerade darein gesetzt, den Gegenstand in seiner *Unmittelbarkeit*, d.h. als fest fixierten und für sich isolierten, zu betrachten, kann letztere offenbar nur darin bestehen, ihn als *vermittelten*, d.h. in seiner Bewegung und Veränderung, in seinen konkreten Beziehungen zu analysieren. Was aus dieser Analyse gewonnen wird, ist zunächst freilich ebenfalls eine nur *abstrakte* Gedankenbestimmung, die in ihrer Wesentlichkeit und objektiven Allgemeinheit ebensowenig erwiesen ist, wie die Bestimmungen der formallogischen Abstraktion. Auch ihre Bildung ist die Leistung des *Verstandes*, insofern auch sie dadurch entsteht, daß das Konkrete *getrennt* und bestimmte Seiten desselben für sich festgehalten werden.

Der Grundansatz der Hegelschen Methode besteht nun in der Annahme, daß diese abstrakte Gedankenbestimmung, da aus der Trennung und Fixierung eines *an sich Verbundenen*, Konkreten gewonnen, dessen innere Beziehungen in gewisser Weise in sich – d.h. logisch – enthalten müsse; dies zumal, wenn es gelungen ist, mit ihr tatsächlich einen *wesentlichen Zug* des entsprechenden Gegenstandes bzw. Sachverhalts zu fixieren. Der Fortgang zum Besonderen ist also dadurch zu gewinnen, daß diese abstrakten Allgemeinheiten nicht als fixe Bestimmtheiten genommen werden, unter die das Besondere – als Teilmenge bzw. Unterklasse – nunmehr zu subsumieren wäre, sondern indem auf die zunächst abstrakte *Inhaltlichkeit* dieser Bestimmungen reflektiert wird und sich aus dieser Reflexion bestimmte Beziehungen als ihnen *immanent* ergeben, somit ihr *Zusammenhang mit* und *Übergang in* andere Bestimmungen logisch aus ihnen entwickelbar ist. Durch diese Reflexion wird die Äußerlichkeit, die Allgemeines und Besonderes im Verhältnis bloßer Subsumtion gegeneinander behalten, aufgelöst und ihre konkret inhaltliche Beziehung logisch reproduziert. Grundlage der Möglichkeit dieser Methode ist die Immanenz des Verhältnisses, in dem Einzelnes, Besonderes und Allgemeines in den prozessualen Komplexen der Realität zueinander stehen. Hegel selbst weist auf diese Parallelität des logischen und des realen Verhältnisses der Kategorien immer wieder hin. So heißt es u.a. in der »Enzyklopädie«: »In ihrer eigentümlichen Bestimmtheit ist die Dialektik .... die eigene, wahrhafte Natur <u>der Verstandesbestimmungen, der Dinge und des Endlichen überhaupt</u>. Die Reflexion ist zunächst das Hinausgehen über die isolierte Bestimmtheit und ein Beziehen derselben, wodurch diese ins Verhältnis gesetzt, übrigens in ihrem isolierten Gelten erhalten wird. Die Dialektik dagegen ist dies *immanente* Hinausgehen, worin die Einseitigkeit und Beschränktheit der Verstandesbestimmungen sich als das, was sie ist, nämlich als ihre Negation darstellt. Alles Endliche ist dies, sich selbst aufzuheben. Das Dialektische macht daher die bewegende Seele des wissenschaftlichen Fortgehens aus und ist das Prinzip, wodurch allein *immanenter Zusammenhang und*

Notwendigkeit in den Inhalt der Wissenschaft kommt...«[176] Die Spezifik des spekulativen Begriffs – im Gegensatz zur abstrakten Gedankenbestimmung – besteht also in nichts anderem als darin, eine solche logisch-reflexiv hergestellte *Einheit* unterschiedener Bestimmungen zu sein. D.h. im Begriff wird nicht bei der für sich fixierten Bestimmtheit stehengeblieben, sondern in logischer Reflexion auf den in ihr zunächst abstrakt gesetzten Inhalt werden die in ihm angelegten Beziehungen zu anderen, zunächst ebenso abstrakt isolierten Bestimmungen entwickelt: »Es ist eine subjektive Ohnmacht der Vernunft«, schreibt Hegel, »welche diese Bestimmtheiten so gelten läßt und sie nicht durch die jener abstrakten Allgemeinheit entgegengesetzte dialektische Kraft, d.h. ...durch den Begriff jener Bestimmtheiten zur Einheit zurückzuführen vermag.«[177] Das Wesen des *Begriffs* liegt also darin, »die der abstrakten Allgemeinheit entgegengesetzte dialektische Kraft« zu sein. Bezogen auf die in der »Logik« behandelten Kategorien unterscheidet Hegel die *Begriffe* folgendermaßen von den bloßen Gedankenbestimmungen: »Das Werden ist der erste konkrete Gedanke und damit der erste Begriff, wohingegen Sein und Nichtsein leere Abstraktionen sind.«[178] Und an anderer Stelle » ...Sein, Dasein, Etwas, oder Ganzes und Teile usf. Substanz und Akzidenzen, Ursache und Wirkung sind für sich Gedankenbestimmungen; als bestimmte *Begriffe* werden sie aufgefaßt, insofern jede in der Einheit mit ihrer andern oder entgegengesetzten erkannt wird.«[179] Diese Spezifik des Begriffs, reflexiv-logisch entwickelte Einheit unterschiedener, möglicherweise gegensätzlicher Bestimmungen zu sein, ist es, die Hegel als das *Spekulative* bestimmt: »Das spekulative Denken ... besteht darin, daß man die Gedanken zusammenbringt; man muß sie zusammenbringen; das ist es, worauf es ankommt.«[180] Im Gegensatz zum negativ-dialektischen bloßen Übergehen der Bestimmungen und ihrem Umschlagen ineinander, faßt das *spekulative* Denken das so entwickelte in sich widersprüchliche Gefüge von Urteilen als *Einheit* auf: die wahre Bestimmung des Inhalts liegt in dieser seiner Entwicklung. »Das *Spekulative* oder *Positiv-Vernünftige* faßt die Einheit der Bestimmungen in ihrer Entgegensetzung auf, das *Affirmative*, das in ihrer Auflösung und ihrem Übergehen enthalten ist.«[181]

In der Hegelschen »Logik« wird das konkrete Verhältnis der Bestimmungen

---

176 G.W.F. Hegel »Enzyklopädie ...« a.a.O. Bd. 8, S. 172/173
177 G.W.F. Hegel »Wissenschaft der Logik« a.a.O. S.251/252
178 G.W.F. Hegel »Enzyklopädie...« a.a.O. S. 191
179 G.W.F. Hegel »Wissenschaft der Logik« a.a.O. S. 247
180 G.W.F. Hegel »Geschichte der Philosophie« a.a.O. Bd. 18, S. 76
181 G.W.F. Hegel »Enzyklopädie...« a.a.O. S. 176

innerhalb des spekulativen Begriffs nun auf folgende Weise angegeben: »Das Allgemeine bestimmt *sich*, so ist es selbst das Besondere; die Bestimmtheit ist *sein* Unterschied; es ist nur von sich selbst unterschieden. Seine Arten sind daher nur a) das Allgemeine selbst und b) das Besondere. Das Allgemeine als der Begriff ist es selbst und sein Gegenteil, was wieder es selbst als eine gesetzte Bestimmtheit ist; es greift über dasselbe über und ist in ihm bei sich.«[182] Wesentlich für die innerbegriffliche Struktur ist also gerade die logische Figur des *übergreifenden Allgemeinen*. Diese zeichnet sich dadurch aus, daß die besonderen Bestimmungen sich zum einen als vermittelt und als nur in dieser Vermittlung in ihrem Allgemeinen begreiflich erweisen, zum anderen in ihm inhaltlich nicht aufgehen, weshalb das Allgemeine nicht als fest zugrunde liegendes, sondern erst als diese dem Besonderen immanente Vermittlung, d.h. in *seinem Anderen*, seine wahre Bestimmung erhält. Dieses Verhältnis entspricht dem von Element und Bewegungszusammenhang im prozessualen Komplex; seine konkreten inneren Beziehungen sind dabei – je nach der Spezifik der Seinszusammenhänge – in unterschiedlichem Grade logisierbar. Ihre höchste Form ist die zweigliedrige Gegensatzbeziehung, in der mit der Bestimmung der einen Seite die ihr gegenüberstehende ebenso wie die Beziehung beider bereits vollständig logisch mitbestimmt ist, in der sich also die innerbegriffliche Struktur *vollständig* in logische Beziehungen auflösen läßt und mit der Setzung der ersten Bestimmung implizit bereits das ganze Beziehungsgefüge mitgesetzt ist. Der Begriff der wahren Unendlichkeit, der den der Endlichkeit als sein Anderes in sich enthält und zugleich übergreift, entspricht diesem Muster. Ähnliches gilt für den Begriff des Ganzen im Verhältnis zu dem des Teils, dem der Substanz im Verhältnis zum Akzidenz, in gewisser Hinsicht auch für den der Ursache im Verhältnis zur Wirkung; komplizierter wird es schon bei Wesen und Erscheinung (denn schon hier besteht diese absolut reflexive Zweigliedrigkeit nicht mehr, indem zunächst die Kategorie des Scheins als Gegensatz zu der des Wesens auftaucht, im ferneren Verlauf auch die Kategorie der Form im Verhältnis zu der des Wesens entwickelt wird usw.), die Beziehungen von Wirklichkeit, Möglichkeit und Notwendigkeit sind schließlich schon gar nicht mehr auf eine solche rein logisch bestimmbare, reflexive Zweigliedrigkeit zu bringen. D.h. bei weitem nicht alle kategorialen Beziehungen selbst der »Logik« lassen sich auf ein rein logisch-reflexives Verhältnis der Begriffsbestimmungen reduzieren, von den sehr viel konkreteren Begriffen der Realphilosophie ganz zu schweigen. Die vollständige logische Bestimmtheit der Seiten des Begriffs durch einander (nämlich aus ihrem absoluten Gegensatz zueinander) ist insofern ein *Sonderfall*

---

182 G.W.F. Hegel »Wissenschaft der Logik« a.a.O. S. 246

des Verhältnisses von Allgemeinem und Besonderem im spekulativen Begriff, nicht seine generelle Spezifik.

Die Untrennbarkeit von Form und Inhalt in der spekulativen Methode bringt nun mit sich, daß diese je nach den spezifischen Verhältnissen des Seins- bzw. Wissensbereichs, auf den sie sich bezieht, selbst differiert und lediglich in ihrem allgemeinen Grundmuster identisch bleibt. Ehe wir zur Charakterisierung des letzteren übergehen, wollen wir uns daher mit seinen Spezifikationen befassen. Zu unterscheiden wäre also die Methode, wie sie 1. innerhalb der »Wissenschaft der Logik« selbst, 2. in der »Realphilosophie«, als der Philosophie der Natur und des Geistes, von Hegel konzipiert und praktiziert wird.

Apriorisches und Aposteriorisches in der Methode der »Logik«

Die Spezifik der »Logik« charakterisiert Hegel folgendermaßen: »In der Logik werden die Gedanken so gefaßt, daß sie keinen anderen Inhalt haben als einen dem Denken selbst angehörigen und durch dasselbe hervorgebrachten.«[183] Die »Logik« stelle die absolute Idee »nur als das ursprüngliche Wort«[184] dar: die Idee sei hier in dem »...reinen Gedanken, worin der Unterschied noch kein Anderssein, sondern sich vollkommen durchsichtig ist und bleibt ...«[185] D.h. die Logik untersucht nicht die aus konkreter Analyse des Seienden bzw. aus den empirischen Wisernschaften hervorgegangenen Begriffe, sondern jene Kategorien, die jeder Analyse von Seiendem als *allgemeine logische Formbestimmungen* immer schon zugrunde liegen und in ihr – zumeist unreflektiert – verwandt werden. »Diese logische Natur, die den Geist beseelt, in ihm treibt und wirkt, zum Bewußtsein zu bringen, dies ist die Aufgabe.«[186] Und an anderer Stelle: »Diese Kategorien, die nur instinktmäßig als Triebe wirksam sind ... zu reinigen und ihn [den Geist] damit in ihnen zur Freiheit und Wahrheit zu erheben, dies ist also das höhere logische Geschäft.«[187]

Natürlich sind die logischen Kategorien nicht im reinen Denken entstanden, sondern, ebenso wie die konkreten Begriffe der Einzelwissenschaften, Resultat der gedanklichen Auseinandersetzung des Menschen mit seiner Außenwelt. Sie entstanden zur Kennzeichnung allgemeinster wiederkehrender Seinsverhältnisse

---

183 G.W.F. Hegel »Enzyklopädie...« a.a.O. S. 84
184 G.W.F. Hegel »Wissenschaft der Logik« a.a.O. S. 485
185 Ebd. S. 485
186 G.W.F. Hegel »Wissenschaft der Logik« Bd. 1, S. 16
187 Ebd. S. 16

oder auch – in ihrer zweiten Ebene – der Beziehungen zwischen Denkbestimmungen selbst. Ihre Bestimmung war zunächst keine logisch explizite, sondern lag ausschließlich in der Überlieferung ihrer konkreten *Verwendungsweise*. D.h. ihre Existenzform war über sehr lange Zeit ihr spezifischer *Gebrauch* im Alltagsdenken, bevor sie – in der Philosophie – selbst zum Gegenstand der Reflexion wurden. Ihre in der philosophischen Tradition überlieferte Bestimmung blieb allerdings zunächst ebenfalls abstrakt und unvollständig, zum Teil rein vorstellungsmäßig. Die logischen Kategorien waren in dem Sinne wohl *bekannt* und wurden im Alltagsgebrauch weitgehend richtig verwendet; sie waren jedoch in ihrer konkreten Inhaltlichkeit nicht *erkannt*, d.h. nicht logisch explizit bestimmt, weshalb, als (insbesondere mit der Entstehung der modernen Naturwissenschaften) die denkerisch zu bewältigenden Probleme komplizierter wurden, auch ihr korrekter Gebrauch in Frage stand. Insofern, klagt Hegel, »...haben sich mir zu häufig und zu heftig solche Gegner gezeigt, welche nicht die einfache Reflexion machen mochten, daß ihre Einfälle und Einwürfe Kategorien enthalten, welche *Voraussetzungen* sind und selbst erst der *Kritik* bedürfen, ehe sie *gebraucht* werden.«[188] Die konkrete Inhaltlichkeit der Kategorien ist jedoch nicht nur und nicht in erster Linie für ihren korrekten wissenschaftlichen Gebrauch von Belang, sondern *als solche* von Interesse. Denn indem die logischen Kategorien zur Kennzeichnung bestimmter, immer wiederkehrender Verhältnisse seiender Konkreta (bzw. der sie charakterisierenden Denkbestimmungen) entstanden sind, sind sie ihrerseits Ausdruck solcher spezifischen, allgemeinen Seinsverhältnisse. Genau darin begründet sich der *Seinsgehalt*, der in ihren abstrakten Bestimmungen eingehüllt und verborgen liegt. Und eben wegen dieser Entstehungsgeschichte der logischen Kategorien und ihrer Prägung durch tausendmaligen konkreten Gebrauch ist eine logische Reflexion auf ihre vorerst abstrakten Bestimmungen fähig, aus ihnen Beziehungen und Zusammenhänge abzuleiten, die allgemeinste Seinsstrukturen zum Ausdruck bringen und einsehbar machen.

In dieser Weise bedarf die »Wissenschaft der Logik« keiner expliziten Reflexion auf Seiendes, auf die Sachverhalte der Realität als solcher, mehr. Aber sie ist dessenungeachtet keine rein apriorische Konstruktion, auch nicht in Hegels eigenem Verständnis. Denn was ihr zugrunde liegt und worin sie ihre Voraussetzung findet, dies ist jener konkrete Kategorienvorrat, wie er als Resultat jahrtausendelanger Realitätsverarbeitung durch das menschliche Denken entstanden ist und in der philosophischen Tradition seine vorläufige, abstrakte Bestimmung erhielt. Hegel betont ausdrücklich, daß diese Überlieferung *Voraussetzung* und

---

188 Ebd. S. 20

Bedingung der innerlogischen Entwicklung ist: »Das Reich des Gedankens philosophisch, d.i. in seiner eignen immanenten Tätigkeit, oder was dasselbe ist, in seiner notwendigen Entwicklung darzustellen, mußte ... ein neues Unternehmen sein und dabei von vorne angefangen werden; jenes erworbene Material, die bekannten Denkformen, aber ist als eine höchst wichtige Vorlage, ja eine notwendige Bedingung [und] dankbar anzuerkennende Voraussetzung anzusehen, wenn dieselbe auch nur hie und da einen dürren Faden, oder die leblosen Knochen eines Skeletts, sogar in Unordnung untereinander geworfen, dargibt.«[189]
D.h. entgegen dem üblichen Vorurteil liegt der Anspruch der Hegelschen »Logik« gar nicht darin, aus der vollkommen abstrakten, bestimmungslosen Kategorie des »Seins« den Reichtum der logischen Kategorien und ihrer konkreten Beziehungen in *apriorischer Deduktion* hervorzubringen. Ebensowenig freilich versteht sich die »Logik« als die bloß äußerliche Ordnung und Systematisierung der fest für sich gegebenen und vorausgesetzten Kategorien. Vielmehr werden diese zwar als bereits spezifisch bestimmte aus der philosophischen Überlieferung übernommen; diese ihre Bestimmung ist jedoch noch nicht ihre wahre, gerade weil sie in der traditionellen Metaphysik generell als für sich fixierte und voneinander isolierte aufgefaßt wurden. Ihren wahren Inhalt haben sie daher nicht als vorausgesetzte, sondern erhalten ihn erst in der und durch die logische Entwicklung, d.h. durch die logische Reflexion auf diese ihre vorausgesetzten abstrakten Inhalte; in dieser Reflexion zeigen sich ihre vorausgesetzten Bestimmungen als unwahr, als sich aufhebend, in andere übergehend, aus welcher Bewegung sich ihr wahrer Inhalt als konkretes Gefüge von Beziehungen und Zusammenhängen ergibt. Insofern »...ist das Geschäft der Logik eben nur dies, die bloß vorgestellten und als solche unbegriffenen und unbewiesenen Gedanken als Stufen des sich selbst bestimmenden Denkens aufzuzeigen, womit dieselben dann zugleich begriffen und bewiesen werden.« *Begriffene* und *bewiesene* werden sie in dieser logischen Entwicklung deshalb, weil sie allein in ihr jenen konkreten Inhalt erhalten, der seine Form an sich selbst hat, dessen Beziehungen folglich nicht mehr subjektive Setzung, sondern schlechthin *objektiv* sind.

Die in der Hegelschen »Logik« praktizierte Methode wird also gründlich mißverstanden, wenn man sie als rein immanente Begriffentwicklung aus dem Leeren, Bestimmungslosen deutet. Vielmehr wird die abstrakte Bestimmung aller Kategorien zunächst *außerlogisch aufgenommen*, die logische Reflexion zeigt sodann an dieser Bestimmung ihre Unwahrheit, ihre Übergänge, ihre Beziehung zu anderen Bestimmungen auf und entwickelt so ihren objektiven Ge-

---

189 Ebd. S. 9

halt. Dieser Vorgang wiederholt sich bei jeder eingeführten Kategorie bzw. jedem Kategorienpaar von neuem; ihre Stellung in der Gesamtentwicklung – der Ort, an dem sie jeweils eingeführt werden – ist dennoch nicht willkürlich, sondern ergibt sich aus den die einzelne Kategorie bzw. das einzelne Kategorienpaar sehr wohl übergreifenden inhaltlichen Zusammenhängen. Diese Zusammenhänge liegen in den Inhalten der entsprechenden Kategorien begründet und sind aus ihnen in logischer Reflexion entwickelbar; aber sie sind nicht von der Art, daß die folgende Kategorie in ihrer inhaltlichen Grundbestimmung aus der vorhergehenden *logisch abgeleitet* werden könnte. Innerlogisch ableitbar und insofern darstellbar ist genau genommen immer nur die Inhaltlichkeit je *eines* Begriffs als konkretem Beziehungsgefüge zumeist zweier (unter Umständen auch mehrerer) Kategorien. Alle anderen Übergänge sind zugleich Brüche im innerlogischen Fortgang, indem eine spezifische Bestimmung zunächst *aufgenommen* – gesetzt – und dann an sich selbst wiederum logisch entwickelt wird. Es gibt z.B. keine *innerlogische* Ableitung der Quantität aus der Qualität; beide bezeichnen vielmehr spezifische Seiten der Realität und sind in logischer Reflexion lediglich in ihrer *konkreten Beziehung* zu bestimmen. Die Kategorie der »Unendlichkeit« indessen ist logisch nicht zu bestimmen ohne Bezug auf die der »Endlichkeit«, enthält diese daher tatsächlich logisch an sich, ebenso wie die Kategorie der »Ursache« die der »Wirkung«, die des »Ganzen« die der »Teile«, oder auch die des »Wesens« die Gegenkategorien »Schein« und »Erscheinung« usw. (Es soll allerdings nicht geleugnet werden, daß Hegel tatsächlich einige Mühe darauf verwendet, *jegliche* Übergänge soweit zu glätten, daß sie zugleich als *logische Ableitung* der folgenden Kategorie aus der vorangegangenen erscheinen. Hier ist der Punkt, wo die Darstellung künstlich und konstruierend wird, denn genau diese unmittelbare logische Ableitbarkeit gibt es nicht. Und indem Hegel die aus der philosophischen Tradition *überlieferten* Kategorien als *Voraussetzung* und *Bedingung* seiner »Wissenschaft der Logik« ansah, hat er dies im Grunde selbst anerkannt. Aber auf die Widersprüche in Hegels Methodenverständnis werden wir in einem gesonderten Kapitel eingehen.)

In ihrer konkreten Praxis jedenfalls entspricht die Methode der »Logik« dem oben skizierten Grundmuster. D.h. sie ist weder rein *apriorische* Deduktion noch äußerliche Anordnung eines *gegebenen* Stoffs, sondern *Integration* der aufgenommenen Bestimmungen, die erst in und durch die logische Entwicklung ihren wahren, konkreten Inhalt offenbaren. Es geht also in der Entwicklung der »Logik« nicht darum, die Kategorien als solche hervorzubringen, sondern, sie *in ihrer wahren Bestimmung* – und in dieser zugleich allgemeine grundlegende Seinsverhältnisse – zu erfassen.

Das letztere ist das Entscheidende und der eigentliche Sinn der Kategorienentwicklung in der »Wissenschaft der Logik«. Genau deshalb ist sie zugleich Ontologie. Das heißt: die in der »Logik« entwickelten kategorialen Verhältnisse sind gerade darum von Interesse, weil in ihnen Grundstrukturen allgemeinster *realer* Verhältnisse zum Ausdruck kommen. Die logisch-reflexiv zu entwickelnde Beziehung der Kategorien »Unendlichkeit« und »Endlichkeit«, »Materie« und »Form«, »Wesen« und »Erscheinung« usw. sagt eben zugleich Wesentliches über die Struktur des Verhältnisses aus, in welchem Endliches und (relativ) Unendliches, Materiales und Formales, Wesentliches und Erscheinendes als je konkrete in der Realität zueinander stehen. Gleiches gilt für die in der Begriffslogik entwickelte Dialektik der Kategorien »Allgemeinheit«, »Besonderheit« und »Einzelheit«: Gerade die aus dieser Dialektik hervorgegangene Struktur – das Allgemeine als übergreifendes Moment, das erst als Einheit seiner selbst und seines Anderen, des Besonderen, wahrhaft Allgemeines ist; das Besondere als im Allgemeinen vermitteltes und allein aus ihm begreifliches, zugleich jedoch dessen Negation – drückt tatsächlich ein zutiefst wesentliches allgemeines Seinsverhältnis aus, das in der Struktur Seins als Gefüge prozessualer Komplexe und Unterkomplexe begründet ist.

Aus dieser Beziehung leitet sich nun das Verhältnis von »Logik« und realer Wissenschaft ab. Gerade weil die »Logik« die allgemeinsten Seinsstrukturen in ihren kategorialen Beziehungen reproduziert, kann ihr Resultat der Entwurf einer wissenschaftlichen Methode sein, die nicht formales Regelsystem, sondern den realen Seinsverhältnissen angemessen und insofern fähig ist, diese auf eine adäquate Weise im Medium des Logischen zu reproduzieren.

Apriorisches und Aposteriorisches in der Methode der konkreten Wissenschaften

Betrachten wir nun näher, wie Hegel diese wissenschaftliche Methode für die außerlogischen Disziplinen der Philosophie bestimmt. (Wobei die in der »Logik« entworfene Methode von Hegel selbst ausdrücklich als die *allgemein wissenschaftliche*, nicht nur als die der Philosophie bezeichnet wird. Heute wird das Feld, auf das sich bei Hegel die »Realphilosophie« bezieht, von den konkreten Einzelwissenschaften bearbeitet; die Beziehungen und Bezugnahmen, die Hegel als solche zwischen der Philosophie und den empirischen Wissenschaften beschreibt, spielen sich demnach heute *innerhalb* der einzelnen Wissenschaften selbst ab. Genau genommen handelt es sich ja überhaupt erst um Wissenschaft, wenn die Ebene bloß empirischen Sammelns und Systematisierens überschritten wird; dieses ist nicht mehr als ihre Vorstufe. Im Grunde auch im eigenen Verständnis Hegels.)

Insofern bereits die »Logik« nicht als rein apriorische Begriffsentwicklung verstanden wird, gilt dies in noch weit höherem Grade für die Realphilosophie. Diese – das betont Hegel ausdrücklich – verdankt ihr Entstehen und ihre Entwicklung den positiven Erfahrungswissenschaften; die von diesen in empirischen Untersuchungen geschaffene Begrifflichkeit ist ihre *Voraussetzung*, das *Gegebene*, worauf sie sich bezieht und das sie zunächst *aufnimmt*, wie die Logik den aus der Tradition überlieferten Kategorienvorrat in seinen abstrakten Bestimmungen. Das konkrete Verhältnis beider Seiten beschreibt Hegel nun folgendermaßen: »Die empirischen Wissenschaften bleiben einerseits nicht bei dem Wahrnehmen der *Einzelheiten* der Erscheinung stehen, sondern denkend haben sie der Philosophie den Stoff entgegengearbeitet, indem sie die allgemeinen Bestimmungen, Gattungen und Gesetze finden; sie vorbereiten so jenen Inhalt des Beson-| deren dazu, in die Philosophie aufgenommen zu werden. Andererseits enthalten sie damit die Nötigung für das Denken, selbst zu diesen konkreten Bestimmungen fortzugehen. Das <u>Aufnehmen</u> dieses Inhalts, in dem durch das Denken die noch anklebende Unmittelbarkeit und das Gegebensein aufgehoben wird, ist zugleich ein <u>Entwickeln des Denkens aus sich selbst</u>. Indem die Philosophie so ihre Entwicklung den empirischen Wissenschaften verdankt, gibt sie deren Inhalte die wesentlichste Gestalt der *Freiheit* (des *Apriorischen*) des Denkens und die *Bewährung* der *Notwendigkeit*, statt der Beglaubigung des Vorfindens und der erfahrenen Tatsache, daß die Tatsache zur Darstellung und Nachbildung der ursprünglichen und vollkommen selbständigen Tätigkeit des Denkens werde.«[190] Darin steckt die ganze Dialektik der Beziehung von Apriorischem und Aposteriorischem in der spekulativen Methode. Wenn Hegel bestimmt: das *Aufnehmen* sei zugleich ein *Entwickeln*, so folgt daraus im Umkehrschluß: die dialektisch-logische *Entwicklung* ist zugleich und unaufhebbar ein *Aufnehmen*, – und zwar nicht nur der Ausgangsbestimmungen, sondern ständig, immanent. Nur über diesen Weg, nicht rein aus sich heraus, ist das Denken in der Lage, »zu diesen konkreten Bestimmungen fortzugehen«. Andererseits bleiben die aufgenommenen Bestimmungen in der wissenschaftlichen Entwicklung nicht in der Form und Inhaltlichkeit, in der sie aufgenommen wurden, sondern die logische Reflexion verändert sie, legt ihre Zusammenhänge und Übergänge, ihre konkret inhaltlichen Beziehungen offen und faßt sie dadurch erst in ihrer Wahrheit auf, die sie als unmittelbare, abstrakte Gedankenbestimmungen noch gar nicht hatten. Aber das Wesen der dialektisch-logischen Ableitung besteht unter allen Umständen in dieser Dialektik von *Seinsreflexion* (bzw. Aufnahme der in der konkret empirischen Forschung entwickelten Begrif-

---

190 G.W.F. Hegel »Enzyklopädie ...« a.a.O. S. 58

fe) und *logischer Reflexion*, d.h. von außerlogisch aufzunehmenden Bestimmungen und innerlogischer Entwicklung, wobei jene von dieser vorausgesetzt, in sie integriert und überhaupt erst auf diesem Wege in ihrer wahren Inhaltlichkeit – als Abbilder wesentlicher Zusammenhänge der Realität – erfaßbar werden. Die notwendige Verbindung und Untrennbarkeit dieser beiden Momente betont Hegel immer wieder. So heißt es in der »Enzyklopädie«: »Umgekehrt bringen die Erfahrungswissenschaften den Reiz mit sich, *die Form zu besiegen*, der Reichtum ihres Inhalts als ein nur Unmittelbares und Gefundenes, *nebeneinander* gestelltes Vielfaches, daher überhaupt *Zufälliges geboten wird*, und diesen Inhalt zur Notwendigkeit zu erheben, – dieser Reiz reißt das Denken aus jener Allgemeinheit und der *an sich* gewährten Befriedigung heraus und treibt es zur *Entwicklung von sich aus*. Diese ist einerseits nur ein Aufnehmen des Inhalts und seiner vorgelegten Bestimmungen und gibt demselben zugleich andererseits die Gestalt, frei im Sinne des ursprünglichen Denkens nur nach der Notwendigkeit der Sache selbst hervorzugehen.«[191]

Der Übergang der »blinden« Notwendigkeit in den Begriff

Wie ist nun diese Verwandlung gegebener Daß-Zusammenhänge in logisch notwendige konkret zu verstehen? Und in welchem Grade ist sie – auch nach Hegels eigenem Verständnis – möglich? Die Enzyklopädie enthält folgende Bestimmung: »Erkennen heißt nun nichts anderes, als einen Gegenstand nach seinem *bestimmten* Inhalte zu wissen. Bestimmter Inhalt aber enthält mannigfaltigen *Zusammenhang* in ihm selbst und begründet Zusammenhang mit vielen anderen Gegenständen.«[192] Der Ausgangspunkt ist also der bereits beschriebene: jede aus Abstraktion und Verallgemeinerung realer Gegebenheiten gewonnene Kategorie hat einen bestimmten – zunächst abstrakten – Inhalt. Dieser Inhalt ist abstrakt, gerade weil der reale Sachverhalt mannigfache weitere Bestimmungen – ein konkretes Gefüge inhaltlicher Beziehungen – enthält. Ist mit der abstrahierten Bestimmung jedoch tatsächlich eine *wesentliche*, d.h. objektiv allgemeine Seite des entsprechenden Sachverhalts getroffen, dann zeichnet sich diese notwendig dadurch aus, daß jene konkreteren Bestimmungen und Beziehungen zumindest partiell in ihr *angelegt*, ihr *immanent* sind und allein als in ihr vermittelte begrifflich werden. Die logische Reflexion auf die zunächst abstrakte inhaltliche Bestimmtheit vermag nun die in dieser eingehüllten und verdeckten

---
191 Ebd. S. 56
192 Ebd. S. 123

Beziehungen offenzulegen: »Unser vom Begriff bewegtes Denken bleibt dabei dem ebenfalls vom Begriff bewegten Gegenstande durchaus immanent; wir sehen der eigenen Entwicklung des Gegenstandes gleichsam nur zu, verändern dieselbe nicht durch Einmischung unserer subjektiven Vorstellungen und Einfälle.«[193] So werden die nur zufällig aufgenommenen oder in *Anderem* begründeten Zusammenhänge in *begriffene* und *immanente*, d.h. in sich selbst begründete verwandelt. *Begriffen* ist ein Realzusammenhang für Hegel also dann, wenn sich zeigt, daß »...die aneinander Gebundenen in der Tat einander nicht fremd, sondern nur Momente *eines* Ganzen sind, deren jedes in der Beziehung auf das andere bei sich selbst ist und mit sich selbst zusammengeht. Dies ist die Verklärung der Notwendigkeit zur Freiheit ...«[194] In der Logik geht die Notwendigkeit dadurch in den Begriff über, »daß nur ihre noch innere Identität manifestiert wird.«[195] Das heißt, der zentrale Punkt, um den es Hegel geht, ist gerade die *Aufhebung der Äußerlichkeit der Beziehung gegenüber dem Bezogenen.*

Im traditionellen Verständnis ist ein Sachverhalt dann als *notwendiger* begründet, wenn er als *determinierter*, d.h. als *von Anderem abhängiger* darstellbar ist. Diese Abhängigkeit mag eine kausale oder auch nur statistische sein, wesentlich ist die *Äußerlichkeit* der Beziehung: der gegebene Sachverhalt wird in diesem Falle nicht *aus sich selbst*, sondern *aus einem Anderen* begriffen. Jede solche Begründung gibt zugleich nur eine *relative* Notwendigkeit, denn der *andere* Sachverhalt muß ja seinerseits wieder als notwendiger abgeleitet werden, wenn der erste notwendig sein soll, wodurch der unendliche Regreß der Ursachen bzw. Determinanten entsteht. Dieser ist nun für Hegel nicht nur denkerisch unbefriedigend; er geht seines Erachtens an der realen Struktur des Seins als Gefüge pozessualer Komplexe vorbei. Denn in jedem solchen Komplex ist der Regressus ja tatsächlich – relativ – in sich zurückgebogen; das Wesen eines solchen Komplexes erklärt sich in erster Linie nicht aus *Anderem*, weder aus seiner *Entstehungsbedingungen* noch aus seiner *bestehenden Umwelt*; seine konkrete Bewegungsform ist vielmehr erst dann begriffen, wenn ihr *innerer Zusammenhang*, ihre innere Struktur und Materialität, gedanklich erfaßt ist. Ein Denken, das die konkrete prozessuale Verhaltensweise eines solchen Komplexes auf *äußere* Ursachen zurückzuführen und aus diesen heraus zu erklären sucht, bleibt daher zwangsläufig an der Oberfläche. Denn wenn die Struktur prozessualer Komplexe wiederum in einzelne, linear gefaßte Kausalketten aufgelöst wird, bleibt gerade ihr konkreter innerer Bewegungszusammenhang un-

---

193 Ebd. Bd. 10, S. 14
194 Ebd. Bd. 8, S. 303
195 G.W.F. Hegel »Wissenschaft der Logik« a.a.O. Bd. 2, S. 204

begriffen und unbegreifbar. Diesen spezifischen *inneren* Systemzusammenhang zu erfassen, ist nun für Hegel Aufgabe des *Begriffs*: »...die Teilbestimmungen werden durch ihre Ursachen begriffen; aber die Beziehung derselben, *welche das Wesentliche einer Existenz ausmacht*, ist nicht in den Ursachen des Mechanismus enthalten. Diese Beziehung, das Ganze als wesentliche Einheit, liegt nur im *Begriffe*, im *Zwecke*. Für diese Einheit sind die mechanischen Ursachen nicht zureichend, weil ihnen nicht der *Zweck als die Einheit der Bestimmungen* zugrunde liegt. Unter dem zureichenden Grunde hat Leibniz daher einen solchen verstanden, der auch für diese Einheit zureiche, daher nicht die bloßen Ursachen, sondern die Endursachen in sich begriffe.«[196] Das heißt: es geht um die Auffassung eines konkreten Seinskomplexes *in seiner Einheit* und seinen spezifischen *inneren Bewegungszusammenhängen*; das ist es, was der Begriff zu leisten hat. »Nach diesem Unterschied würden z.B. Licht, Wärme, Feuchtigkeit zwar als *causa efficientes*, nicht aber als *causa finalis* des Wachstums der Pflanzen zu betrachten sein, welche *causa finalis* dann eben nichts anderes ist als der Begriff der Pflanze selbst.«[197] D.h. der Begriff erfaßt den inneren Bewegungs- und Entwicklungszusammenhang eines konkreten Seinskomplexes als den wahren – weil eben nicht äußerlichen – *Grund* der konkreten prozessualen Verhaltensweise und Bewegungs*richtung* dieses Komplexes. »Der Begriff ist das den Dingen selbst Innewohnende, wodurch sie das sind, was sie sind, und einen Gegenstand begreifen heißt somit, sich seines Begriffs bewußt werden; schreiten wir dann zur Beurteilung des Gegenstandes, so ist es nicht unser subjektives Tun, wodurch dem Gegenstand dies oder jenes Prädikat beigelegt wird, sondern wir betrachten den Gegenstand in der durch seinen Begriff gesetzten Bestimmtheit.«[198] Diesen inneren Zusammenhang faßt Hegel, wie aus den Zitaten hervorgeht, auch vermittels des *Zweckbegriffs*. Aus seinen konkreten Ausführungen (nicht zuletzt durch die permanente Abgrenzung gegenüber jeglicher *äußerlicher* Zweckbeziehung) wird jedoch deutlich, daß der Zweckbegriff von Hegel lediglich in *analogischer Bedeutung* gebraucht wird: es geht um eine in materiellen Strukturen fixierte *immanente* Gerichtetheit der Bewegung eines konkreten Systems, nicht um ein außermateriell, in irgendeinem Bewußtsein vorab gesetztes Ziel. Die ontologische Überlieferung kennt keine Kategorie, die die spezifische Struktur, um die es Hegel geht – nämlich die eines selbstregulierenden, in höherer Form: selbstreproduzierenden und in *bestimmter Richtung* sich entwickelnden Systems – adäquat faßt. Der Teleologiebegriff – in der Bestim-

---

196 Ebd. S. 66
197 G.W.F. Hegel »Enzyklopädie...« .a.a.O. Bd. 8, S. 251
198 Ebd. S. 318

mung eines nicht äußerlichen, sondern immanenten Zwecks – bietet sich hier geradezu an und wird von Hegel in diesem Sinne übernommen.

Erst aus der vermittels des Begriffs gefaßten spezifischen inneren Struktur eines konkreten Komplexes erklärt sich ihrerseits die konkrete Wirkungsweise der äußerlichen Ursachen. Denn das Besondere eines jeden prozessualen selbstregulierenden Systems liegt ja gerade darin, daß es »die Ursache nicht zu ihrer Wirkung kommen läßt«[199]: es nimmt sie auf, indem es auf *seine Weise* reagiert, und diese konkrete Reaktionsweise hängt von seiner *inneren* Beschaffenheit ab. Sehr schön erläutert Hegel diesen ganzen Problemkomplex an einer Stelle seiner »Geschichte der Philosophie«. Dort heißt es: »Wir haben a) ...den Zweck nicht so einseitig vorzustellen, daß wir ...[ihn] nun nur im vorstellenden Wesen als solchem gesetzt, entgegengesetzt dem Seienden, setzen, ...seinem Wesen nach zu nehmen, – so ist es Allgemeines, Gattung, die Idee des ganzen Wesens. Diese ist die wahre Ursache, in sich aber zurückgehende Ursache: Zweck, als Allgemeines, an sich seiendes Erstes, von welchem die Bewegung ausgeht und welches zum Resultate wird... b) Hiernach ist der Unterschied von dem, was schlechterweise natürliche Ursachen genannt worden, und von der Zweckursache zu bestimmen. <u>Isoliere ich nun die Einzelheit</u>, und sehe bloß auf sie als Bewegung und die Momente derselben, so gebe ich das an, was natürliche Ursachen sind. ... sie sind Ursachen, aber sie selbst wieder durch andere Ursachen, usf. ins Unendliche. Das Allgemeine aber faßt sie in sich als Momente, die als Ursachen allerdings vorkommen in der Bewegung, aber so, daß der <u>Grund dieser Teile selbst das Ganze</u> ist. Nicht sie sind das Erste, sondern das Resultat ...ist das Erste ... c) Eine solche Gattung ist aber selbst eine bestimmte Gattung [bestimmter Begriff], bezieht sich wesentlich auf eine andere...«[200] Letzteres führt in unendlicher Vermittlung schließlich auf das Sein als Ganzes, als absolute Totalität. D.h. jeder konkrete Begriff faßt das Wesen einer solchen je für sich relativ geschlossenen, bewegten Systemganzheit; in untrennbarer Einheit von Seinsanalyse und logischer Reflexion reproduziert er ihre inneren Zusammenhänge in konkret inhaltsabhängigen logischen Beziehungen. Und ebenso wie das *einzelne* Element sein Wesen nicht in *irgendeiner* ihm übergeordneten Systemganzheit findet, sondern konkret in jenem Komplex, den es unmittelbar in seiner Bewegung konstituiert und in dem diese Bewegung sich zurückbeugt, ebenso erschließt sich *logisch* die wahre Bestimmung des Einzelnen und Besonderen nicht aus deren Vermittlung in *irgendeinem* übergeordneten Allgemeinen – womöglich gar aus ihrem unvermittelten Bezug aufs absolute Totum – son-

---

199 G.W.F. Hegel »Wissenschaft der Logik« a.a.O. S. 193
200 G.W.F. Hegel »Geschichte der Philosophie« a.a.O. Bd. 18, S. 398/399/400

dern aus *ihrem* Allgemeinem, d.h. aus dem konkreten *Begriff* eben jenes prozessualen Komplexes, deren einzelne und besondere Seiten sie sind.

Das, was die spekulative Begründung leistet, ist also erstens die Erklärung der konkreten Sachverhalte aus dem *inneren Zusammenhang* jenes prozessualen Seinskomplexes, dessen unmittelbare Momente sie bilden, d.h. weder aus irgendeiner übergeordneten Systemganzheit noch aus äußerlichen Abhängigkeiten; es geht also um die *Rückbeugung* der Begründung, die in der Realstruktur des Seins als Gefüge in sich relativ geschlossener prozessualer Komplexe ihre Grundlage findet. Und zweitens geht es um die Fassung dieser inneren Beziehungen als den in ihnen Bezogenen tatsächlich *immanenter*. D.h. es geht darum, in der wissenschaftlichen Erklärung nicht beim bloß induktiv erschlossenen *Daß* eines bestimmten wiederkehrenden Zusammenhangs stehenzubleiben, nicht bei der Formulierung bloß statistischer Abhängigkeiten bzw. quantifizierbarer mathematischer Funktionen, sondern die in all diesen Formen immer nur als *existierend* ausgesprochene Wenn-dann-Beziehung in ihr »*Warum?*« aufzulösen. Und dieses »Warum« ist dann logisch bestimmt, wenn die Reflexion auf die zunächst abstrakten Bestimmungen die entsprechende Beziehung als *konkret inhaltliche*, ihren Inhalten *logisch immanente* aufzuzeigen vermag. Ein auf diese Weise logisch reproduzierter Zusammenhang ist nicht mehr durch *Anderes* begründet, sondern in sich selbst. In dieser Begründungsstruktur ist der unendliche Regreß tatsächlich aufgehoben und damit (unter Voraussetzung der je aufzunehmenden Ausgangsbestimmungen) die Begründung *absolut*. D.h. ein konkreter Zusammenhang ist dann logisch begriffen, wenn » ...die beiden Seiten desselben nicht als ein unmittelbar Gegebenes belassen, sondern ...als Momente eines Dritten, Höheren erkannt werden, welches dann eben der Begriff ist.«[201] Die zunächst »blinde« Notwendigkeit eines – induktiv erschlossenen bzw. statistisch konstatierten – Daß-Zusammenhangs scheinbar heterogener Momente erhebt sich dadurch zur Freiheit des Begriffs, daß die innere logische Beziehung dieser Momente aufgezeigt, ihre Heterogenität also in ihre konkret bestimmte Einheit aufgelöst wird. In dieser durch die logische Reflexion auf die konkrete Inhaltlichkeit der Momente entwickelten Einheit zeigt es sich dann, »...daß die aneinander Gebundenen in der Tat einander nicht fremd, sondern nur Momente *eines* Ganzen sind, deren jedes in der Beziehung auf das andere bei sich selbst ist und mit sich selbst zusammengeht. Dies ist die Verklärung der Notwendigkeit zur Freiheit ...«[202] Damit bleibt zugleich die *Begründung* wesentlich *immanent*, Begründung nicht durch äußere Bedingungen, sondern durch die inhaltlichen

---

201 G.W.F. Hegel »Enzyklopädie...« .a.a.O. Bd. 8, S. 302
202 Ebd. S. 303

Bestimmungen selbst. »Die Sache ist hiermit, ebenso wie sie das Unbedingte ist, auch das Grundlose...«[203] »Grundlos«: im Sinne eines *äußerlichen Grundes*. Die Erklärung der konkreten Erscheinungsweise eines prozessualen Komplexes liegt im Aufweis seiner *inneren* Bewegungszusammenhänge; deren Bedingungen und Grundlagen ergeben sich freilich aus seinem historischen Entstehungsprozeß; die *Begründung* seiner Funktionsweise liegt aber nicht in diesen äußeren Bedingungen, sondern in ihm selbst: in seinen inhaltlichen Bestimmungen und deren immanenter *Logik*. Ein Sachverhalt ist insofern keineswegs begriffen, wenn er auf äußere Bedingungen, Determinanten zurückgeführt wurde. Etwas als wirklich notwendig einsehen, heißt mehr, als es als determiniert durch *Anderes* zu bestimmen. Immerhin ist auch das *Zufällige* nie schlechthin indeterminiert. Es ist also in erster Linie diese Rückbeugung der Begründung und *immanente* Fassung der Beziehungen, die für Hegel methodisch im Mittelpunkt steht, und die durch die Realstruktur des prozessualen Seins, das sich in jedem Bewegungskomplex relativ in sich zurückbeugt und so den unendlichen Regreß der Ursachen aufhebt, gerechtfertigt ist.

Das A-logische im Sein: innere Struktur der prozessualen Komplexe und äußere Einwirkung

Die spekulative Methode besteht nun allerdings nicht darin, *sämtliche* empirisch konstatierte Zusammenhänge in die rein logisch-reflexive Fortbestimmung von Begriffen (oder gar: *des Begriffs*) aufzulösen; sie ist vielmehr eben darum absolut, weil sie die anderen Methoden in sich integriert, ihre relative Berechtigung anerkennt, jedoch zugleich bei ihnen nicht stehenbleibt, sondern – wo irgend möglich – die von ihnen nur konstatierten Zusammenhänge als *immanent-logische* Beziehungen konkreter Inhalte faßt; letzteres leistet sie, indem sie die abstrakten Bestimmungen logisch-reflexiv entwickelt, so ihr Übergehen ineinander, ihre Beziehungen an ihnen selbst aufzeigt und auf diesem Wege ihren Charakter, äußerliche, zufällige Beziehungen an sich selbständiger Momente zu sein, aufhebt. Die höchste Form der Immanenz einer solchen Beziehung ist die rein logisch-reflexive Bestimmung zweier Momente durcheinander; sie ist, wie wir schon mehrfach sahen, dann vorhanden, wenn die inhaltliche Bestimmung des einen Moments bereits die vollständige Bestimmung des anderen und ihrer Beziehung zueinander einschließt. Dann ist der konkrete Zusammenhang – bei aufgenommener Ausgangsbestimmung – in einer rein logischen Reflexion re-

---

203 G.W.F. Hegel »Wissenschaft der Logik« a.a.O. Bd. 2, S. 100

produzierbar. Solche Beziehungen gibt es zweifellos auch im Bereich der Realkategorien. Z.B. enthält der Begriff des Kapitals nicht nur logisch in sich den der Lohnarbeit; er ist überhaupt nur bestimmbar, wenn dieser und die Beziehung beider Seiten vollständig mitbestimmt werden. In den meisten Fällen sind reale Verhältnisse freilich nur *relativ*, nicht absolut in logische auflösbar. D.h. nicht nur die abstrakte Bestimmung des übergreifenden Moments als des Allgemeinen, sondern auch die des von ihm übergriffenen Besonderen sind zunächst aus konkreter Seinsreflexion *aufzunehmen*, letzteres ist insofern nicht rein logisch aus ersterem ableitbar. Aber damit fällt ihre Beziehung noch längst nicht in das Verhältnis eines bloß äußerlich-subsumierenden Zusammenhangs zurück, sondern ist nach wie vor zumindest ansatzweise in diesen ihren Inhalten angelegt und daher in logischer Reflexion aus ihnen – als zunächst vorauszusetzenden – entwickelbar.

Daß diese Entwicklung in den meisten Fällen nur *relativ* möglich ist, d.h. die Bestimmungen, deren Beziehungen und Zusammenhänge logisch entwickelt werden können, also solche zumeist nicht selbst logisch abgeleitet, sondern zunächst *von außen* – als *gegebene* – aufzunehmen sind, entspricht der realen, unaufhebbaren Heterogenität des Seins. Daß jedes konkrete Einzelne der Realität zwar erst in seinem Bewegungszusammenhang ist, was es ist, sich jedoch andererseits in dieser seiner Beziehung keineswegs aufhebt, sondern ihr gegenüber ein unauflösbares Moment des Eigenständigen behält, dem entspricht, daß das Besondere, Konkrete nicht rein logisch aus dem Allgemeinen ableitbar ist, sondern ihm gegenüber stets ein Moment des Kontingenten, Unableitbaren behält. Indem das Besondere jedoch zugleich nicht abstrakte *Negation* des Allgemeinen ist, sondern seine Eigenständigkeit vielmehr *als im Allgemeinen Vermitteltes* hat, brechen die logisch unableitbaren Inhalte nicht als schlechthin a-logische Brüche in die Darstellung ein; die logische Reflexion auf ihre konkrete Bestimmung zeigt vielmehr an dieser selbst den Bezug auf ihr Allgemeines auf, ja macht deutlich, daß sie erst in dieser Beziehung in ihrer Wahrheit erfaßbar wird.

Das Wesentliche der spekulativen Methode ist demnach die *inhaltliche* Fassung dieser Zusammenhänge. Mit jedem Allgemeinen ist ein jeweils bestimmtes, in höherem oder geringerem Grade eingrenzbares Feld von Alternativen abgesteckt; das Besondere, sofern es inhaltlich über das Allgemeine als vorausgesetztes hinausgeht, bleibt zugleich in das mit seinem Allgemeinen gesetzte Möglichkeitsfeld eingebunden. Aus diesen realen Beziehungen von Allgemeinem und Besonderem ergibt sich die Fassung der logischen Negation als *bestimmter*. Jede negative Bestimmung grenzt das mit dem Allgemeinen umrissene Feld ein, ist also ihrerseits positiv. Und zwar ist sie als positive desto konkreter, in je höherem Grade die entsprechende Beziehung von Allgemeinem und Besonderem logisch-reflexiv bestimmbar ist. Im zweigliedrigen Gegensatzverhältnis folgt aus der Negation der einen Seite logisch eindeutig die Affirmation der anderen. Ebenso ist die Negation, die das Allgemeine in seinem Besonderen erfährt, *bestimmte*. Sofern letzteres ersterem inhaltlich widerspricht, hebt es dieses doch nicht auf. Es widerspricht seinem Allgemeinen vielmehr als zugleich in ihm *Vermitteltes*; seine Spezifik – und damit auch seine dem Allgemeinen widersprechende Bestimmung – bleiben isoliert von diesem unbegreiflich. Das Allgemeine übergreift es daher trotz – oder besser: gerade in – seinem Widerspruch.

Die konkreten Beziehungen von Allgemeinem, Besonderem und Einzelnem differieren freilich in den verschiedenen Seinsbereichen; entsprechend variiert die Möglichkeit der logischen Reproduktion dieser Beziehungen. Objektiv bewegen sie sich zwischen den Extremen einer rein logisch-reflexiv aus der Anfangsbestimmung entwickelbaren Gegensatzbeziehung zweier Momente bis zu tatsächlich nur rein statistisch erfaßbaren Zusammenhängen. Dominieren letztere im mikrophysikalischen Bereich, lassen sich erstere vermutlich ausschließlich im gesellschaftlichen Sein nachweisen. Die organische Evolution wiederum hat ihre Logik in den Gesetzen der Mutation und Selektion, die als solche vorausgesetzt und unableitbar sind, vermittels derer jedoch die konkreten Erscheinungen der Tier- und Pflanzenwelt aus schlechthin zufälligen zu logisch ableitbaren werden. Die wissenschaftliche Methode darf nun weder dort immanent-logische Beziehungen konstruieren, wo die Realzusammenhänge sie nicht hergeben, noch bei rein statistisch formulierten oder bloß quantitativ gefaßten Abhängigkeitsverhältnissen stehen bleiben, wo die inhaltlich-konkrete und somit logische Fassung ihres »Warum?« möglich und also gefordert ist. Hegel selbst sieht diese objektive Variabilität der Beziehungen in den verschiedenen Seinsbereichen und die damit verbundenen unaufhebbaren Grenzen ihrer Logisierbarkeit. So konstatiert er – wie wir bereits bei Behandlung der »Phänomenologie« sahen – daß im organischen Sein das Besondere zunächst schlechthin aufzunehmen ist und nicht aus der Gattung – seinem Allgemeinen – abgeleitet werden kann. Er schreibt dazu: »Es ist dies die Ohnmacht der Natur, die Strenge des Begriffs nicht festhalten und darstellen zu können und in diese begriffslose blinde Mannigfaltigkeit sich zu verlaufen.«[204] Aber auch die Beziehungen im gesellschaftlichen Sein lösen sich für ihn keineswegs in rein logisch reproduzierbare auf. Er warnt im Gegenteil ausdrücklich: »Auch in Beziehung auf den Geist und dessen Betätigung hat man sich davor zu hüten, daß man nicht durch das wohlgemeinte

---

204 G.W.F. Hegel »Enzyklopädie...« .a.a.O. Bd. 9, S. 34

Bestreben vernünftiger Erkenntnis sich dazu verleiten läßt, Erscheinungen, welchen der Charakter der Zufälligkeit zukommt, als notwendig aufzeigen oder, wie man zu sagen pflegt, a priori konstruieren zu wollen.«[205]
Je konkreter die wissenschaftliche Analyse und Darstellung wird, je mehr sie sich bemüht, nicht nur das *Wesen* eines entsprechendes Sachverhalts bzw. Seinskomplexes, sondern auch ihn in seinem je spezifischen Gerade-so-sein zu begreifen, desto mehr spielt dieses Moment des Kontingenten – d.h. von inhaltlichen Bestimmungen, die schlechthin aufzunehmen sind – in die wissenschaftliche Darstellung hinein. Das hat seinen Grund nicht zuletzt darin, daß das Geradesosein eines konkreten Komplexes als *Diesem* natürlich nicht *allein* aus seinem inneren Gefüge begriffen werden kann, sondern durch äußere Einwirkungen und die spezifischen Bedingungen, innerhalb derer er entstanden ist, in starkem Maße beeinflußt wird. Diese Einflüsse selbst sind seinem Begriff – seinem logisch erfaßten *inneren* Bewegungszusammenhang – gegenüber kontingent. Allerdings ist ihre konkrete Auswirkung insofern logisch erschließbar, als sie – bei *gegebener* Art der Einwirkung – von der spezifischen *inneren* Beschaffenheit des entsprechenden Komplexes abhängt. Es tritt also hier die gleiche Dialektik ein, wie wir sie bereits anhand der – relativen – Eigenständigkeit des Einzelnen und Besonderen konstatieren konnten. Die entsprechenden Konkretisierungen sind weder a priori ableitbar noch in der Form aufzunehmen, wie sie sich unmittelbar – als äußere Einwirkungen – geben; *begreiflich* wird ihr konkretes Sich-Auswirken vielmehr nur, wenn sie zugleich als Vermittelte – vermittelt mit dem Begriff des entsprechenden Komplexes – erfaßt und dargestellt werden.

Dieser *Begriff* eines Komplexes oder Sachverhalts, der von solchen kontingenten inneren und äußeren bzw. rein aus der Überlieferung erklärlichen Einwirkungen zunächst abstrahieren kann, ist insofern in höherem Grade in seinen inneren Beziehungen logisierbar als der Versuch, die Existenz eines solchen Komplexes in seinem konkret historischen Geradesosein zu erklären. Genau genommen ist jedoch die Grenze zwischen dem *Begriff* eines Komplexes und der Erklärung seiner konkret historischen Existenzform überhaupt nicht scharf zu ziehen. Gehört etwa die Aufdeckung der Zusammenhänge des politischen, ideologischen usw. Überbaus einer Formation noch zu ihrem Begriff oder nicht? Im Grunde ist sie in ihrem konkreten Funktionieren *nicht begriffen*, solange ausschließlich ihre ökonomischen Mechanismen aufgedeckt sind. Diese selbst *sind* ja erst im Kontext einer solchen konkreten Ganzheit, was sie sind, d.h. sie werden ihrerseits beeinflußt und modifiziert durch die Beschaffenheit der übri-

---

[205] Ebd. Bd. 8, S. 286/287

gen Bereiche, deren Spezifik zwar in Abstraktion von ihrer ökonomischen Grundlage unbegreiflich bleibt, aus dieser jedoch ebensowenig linear ableitbar ist. D.h. die Allgemeinbestimmungen bzw. allgemeinsten Zusammenhänge, mit deren Erfassung der *Begriff* eines Komplexes *beginnt*, sind nichts dem weiteren Fortgang *fest* zugrunde liegendes, sondern werden ihrerseits durch die weitere Konkretisierung modifiziert, verändert, eine Veränderung, die bis zu ihrer Negation gehen kann. Ein Seinskomplex ist also erst dann wirklich auf den *Begriff* gebracht, wenn seine *konkret-historische Existenz* in ihren Bewegungsformen und – soweit aus diesen ableitbar – in ihrer Bewegungsrichtung vermittels jener komplizierten Dialektik von innerlogischer und Seinsreflexion gedanklich reproduziert und insofern das konkret-historische Geradesosein dieses Komplexes wissenschaftlich begründbar ist. Diese konkrete Existenzform ist weder aus den anfänglichen Allgemeinbestimmungen *logisch* ableitbar, noch läßt sich irgend etwas innerhalb ihrer begreifen, wenn es von diesen Allgemeinbestimmungen isoliert und in dieser Abstraktion betrachtet wird. Das anfängliche Allgemeine selbst wiederum wird durch seine zunehmende Besonderung selbst modifiziert, partiell aufgehoben, es bleibt also nicht in der Bestimmung, die es als *anfängliches* hatte. Seine wahre, konkrete Bestimmung erhält es erst als *Resultat* dieser wissenschaftlichen Gesamtentwicklung, die weder rein aus ihm ableitbar ist, noch ohne seine anfängliche Allgemeinbestimmung in ihrer Logik begreifbar wäre. Das Allgemeine ist folglich *übergreifendes Moment*: es liegt der logisch-dialektischen Entwicklung zugrunde und wird als wahrhaft Allgemeines doch erst als ihr Resultat, vermittelt über seine Negation, das Besondere, das seinerseits nur als in seinem Allgemeinen Vermitteltes ist, was es ist.

Allgemeines Muster des wissenschaftlichen Fortgangs – übergreifendes Allgemeines und bestimmte Negation als logische Grundformen spekulativen Denkens

Die aus dieser Dialektik sich ergebende allgemeine Grundstruktur jedes wissenschaftlichen Fortgangs wird von Hegel am Ende seiner Logik zusammengefaßt. Er skizziert sie folgendermaßen: Die Bestimmung, mit der der Anfang zu machen ist, ist zunächst notwendig »...ein Unmittelbares, aber ein solches, das den Sinn und die Form abstrakter Allgemeinheit hat.«[206] Der Anfang ist eine aufgenommene gegebene Bestimmung bzw. ein bloß Gesetztes; er ist in dieser Form in sich unbegründet. Ob es sich tatsächlich um eine wesentliche und damit objektiv allgemeine Bestimmung des entsprechenden Sachverhalts handelt oder

---

206 G.W.F. Hegel »Wissenschaft der Logik« a.a.O. S. 488

um eine ihm bloß äußerliche, ist der Bestimmung als zunächst abstrakter nicht anzusehen. Dies stellt sich erst in der weiteren logischen Entwicklung heraus, d.h. der gesetzte Anfang wird wahrhaft Allgemeines *erst im wissenschaftlichen Fortgang*, in dem er sich als vermittelnde Grundlage des Besonderen zu erweisen hat. »Die Beglaubigung des bestimmten Inhalts, mit dem der Anfang gemacht wird, scheint *rückwärts* desselben zu liegen; in der Tat aber ist sie als Vorwärtsgehen zu betrachten ...«[207] Das anfängliche Allgemeine ist jedoch – obgleich abstraktes – zugleich inhaltlich bestimmt; es besitzt einen spezifischen Inhalt. Dieser Inhalt ist unterschieden von dem Inhalt jener Bestimmungen, deren Allgemeines das Allgemeine sein soll, d.h. von den – zunächst weitgehend ebenfalls aufzunehmenden – Bestimmungen seines Besonderen, im Sinne seiner je spezifischen Teilbereiche bzw. konkreten historischen Existenzformen. Die Eigenständigkeit des Besonderen und Einzelnen im Sein bedingt, daß diese nicht nur nicht rein logisch aus ihrem Allgemeinen ableitbar sind, insofern nicht in ihm aufgehen, sondern, *unmittelbar* mit ihm konfrontiert, ihm durchaus widersprechen können. Das Besondere, Einzelne in seiner Eigenständigkeit und relativen Unabhängigkeit von seinem Allgemeinen *erscheint* so zunächst als das nicht nur von ihm unterschiedene, sondern als sein *Gegensatz*. »Das Unmittelbare ist nach dieser negativen Seite in dem Andern *untergegangen*; aber das Andere ist wesentlich nicht das leere Negative, das Nichts, das als das gewöhnliche Resultat der Dialektik genommen wird, sondern es ist das Andere des Ersten, das Negative des Unmittelbaren, – also ist es bestimmt als das Vermittelte, enthält also wesentlich die Bestimmung des ersten in sich. Das erste ist somit wesentlich auch im Andern aufbewahrt und erhalten.«[208] Das Besondere, in seiner konkreten Inhaltlichkeit und Bewegung betrachtet, erweist sich an ihm selbst als Vermitteltes, und zwar als vermittelt in seinem und durch sein Allgemeines. Die Reflexion auf die konkreten inhaltlichen Bestimmungen beider Seiten zeigt ihre Beziehungen an ihnen selbst auf, und in dieser Beziehung erweist sich das Besondere als vermittelt und als erst in seinem Allgemeinen in seiner wahren Bestimmung erfaßbar. Zugleich erweist sich das Allgemeine in seiner anfänglichen abstrakten Bestimmung als unwahr, indem es erst als Besonderes *wirklich* ist, d.h. seine konkrete Wirklichkeit von der – nie vollständig aus ihm ableitbaren – Spezifik seines Besonderen abhängt. Es wird also in dieser Entwicklung nicht bei der ursprünglichen Bestimmung des Allgemeinen stehengeblieben, sondern ein neuer Inhalt gewonnen, der als unmittelbarer – besonderer – zunächst aufzunehmen ist, jedoch erst durch seine Vermittlung in der

---

207 Ebd. S. 489
208 Ebd. S. 494/495

vorausgesetzten Allgemeinbestimmung in seiner Wahrheit erfaßbar wird. Damit hat sich das anfängliche Allgemeine in seinem Besonderen ebensowohl erhalten als es in ihm über seine ursprüngliche Bestimmung hinausgegangen ist; genauer: es ist erst in diesem über-sich-Hinausgehen zu sich gekommen, denn erst in seiner Vermittlung mit den Inhalten des Besonderen zeigt es sich als dessen Grundlage und damit als wahrhaft Allgemeines; in der vorausgesetzten fixen Bestimmung war es vielmehr selbst noch Besonderes, insofern es den konkreteren Inhalten des Besonderen nur abstrakt-äußerlich *gegenüberstand.*

Wird es in der letzteren Form festgehalten und auf die konkret inhaltliche Vermittlung durch logische Reflexion verzichtet, kann das Allgemeine nur *subsumierend* auf das Besondere – als seinerseits ebenso fester, vom Allgemeinen abgesonderter Bestimmung – bezogen werden. Damit bleibt ihre Beziehung rein äußerlich, das Besondere in seiner konkreten Inhaltlichkeit rein zufällig, und beide Seiten in ihrer wahren Bestimmung unerkannt – denn diese liegt nur in ihrer immanenten Beziehung und Vermittlung. Daher gilt: »Das Positive in *seinem* Negativen, den Inhalt der Voraussetzung im Resultate festzuhalten, dies ist das Wichtigste im vernünftigen Erkennen ...«[209] Das Allgemeine und das ihm zugehörige Besondere und Einzelne sind also, nach der Struktur, wie sie sich hier ergeben hat, sowohl identisch als auch nicht-identisch. Werden die entsprechenden Verhältnisse der Bestimmungen – oder die ihnen zugrunde liegenden des Seins – in einzelnen Sätzen ausgedrückt, sind diese zwangsläufig widersprechend: »Das Einzelne ist Allgemeines« steht mit gleicher Berechtigung neben dem Satz »Das Einzelne ist nicht Allgemeines«. Dem entspricht auf der Seinsebene: »Ein jedes Seiende ist, was es ist, erst in seinen konkreten Beziehungen« und »Ein jedes Seiende ist, was es ist, nicht erst in seinen konkreten Beziehungen, sondern bereits an sich«, insofern es nämlich zugleich Substrat dieser Beziehungen ist und nie restlos in diesen aufgeht. Beide Urteile sind an sich wahr, oder vielmehr, als je für sich festgehaltene, falsch. Das je positive entspricht dem traditionellen Rationalismus, das je negative dem Empirismus und Skeptizismus. Die spekulative Dialektik erkennt die Notwendigkeit beider Urteile und ihre Grundlage in der realen Struktur des Seins; sie erkennt zugleich ihre Unzureichendheit als je für sich fixierte und isolierte, und erhebt sich über beide, indem sie die Beziehung von Besonderem und Allgemeinen in der oben aufgezeigten Weise als vermittelte begreift. Ihre logischen Grundformen – im Gegensatz zu abstrakter Identität und abstrakter Negation als Grundformen des formallogischen Denkens – sind entsprechend der Realstruktur des Seins die des *übergreifenden Allgemeinen* und der *bestimmten Negation.* Diese sind wiederum

---

209 Ebd. S. 495

nicht in einem einzelnen Urteil, sondern nur in einer Reihe von Urteilen – als logische Entwicklung konkret inhaltlicher Bestimmungen – ausdrückbar.

Das dargestellte Grundmuster wiederholt sich nun im wissenschaftlichen Fortgang immer von neuem; das anfängliche Allgemeine wird dadurch immer reicher, konkreter, integriert immer mehr Bestimmungen in sich, löst sie damit aus ihrem bloß zufälligen Gegebensein und läßt ihre Wahrheit erkennbar werden: »...so wälzt sich das Erkennen von Inhalt zu Inhalt fort. Vors erste bestimmt sich dies Fortgehen dahin, das es mit einfachen Bestimmtheiten beginnt und die folgenden immer reicher und konkreter werden. Denn das Resultat enthält seinen Anfang, und dessen Verlauf hat ihn um eine neue Bestimmtheit bereichert. Das Allgemeine macht die Grundlage aus; der Fortgang ist deswegen nicht ein Fließen von einem *Andern* zu einem *Andern* zu nehmen. Der Begriff in der absoluten Methode erhält sich in seinem Anderssein, das Allgemeine in seiner Besonderung, in dem Urteile und der Realität; er erhebt auf jede Stufe weiterer Bestimmung die ganze Masse seines vorhergehenden Inhalts und verliert durch sein dialektisches Fortgehen nicht nur nichts noch läßt es etwas dahinten, sondern trägt alles Erworbene mit sich und bereichert und verdichtet sich in sich. ...Die Bereicherung geht an der Notwendigkeit des Begriffes fort, sie ist von ihm gehalten [d.h. von der logischen Reflexion auf die konkrete Inhaltlichkeit der Bestimmungen], und jede Bestimmung ist eine Reflexion-in-sich. ...Auf diese Weise ist es, daß jeder Schritt des Fortgangs im Weiterbestimmen, indem er von dem unbestimmten Anfang sich entfernt, auch eine Rückannäherung zu demselben ist, daß somit das, was zunächst als verschieden erscheinen mag, das rückwärts gehende Begründen des Anfangs und das vorwärts gehende Weiterbestimmen desselben, ineinander fällt und dasselbe ist.«[210] Auf diese Weise wird – in ständiger untrennbarer Einheit von in konkreter Seinsanalyse aufzunehmenden Bestimmungen und innerlogischer Entwicklung, Fortbestimmung derselben – ein konkreter prozessualer Komplex des Seins in seinen verschiedenen Schichten, seinen inneren Beziehungen und Bewegungszusammenhängen gedanklich reproduziert. Erst als dieses konkrete Ganze ist der Begriff, das Allgemeine *wirklich*, d.h. erst in dieser Form – die natürlich nie vollständig, sondern nur in unendlicher Annäherung erreicht werden kann – hört das Denken auf, *abstraktes* – d.h. einzelne Züge seiender Konkreta für sich isolierendes – zu sein. Jedes einzelne Urteil in diesem Fortgang ist notwendig und unaufhebbar eine Abstraktion; was sich im Sein überlagert und gleichzeitiges Bestehen hat, kann im Denken lediglich als *Nacheinander*, als konkrete Folge logischer Urteile reproduziert werden.

Daß der *logisch* notwendigen vorläufigen Isolierung bestimmter Züge eines

---

210 Ebd. S. 502/503

jeweiligen Komplexes keineswegs deren selbständige reale Existenz – im Sinne eines zeitlich der Existenz des Gesamtkomplexes vorhergehenden Bestehens – entspricht, dessen ist sich Hegel durchaus bewußt. Es sei zu bemerken, schreibt er in der »Rechtsphilosophie«, »daß die Momente, deren Resultat eine weiter bestimmte Form ist, ihm als Begriffsbestimmungen in der wissenschaftlichen Entwicklung der Idee vorangehen, aber nicht in der zeitlichen Entwicklung der Gestaltungen ihm vorausgehen.«[211] Und an anderer Stelle: »...wir wollen nur zusehen, wie sich der Begriff selbst bestimmt, und tun uns die Gewalt an, nichts von unserem Meinen und Denken hinzuzugeben. Was wir auf diese Weise erhalten, ist aber *eine Reihe von Gedanken* und *eine andere Reihe daseiender Gestalten*, bei denen es sich fügen kann, daß die Ordnung der Zeit in der wirklichen Erscheinung zum Teil anders ist als die Ordnung des Begriffs.«[212] Man könnte – meint Hegel – daraufhin Frage aufwerfen, warum wir nicht mit dem Höchsten, d.h. mit dem konkreten Wahren beginnen: »Die Antwort wird sein, weil wir eben das Wahre in Form eines Resultats sehen wollen, und dazu wesentlich gehört, zuerst den abstrakten Begriff selbst zu begreifen. Das, was wirklich ist, die Gestalt des Begriffs, ist uns somit erst das Folgende und Weitere, wenn es auch in der Wirklichkeit selbst das erste wäre. Unser Fortgang ist der, daß die abstrakten Formen sich nicht als für sich bestehend, sondern als unwahre aufweisen.«[213] In seiner Wahrheit gefaßt ist das Allgemeine freilich nicht abstrakte, für sich isolierte, sondern eine ihr *Anderes* – das Besondere und Einzelne – *übergreifende Bestimmung*, genauer: eine in sich konkrete, logisch gegliederte Folge von Bestimmungen. Erst in dieser Form wird das Allgemeine seinem realen *Sein* adäquat. Denn *wirklich* ist das Allgemeine in der Tat erst in der konkret einzelnen Existenz eines entsprechenden prozessualen Komplexes. Diesen Bezug drückt Hegel mehrfach aus. Unter anderem heißt es hinsichtlich der verschiedenen Ebenen seiner »Wissenschaft der Logik«: »...im Sein ist Übergang in Anderes, im Wesen Scheinen in einem Anderen, wodurch die notwendige Beziehung sich offenbart. Dies Übergehen und Scheinen ist nun in das ursprüngliche Teilen des Begriffs übergegangen, welcher, indem er das Einzelne in das Ansichsein seiner Allgemeinheit zurückführt, ebensosehr das Allgemeine <u>als Wirkliches</u> bestimmt. Dies beides ist <u>ein und dasselbe</u>, daß die Einzelheit in ihre Reflexion-in-sich und das Allgemeine als ein Bestimmtes gesetzt wird.«[214]

---

211 G.W.F. Hegel »Grundlinien der Philosophie des Rechts« in: Suhrkamp taschenbuch, Hegel-Werke in 20 Bänden, Frankfurt/Main 1986, Bd. 7, S. 85
212 Ebd. S. 86
213 Ebd. S. 87
214 G.W.F. Hegel »Wissenschaft der Logik« a.a.O. S. 269

Gleiches besagt die Hegelsche Formulierung: »Allgemeinheit, Besonderheit und Einzelheit sind abstrakt genommen dasselbe, was Identität, Unterschied und Grund«[215]; denn wir erinnern uns, daß gerade im *Grund* – gegenüber den reinen Bestimmungen der Reflexion – das *Sein* wiederhergestellt war.

Die spekulative Methode als absolute Methode des Erkennens

Das hier von Hegel skizzierte Grundmuster des wissenschaftlichen Fortganges ist gerade deshalb allgemein und wiederholt sich beim Begreifen eines jeden konkreten Seinskomplexes in seinen wesentlichen Zügen, weil es im spezifischen Verhältnis von Element und Prozeß, Form und Inhalt, Struktur und Substrat im Sein selbst begründet ist. Der Struktur des Seins als Gefüge prozessualer Komplexe, deren Elemente nur in ihrem Bewegungszusammenhang sind, was sie sind, zugleich jedoch in ihm nie aufgehen, ist allein eine Denkmethode adäquat, die das Einzelne aus seinem Allgemeinen begreift und es doch nicht in dieses auflöst, vielmehr das Allgemeine als wirkliches erst in ihm – als *übergreifendes* – faßt. Weil sie der realen Seinsstruktur entspricht – und nur deshalb – ist die absolute Methode »...als die schlechthin unendliche Kraft anzuerkennen, welcher kein Objekt, insofern es sich als ein äußerliches, der Vernunft fernes und von ihr unabhängiges präsentiert, Widerstand leisten, gegen sie von einer besondern Natur sein und von ihr nicht durchdrungen werden könnte.«[216] Die spekulative Methode ist absolut, weil sie »...nach der Allgemeinheit der Idee ... sowohl die Art und Weise des Erkennens, des subjektiv sich wissenden Begriffs, als die objektive Art und Weise oder vielmehr die Substantialität der Dinge, – d.h. der Begriffe, insofern sie der Vorstellung und der Reflexion zunächst als Andere erscheinen«[217] ist.

Es ist eben jene Grundstruktur, daß das *reale* Einzelne und Besondere sich weder in seinem Allgemeinen aufhebt noch unabhängig von diesem existiert, die die Notwendigkeit begründet, über das formallogische Denken mit seinen abstrakten Identitäten und ebenso abstrakten Negationen hinauszugehen. Und diese Dialektik des real Allgemeinem, Besonderen und Einzelnen, die sich weder auf ein Identitätsverhältnis reduzieren noch als schlechthin heterogenes Auseinander fassen läßt, ist ihrerseits Ausdruck der universellen Prozessualität und Entwicklungsfähigkeit des materiellen Seins, die gerade in der relativen Eigenständigkeit des Einzelnen und Besonderen gegenüber seinem Bewegungs-

---

215 G.W.F. Hegel »Enzyklopädie...« a.a.O. Bd. 8, S. 314
216 G.W.F. Hegel »Wissenschaft der Logik« a.a.O. S. 486
217 Ebd. S. 486

zusammenhang begründet liegt. Denn ohne dem wäre Entwicklung nie mehr als ein bloßer Kreislauf, höbe sich also letztlich selbst auf.

Will das Denken die realen Seinsprozesse in ihrem Wesen erfassen, muß es sich folglich auf den Standpunkt der dialektisch-spekulativen Methode erheben. Dies gilt notwendig nicht nur für die Philosophie, sondern für jede Wissenschaft. Denn die genannte Grundstruktur prägt nicht nur das Sein als Totalität, sondern ebenso jeden einzelnen Teilbereich und Teilkomplex desselben. Will das Denken die wesentlichen, je konkret inhaltlichen Beziehungen des Seins in seinem Medium reproduzieren – und nur das ist es, was wir unter *Erkenntnis* verstehen – darf es daher »...nicht *abstraktes, formelles* Denken bleiben – denn dieses zerreißt den Inhalt der Wahrheit –, sondern es muß sich zum konkreten Denken, zum begreifenden Erkennen entwickeln.«[218] Folgerichtig ist für Hegel »...klar, daß keine Darstellungen für wissenschaftlich gelten können, welche nicht den Gang dieser Methode gehen und ihrem einfachen Rhythmus gemäß sind, denn es ist der Gang der Sache selbst.«[219]

Zugleich betont Hegel immer wieder, daß es sich bei diesem Grundmuster des wissenschaftlichen Fortgangs nicht um ein formales Schema handelt, das einem beliebigen Inhalt äußerlich und willkürlich anzuheften wäre, sondern daß es sich aus der Natur der betrachteten Bestimmungen selbst, aus ihrer konkreten Inhaltlichkeit ergeben muß und durch diese in seiner konkreten Struktur seinerseits jeweils modifiziert wird. Folgerichtig beklagt er sich über den »... seichten Unfug und das Kahle des modernen philosophischen sogenannten Konstruierens, das in nichts besteht, als jenes formelle Schema ohne Begriff und immanente Bestimmung überall anzuhängen und zu einem äußerlichen Ordnen zu gebrauchen ...«[220] Entsprechend kritisiert Hegel den Schellingschen Formalismus: »Näher aber diese Ausbreitung betrachtet, so zeigt sie sich nicht dadurch zustande gekommen, daß ein und dasselbe sich selbst <u>verschieden gestaltet</u> hätte, sondern sie ist die <u>gestaltlose Wiederholung</u> des einen und desselben, das nur an das verschiedene Material äußerlich <u>angewendet</u> ist und einen langweiligen Schein der Verschiedenheit erhält. Die für sich wohl wahre Idee bleibt in der Tat nur immer in ihrem Anfange stehen, wenn die Entwicklung in nichts als in einer solchen Wiederholung derselben Formel besteht. Die eine unbewegte Form vom wissenden Subjekte an dem Vorhandenen herumgeführt ..., dies ist so wenig als willkürliche Einfälle über den Inhalt die Erfüllung dessen, was gefordert wird, nämlich der aus sich entspringende Reichtum und sich selbst bestimmende

---

218 G.W.F. Hegel »Enzyklopädie...« a.a.O. Bd. 10, S. 284
219 G.W.F. Hegel »Wissenschaft der Logik« a.a.O. Bd. 1, S. 36
220 Ebd. Bd. 2, S. 498

Unterschied der Gestalten.«[221] Es ist gerade die in der dialektisch-spekulativen Methode anerkannte Eigenständigkeit des Besonderen gegenüber dem Allgemeinen, die letztlich unaufhebbare Heterogenität des materialen Seins, die jedes formalistische Konstruieren, jeden Versuch, Inhalte in Formbeziehungen aufzulösen oder auf rein formalem Wege abzuleiten, unmöglich macht. Sofern das Wesen der spekulativen Methode gerade darin besteht, die im formallogischen Denken vorausgesetzte Dualität von Form und Inhalt aufzuheben – d.h. weder zu versuchen, den Inhalt in formalen Beziehungen verschwinden zu lassen, noch die Form zum bloß äußeren Ordnungsprinzip für sich fest fixierter Inhalte herabzusetzen – darf sie ihrerseits natürlich nicht wieder zum festen Schema erstarren. Was verallgemeinerbar ist, sind lediglich ihre *Grundzüge*, die sich aus der Struktur der kategorialen Verhältnisse im Sein selbst ergeben.

Daß das Wesentliche des spekulativen Denkens gerade in dieser konkreten Form-Inhalt-Einheit liegt, die sich wiederum nur in unauflöslicher Verbindung von *innerlogischer und Seinsreflexion* entwickeln läßt, hebt Hegel immer wieder hervor. So setzt er in seinen Vorlesungen zur Geschichte der Philosophie das spekulative Denken ausdrücklich gegen eine reine *Reflexion des Gedankens in sich* ab. Er schreibt bezogen auf Aristoteles: »Das Spekulative ist dadurch gegenwärtig bei Aristoteles, daß solches Denken sich nicht dem Reflektieren für sich überläßt, sondern immerfort die konkrete Natur des Gegenstandes vor sich hat; diese Natur ist der Begriff der Sache: das spekulative Wesen der Sache ist der regierende Geist, welcher die Reflexionsbestimmungen nicht frei für sich läßt.«[222] Es ist eben jener – in seinen zunächst abstrakten Bestimmungen allein über empirische Seinsanalyse gewinnbare – *konkrete Inhalt*, der die Reflexion »regiert«, d.h. ihren Entwicklungen zugrunde liegt und dafür sorgt, daß diese nicht *bodenlos* werden. Ausdrücklich grenzt Hegel das spekulative Denken gegen die Scholastiker ab: »Gesunder Menschenverstand darf nicht gegen Spekulation, wohl aber gegen *bodenlose Reflexion* auftreten; die Aristotelische Philosophie ist das Gegenteil hiervon ...«[223]

Widersprüche in Hegels Methodenkonzept

Der Kern der spekulativen Methode liegt, wie dargestellt, gerade in dieser weder rein innerlogisch zu deduzierenden noch rein empirisch aufzunehmenden,

---

221 G.W.F. Hegel »Phänomenologie...« a.a.O. S. 21
222 G.W.F. Hegel »Geschichte der Philosophie« a.a.O. Bd. 19, S. 592/593
223 Ebd. S. 593

sondern nur in ständiger Verbindung von logischer und Seinsreflexion zu reproduzierenden konkreten Einheit von Inhalt und Form, welche der Realstruktur des Seins – der Priorität der prozessualen Komplexe gegenüber ihren Elementen und der zugleich nie vollständigen Auflösung des materialen Bezogenen in seinen Beziehungen – entspricht. Die wesentlichen Beziehungen des prozessualen, sich entwickelnden Seins können folgerichtig nicht in einem einzelnen Urteil oder mehreren für sich isolierten Urteilen adäquat erfaßt werden, sondern allein in einer konkreten logischen Folge von Urteilen; diese zeichnet sich aufgrund der genannten Bestimmungen dadurch aus, daß 1. mit der gesetzten Anfangsbestimmung keineswegs die gesamte Entwicklung apriori mitgesetzt ist, 2. die konkrete Folge zugleich jedoch nicht schlechthin a-logisch auseinanderbricht, sondern die je folgenden Bestimmungen sich an ihnen selbst als auf die ihnen vorhergehenden bezogen erweisen und erst in dieser *Vermittlung* in ihrer Wahrheit bestimmbar sind. Diese Struktur ist in der Figur des *übergreifenden Allgemeinen* ausgedrückt. Bereits in der »Phänomenologie« bestimmte Hegel: » ... so ist es eben ein Mißverstand zu meinen, daß das Erkennen sich mit dem Ansich oder dem Wesen begnügen, die Form aber ersparen könne, – daß der absolute Grundsatz oder die absolute Anschauung die Ausführung des ersteren oder die Entwicklung der anderen entbehrlich mache. Gerade weil die Form dem Wesen so wesentlich ist als es selbst, ist es nicht bloß als Wesen, d.h. als unmittelbare Substanz ...zu fassen und auszudrücken, sondern ebensosehr als Form und im ganzen Reichtum der entwickelten Form; dadurch wird es erst als Wirkliches gefaßt und ausgedrückt.«[224] Und anschließend noch einmal ausdrücklich: »Das Wahre ist das Ganze. Das Ganze aber ist nur das durch seine Entwicklung sich vollendende Wesen.«[225]

Die Aussage, daß das Wahre erst am Ende – bzw. als dieses Ganze – zu seiner wahrhaften Bestimmung gelangt, ist freilich nur sinnvoll, wenn davon ausgegangen wird, daß der Anfang diese gesamte Entwicklung nicht bereits *implizit* logisch an sich enthält. Denn sonst fällt die Entwicklung letztlich in sich zusammen und hebt sich auf, da es in ihr zu keinen *wirklich neuen* Bestimmungen kommen kann (denn diese sind rein innerlogisch eben nicht zu gewinnen). Wir haben zugleich gesehen, daß gerade das Moment des *inhaltlich über die Ausgangsbestimmung hinausgehenden Anderen* für Hegel ein konstitutives Moment des wissenschaftlichen Fortgangs ist. Dies ist die Basis der Figur des *übergreifenden Allgemeinen*. Die Beziehungen der Begriffmomente sind diesen ebensowohl *immanent*, wie sie als Momente zugleich *unterscheidbar* bleiben und nicht

---
224 G.W.F. Hegel »Phänomenologie...« a.a.O. S 24
225 Ebd. S. 24

schlechthin ineinander aufgehen. Gerade darin gründet sich die Zentralstelle der *Vermittlung* in der spekulativen Methode. Die vorausgesetzte Bestimmung *vermittelt sich im Anderen* mit sich selbst, d.h. es ist weder eine Beziehung schlechthin heterogener Elemente, noch bloße *Selbstvermittlung*, denn darin höbe sich die Vermittlung selbst auf. Kern der logischen Beziehungen ist immer die konkrete Identität von Identität und Nicht-Identität; in ihr spiegelt sich die Realität des Seins als prozessualem, sich veränderndem, sich entwickelndem. Dies ist die Hauptseite und der wesentliche Inhalt des Hegelschen Methodenkonzepts.

Zugleich gibt es in der Hegelschen Methodologie jedoch eine gegenläufige – der genannten eindeutig widersprechende – Tendenz. Wir haben bereits bei Behandlung der »Logik« darauf verwiesen, daß es bei Hegel durchaus ein Bestreben gibt, die Übergänge in den philosophischen Entwicklungen soweit zu glätten, daß das Hervorgehen des nächsthöheren Begriffs aus seinem Vorgänger letztlich doch als unmittelbare *logische* Folgebeziehung erscheint. In der Konsequenz würde dies natürlich bedeuten, daß die ganze Entwicklung in der Ausgangsbestimmung bereits vollständig vorgeprägt, also bloßes *Herauswickeln* eines apriori gesetzten Inhalts wäre. Dies entspräche einem Zurückfallen in jenen von Hegel immer wieder kritisierten Formalismus; denn indem das Besondere und Einzelne nichts Eigenständiges gegenüber dem Allgemeinen für sich zurückbehielte, sich vielmehr in diesem rein auflöste, wäre die homogene Beziehung der *abstrakten Identität* faktisch wiederhergestellt.

Tatsächlich hat Hegel an einigen Stellen die spekulative Entwicklung im Sinne einer solchen *rein logischen Begriffsentwicklung* gedeutet; und ebenso finden sich ontologische Bestimmungen, die *Entwicklung* entsprechend als bloße *Herauswickelung* keimhaft angelegter Inhalte fassen. So erläutert er etwa in der »Geschichte der Philosophie« bezogen auf die in der *Entwicklung* vorgehende Veränderung ausdrücklich: »Es kommt kein neuer Inhalt heraus; doch ist diese Form [das *Ansichsein* und *Fürsichsein*] ein ungeheurer Unterschied. Auf diesen Unterschied kommt der ganze Unterschied in der Weltgeschichte an.« Damit ist Geschichte, Entwicklung ausdrücklich auf bloß *formelle* Veränderung reduziert und somit faktisch aufgehoben. (Es ist dies freilich in gewisser Hinsicht die Kehrseite der Fassung des Entwicklungsprinzips im Teleologiebegriff.)

Der Grund für diese gegenläufige Tendenz in der Hegelschen Methodologie (und Ontologie) ist der bekannte: sein Bestreben, das System letztlich doch als *absolut in sich geschlossen* und die ihm immanenten Inhalte und Zusammenhänge als *absolut notwendige* zu konstituieren. Genau das ist mit der spekulativen Methode in der charakterisierten Form – mit dem *übergreifenden Allgemeinen* als logischer Grundfigur – nicht mehr möglich. Denn indem das von diesem

Allgemeinen *Übergriffene* sich zwar als konkret inhaltlich in ihm Vermitteltes erweist, aus ihm jedoch *nicht logisch ableitbar* ist, behält es ein letztlich unaufhebbares Moment des Kontingenten, Zufälligen und insofern A-logischen. Da dies Moment jedoch der Realstruktur des Seins entspricht (auch nach Hegels eigenem Verständnis, wie u.a. seine bereits zitierten Ausführungen über die Notwendigkeit und Zufall zeigen), ist es natürlich nur um den Preis künstlicher Konstruktionen zu eliminieren. In der Tat liegen solche Konstruktionen, sofern wir sie im Hegelschen System finden, genau an diesem Punkt. So wird etwa in der »Rechtsphilosophie« die Grundstruktur des bonapartistischen Staates ganz materialistisch und konkret aus den Bewegungsformen der bürgerlichen Gesellschaft – aus ihrer Klassenstruktur sowie der ihr immanenten Zuspitzung der sozialen Gegensätze – abgeleitet. Zugleich jedoch ist es Hegels erklärte Absicht, den entsprechenden Staatsaufbau nicht nur *relativ* – d.h. konkret historisch – zu begründen, sondern ihn als Realität *des* Begriffs des Staates, als *an sich vernünftig*, nachzuweisen. Noch ausgeprägter finden wir diesen Widerspruch in der Hegelschen Geschichtsphilosophie; während einerseits die inneren Zusammenhänge der konkreten Weltzustände z.T. völlig materialistisch gefaßt und nicht selten sogar in den jeweiligen ökonomischen Gegebenheiten – als ihrem übergreifenden Allgemeinen – gegründet werden, wird parallel versucht, eine immanente, a priori gesetzte und somit *absolut notwendige Logik* der Gesamtentwicklung zu konstruieren, die sie als wirkliche *Entwicklung* und *Geschichte* aufheben würde. Diese Konstruktion wird in beide Fällen dadurch zustande gebracht, daß die Beziehung zwischen den in der »Logik« entwickelten kategorialen Verhältnissen und den konkreteren Seinsstrukturen, wie sie Gegenstand der Realphilosophie (bzw. der Einzelwissenschaften) sind, faktisch in ihr Gegenteil *verkehrt* wird. Wie wir sahen, liegt die Bedeutung der in der »Logik« entwickelten kategorialen Verhältnisse darin, daß in ihnen allgemeinste Seinsstrukturen zum Ausdruck kommen, die notwendig allen konkreteren Seinsverhältnissen – wie sie in den Einzelwissenschaften untersucht werden – zugrunde liegen und sich in ihnen reproduzieren. Aus der Kenntnis jener allgemeinen Strukturen sind daher die Grundzüge der wissenschaftlichen Methode ableitbar, die nötig ist, um diese konkreteren Verhältnisse adäquat erfassen zu können. Was aus ihnen jedoch unter keinen Umständen logisch ableitbar ist, sind *diese konkreteren Verhältnisse selbst*. Wir haben gesehen, daß das objektive Verhältnis des Allgemeinen zum Besonderen und Einzelnen schon innerhalb eines konkreten prozessualen Komplexes keine rein *logische Ableitung* der letzteren aus ersterem zuläßt. Erst recht gilt dies für das Verhältnis der logisch-kategorialen Beziehungen zu den konkreten ontischen Bewegungszusammenhängen. Denn jene – indem sie sich auf das Sein als *Ganzes* beziehen, dieses aber nicht schlechthin als einheitlicher prozessualer Überkomplex gefaßt werden kann – sind genau genommen nicht einmal ein *übergreifendes Allgemeines* im Sinne der Grundbestimmungen solcher konkreten Komplexe. Hegels Bestreben, eine *absolute* logische Begründung für die konkreten Seinsverhältnisse zu finden, besteht dessen ungeachtet in dem Versuch, diese unmittelbar auf die in der »Logik« entwickelten Kategorienverhältnisse zurückzuführen und sie *aus diesen heraus* – statt aus ihren konkreten Inhalten – *zu begründen*. D.h. die Verhältnisse der logischen Kategorien werden nicht mehr nur als *Ausdruck allgemeinster Seinsstrukturen* aufgefaßt, sondern unmittelbar zur *Begründung konkreter Seinsstrukturen* herangezogen; die *formale, strukturelle* Übereinstimmung der letzteren mit den logisch-kategorialen Strukturen als solchen erscheint dann als *Grund* ihrer Vernünftigkeit an sich. Es ist klar, daß dieses Begründungsverfahren ein rein konstruiertes bleiben muß und der Begründung der konkreten Seinszusammenhänge vermittels der logisch-reflexiven Entwicklung *ihrer konkret inhaltlichen Bestimmungen*, wie sie in der spekulativen Methode konzipiert wurde, diametral entgegensteht.

Aber entgegen den landläufigen Vorurteilen ist dieser Konstruktivismus im Hegelschen System nicht das dominierende, sondern ein untergeordnetes, in die *primär konkret inhaltlichen* Begriffsentwicklungen insbesondere an den Übergangsstellen hineinspielendes Moment. Und wie wir sehen konnten, ist dieses Moment nicht Ausdruck seines Konzepts der spekulativen Methode, sondern widerspricht den in diesem entwickelten methodologischen Bestimmungen (und auch der im Hegelschen System dominierenden Ontologie) ausdrücklich.

IV. Die »Ökonomisch-philosophischen Manuskripte« als Werk des Übergangs

1. Die theoretischen Positionen des jungen Marx

Um den Stand der »Ökonomisch-philosophischen Manuskripte« bewerten zu können, ist es unerläßlich, zunächst die ihnen vorhergehende Entwicklung der theoretischen Positionen des jungen Marx in groben Zügen zu skizzieren.

1836 hatte Marx ein Studium der Jurisprudenz und – in erster Linie – Philosophie an der Berliner Universität aufgenommen. Ein hartes Resümee seiner ersten philosophischen (und poetischen) Versuche findet sich in einem Brief an seinen Vater vom November 1837: »Ein ebenso fernliegendes Jenseits, wie meine Liebe, wurde mein Himmel, meine Kunst. Alles Wirkliche verschwimmt, und alles Verschwimmende findet keine Grenze, Angriffe auf Gegenwart, breit und formlos geschlagenes Gefühl, nichts Naturhaftes, alles aus dem Mond konstruiert, der völlige Gegensatz von dem, was da ist, und dem, was sein soll, rhetorische Reflexionen statt poetischer Gedanken ...«[226] Den wesentlichen Mangel seiner Position sieht Marx in dem abstrakten »Gegensatz des Wirklichen und des Sollenden«[227], d.h. in dem subjektiv-idealistischen Ansatz seines Denkens.

Damit ist das entscheidende Problem ausgesprochen, mit dem das Marxsche Denken der folgenden Jahre ringen wird: es geht darum, ein *Prinzip der Objektivierung* zu finden, das die Gesellschaftskritik so zu *begründen* vermag, daß sie der bestehenden Realität nicht mehr als bloß subjektives Postulat entgegentritt; zugleich ist klar, daß dieses Prinzip nicht *unmittelbar* der Realität als solcher entnommen werden kann, da es es ja gerade deren *Kritik* begründen soll. Ziel der Marxschen Überlegungen ist es also, aus dem Dilemma von subjektivem Idealismus und apologetischem Positivismus, von machtlosen Postulaten bloßen Sollens einerseits und kritikloser Anerkennung der gegebenen Realität andererseits auszubrechen. Der Weg zu diesem Ziel führt Marx zurück zu Hegel und zugleich in die intellektuellen Kreise der junghegelianischen Hegel-Interpretation, in deren geistigem Klima er die folgenden Jahre verbringt.

---

226 MEW Bd. 40, S. 4
227 Ebd. S. 4

Marx geht nun daran, »im Wirklichen selbst die Idee zu suchen«[228] und findet sie zunächst in den logischen Kategorienverhältnissen als solchen. Deren konkrete Bestimmung wird von ihm als Ausdruck allgemein weltanschaulicher – und im besonderen: politischer – Haltungen begriffen. Wobei Marx im Umkehrschluß – und nur darin besteht der Idealismus dieser Position, der dem *gegenläufigen Moment* der Hegelschen Methode entspricht – konkrete politische Forderungen *unmittelbar* aus der *wahren* logischen Bestimmung dieser Kategorienverhältnisse ableitet.

Auf Grundlage dieser theoretischen Position entsteht die Marxsche Dissertationsschrift über die »Differenz der demokritischen und epikureischen Philosophie«. Gegenstand dieser Arbeit ist die Kategorie der abstrakten Einzelheit als Zentralkategorie der Epikureischen Philosophie. Die Gründe, die diese Kategorie in den Mittelpunkt des Marxschen Interesses rückten, lagen freilich primär nicht in der Historie, sondern in der seinerzeit unmittelbar aktuellen philosophischen Diskussion. Marx selbst bekennt in einem späteren Brief an Lassalle, seine Dissertation »mehr aus politischem als philosophischem Interesse«[229] geschrieben zu haben. Dieses »politische Interesse« lag in folgendem: Wie im Kapitel über das »Selbstbewußtsein« gezeigt, bestand ein entscheidender Punkt der junghegelianischen Hegelrezeption – insbesondere bei Bruno Bauer – darin, den Hegelschen *Geist*begriffs in seinen objektiv-allgemeinen Bestimmungen zurückzunehmen und ihn in die Kategorie des *Selbstbewußtseins* aufzulösen. Als die das »Selbstbewußtsein« konstituierende Kategorie wiederum ergab sich uns die der abstrakten – das Allgemeine schlechthin negierenden und von sich ausschließenden – Einzelheit. Die Epikureische Philosophie ist nun für Marx (und war bereits für Hegel) »die Naturwissenschaft des Selbstbewußtseins, das sich unter der Form der abstrakten Einzelheit absolutes Prinzip ist.«[230] Anhand der Epikureischen Bestimmungen entwickelt die Marxsche Dissertation die philosophischen – und politischen! – Konsequenzen einer Ontologie, die sich auf diese Kategorie der abstrakten Einzelheit gründet. Dabei liegt der Schwerpunkt der Marxschen Ausführungen in dem Nachweis des *immanenten Positivismus* einer jeden solchen Ontologie, des notwendigen Umschlags ihres scheinbar radikalen Kritizismus in eine Apologie des Bestehenden: »Soweit das Atom [als die »Naturform des abstrakten einzelnen Selbstbewußtseins«[231]] seinem reinen Begriffe nach gedacht wird, ist der leere Raum, die vernichtete Na-

---

228 Ebd. S. 4
229 MEW Bd. 29, S. 547
230 MEW Bd. 40, S. 305
231 Ebd. S. 297

tur, seine Existenz; soweit es zur Wirklichkeit fortgeht, sinkt es zur materiellen Basis herab, die, Träger einer Welt von mannigfachen Beziehungen, nie anders als in ihr gleichgültigen und äußerlichen Formen existiert. Es ist dies eine notwendige Konsequenz, weil das Atom, als Abstrakt-Einzelnes und Fertiges vorausgesetzt, nicht als idealisierende und übergreifende Macht jener Mannigfaltigkeit sich zu betätigen vermag. Die abstrakte Einzelheit ist die Freiheit vom Dasein, nicht die Freiheit im Dasein. Sie vermag nicht im Licht des Daseins zu leuchten. Es ist dies ein Element, in welchem sie ihren Charakter verliert und materiell wird. Daher tritt das Atom nicht an den Tag der Erscheinung oder sinkt zur materiellen Basis herab, wo es in sie tritt. Das Atom als solches existiert nur in der Leere.«[232] »Materiell« wird hier von Marx in der Hegelschen Bestimmung gebraucht: als Synonym für ein schlechthin *Fremdbestimmtes*, von Anderem, von einer äußeren Macht *Abhängiges*. D.h. nicht die Autonomie und Selbständigkeit des Menschen, sondern die Affirmation seiner *Fremdbestimmung schlechthin* erweist sich als »notwendige Konsequenz« einer Theorie, die das menschliche Wesen als abstrakt einzelnes faßt. Marx zeigt auf, daß die Philosophie des abstrakt-einzelnen Selbstbewußtseins den *Gegensatz von Wesen und Erscheinung* – ergo: eine vom Menschen als ihm entgegengesetzt empfundene gesellschaftliche Realität – *logisch voraussetzt*, diese also – trotz ihrer Kritik bzw. *gerade durch die Art und Weise ihrer Kritik* – implizit bejaht. Er erläutert diese Konsequenz an der Haltung Epikurs zu den Bewegungen der Meteore: »Wir haben nämlich gesehen, wie die ganze epikureische Naturphilosophie durchströmt ist von dem Widerspruch zwischen Wesen und Existenz, zwischen Form und Materie. In den Himmelskörpern aber ist dieser Widerspruch ausgelöscht, sind die widerstreitenden Momente versöhnt... Indem die Materie die Einzelheit, die Form, in sich empfangen, wie es in den zölistischen Körpern der Fall ist, *hat sie aufgehört, abstrakte Einzelheit zu sein. Sie ist konkrete Einzelheit, Allgemeinheit geworden.* In den Meteoren glänzt also dem abstrakt-einzelnen Selbstbewußtsein seine sachlich gewordene Widerlegung entgegen, – das Existenz und Natur gewordene Allgemeine. Es erkennt daher in ihnen seinen tödlichen Feind. ...Denn die Angst und Auflösung des Abstrakt-Einzelnen ist eben das Allgemeine.«[233] Es war daher, »...von vornherein zu sagen, daß, wo das Prinzip des Epikur sich verwirklicht, es aufhören werde, Wirklichkeit für ihn zu haben. Denn würde das einzelne Selbstbewußtsein realiter unter der Bestimmtheit der Natur oder die Natur unter seine Bestimmtheit gesetzt, so hätte seine Bestimmtheit, d.h. seine Existenz, aufgehört, da nur das Allgemeine im freien Unterschiede von sich zu-

---

232 Ebd. S. 294
233 Ebd. S. 303

gleich seine Affirmation wissen kann. ...Die Himmelskörper stören seine Ataraxie, seine Gleichheit mit sich, weil sie die existierende Allgemeinheit sind, weil in ihnen die Natur selbständig geworden ist.«[234] D.h. eine Gesellschaftskritik, die den Menschen als *abstrakt einzelnes* gesellschaftsjenseitiges Wesen faßt, ist letztlich nicht nur unfähig, einen positiven Gegenentwurf zum kritisierten Bestehenden zu entwickeln; sie mündet geradewegs in die *Apologie* dieses Bestehenden, denn in der Bestimmung des Menschen als abstraktem Einzelnen ist sein *Gegensatz* zur Gesellschaft – und zwar zu jeder beliebigen Gesellschaft – *vorausgesetzt*; eine Orientierung auf die *reale Aufhebung* dieses Gegensatzes höbe diese Bestimmung selbst auf und bleibt somit notwendig ausgeschlossen. Bereits die Marxsche Dissertation ist demnach eine einzige Widerlegung und vehemente Kritik aller subjektivistisch und anarchistisch orientierten philosophischen und politischen Theorien; genau genommen sagt sie im Jahre 1841 Max Stirner als Konsequenz der Bauerschen »Philosophie des Selbstbewußtseins« voraus und vernichtet den »Einzigen und sein Eigentum«, ehe er verfaßt wurde.

Zugleich sind in dieser Kritik die positiven politischen Forderungen des jungen Marx impliziert: es geht um eine Staatsform, in der der Gegensatz von Wesen und Erscheinung, Einzelnem und Allgemeinem, Individuum und Staat aufgehoben ist, in der folglich der Staat tatsächlich als *Interessenvertreter der Gesamtgesellschaft* agiert und die besonderen gesellschaftlichen Gruppen sich in ihm wiederfinden. Begründet wird die Notwendigkeit eines solchen Modells mit dem *Begriff des Staates*, den Marx allerdings nicht aus den realhistorischen Gegebenheiten und Möglichkeiten, sondern unmittelbar *aus dem logischen Begriff* – aus der logisch wahren Bestimmung des Verhältnisses von Einzelheit und Allgemeinheit – ableitet. Dies ist der theoretische Standpunkt, den Marx in seiner Zeit als Redakteur der »Rheinischen Zeitung« vertritt und der sich in seinen dort veröffentlichten Aufsätzen wiederfindet. Das *logische* Verhältnis von Einzelheit und Allgemeinheit *begründet* für ihn unmittelbar die politische Forderung des *Vernunftstaates*, im Sinne einer die allgemeinen Interessen gegen die Sonderinteressen partikularer Gruppen vertretenden Institution. Dieser *Vernunftstaat* wird dem historischen Ist-Zustand – der Realität eines Staates, der die Interessen nur *bestimmter* gesellschaftlicher Gruppen vertritt – kritisch gegenübergestellt, wobei konkret *gesellschaftliche* Vermittlungskategorien – bezogen auf den Weg vom Gegebenen zum Geforderten – weitgehend fehlen. Marx geht zum damaligen Zeitpunkt offenbar davon aus, das mit der *logischen* Begründung der politischen Forderungen ihre *objektive Fundierung* bereits geleistet ist. Vehement grenzt er sein Politikkonzept gegen alle bloß subjektivistischen Po-

---

[234] Ebd. S. 304

stulate und frommen Wunschvorstellungen ab: »Die Philosophie muß ernstlich dagegen protestieren, wenn man sie mit der Imagination verwechselt. Die Fiktion von einem Volk der 'Gerechten' ist der Philosophie so fremd als der Natur die Fiktion von 'betenden Hyänen'.«[235] Dabei ist für Marx selbstverständlich, daß der geforderte *Vernunftstaat* nur dann Wirklichkeit werden kann, wenn er sich in konkreten politischen Institutionen manifestiert, daß es folglich gerade die *bestehenden politischen Strukturen* sind – und nicht der subjektive Wille der politisch Agierenden –, die den Staat zum Vertreter ständischer Sonderinteressen machen: »Der Landtag hat also *vollkommen seine Bestimmung erfüllt*. Er hat, wozu er *berufen* ist, ein bestimmtes *Sonderinteresse* vertreten und als letzten Endzweck behandelt. Daß er dabei das Recht mit Füßen trat, ist eine *einfache Konsequenz seiner Aufgabe*, denn das Interesse ist seiner Natur nach blinder, maßloser, einseitiger, mit einem Worte gesetzloser Naturinstinkt, und kann das Gesetzlose Gesetze geben? Das Privatinteresse wird so wenig zum Gesetzgeben befähigt dadurch, daß man es auf den Thron des Gesetzgebers setzt, als ein Stummer, dem man ein Sprachrohr von enormer Länge in die Hand gibt, zum Sprechen befähigt wird? ...Wir sind nur mit Widerstreben dieser langweiligen und geistlosen Debatte gefolgt, aber wir hielten es für unsere Pflicht, an einem Beispiel zu zeigen, was von einer *Ständeversammlung der Sonderinteressen*, würde sie einmal ernstlich zu Gesetzgebung berufen, zu erwarten sei.«[236]

Es ist jedoch immer der *wahre* Begriff *des* Staates, der *wahre* Begriff *des Gesetzes*, von dem die Marxsche Kritik ausgeht; dieser *wahre* Begriff wird nicht konkret-gesellschaftlich, sondern rein innerlogisch abgeleitet und diese *logisch-abstrakte* Ableitung bereits als zureichende *objektive Begründung* angesehen. Den *Ständestaat* – den Staat als Vertreter partikularer Sonderinteressen – gilt es zu überwinden, *weil* er diesem logischen Verhältnis von Einzelheit und Allgemeinheit nicht entspricht und *eben darum* eine rein *subjektive*, statt *objektiv vernünftige* Grundlage hat. Insofern macht, schreibt Marx, die »Rheinische Zeitung« »überall die <u>staatsbürgerliche Vernunft</u> gegen die ständische Unvernunft«[237] geltend. Und an anderer Stelle: »Der Verfasser sucht mit Recht die Quelle der Provinzialstände nicht in einer Staatsnotwendigkeit, und betrachtet sie nicht als ein Staatsbedürfnis, sondern als ein Bedürfnis der Sonderinteressen gegen den Staat. Nicht die <u>organische Staatsvernunft</u>, sondern die Notdurft der Privatinteressen ist der Baumeister der *ständischen* Verfassung ...«[238] In ähnli-

---

235 Ebd. S. 380
236 MEW Bd. 1, S. 146
237 MEW Bd. 40, S. 422
238 Ebd. S. 417

cher Richtung heißt es anläßlich der Besprechung der landständischen Verhandlungen über das Holzdiebstahlsgesetz: »Diese Logik, die den Bedienten des Waldeigentümers in eine Staatsautorität verwandelt, verwandelt die Staatsautorität in Bediente des Waldeigentümers. Die Staatsgliederung, die Bestimmung der einzelnen administrativen Behörden, alles muß außer Rand und Band[!] treten damit alles zum Mittel des Waldeigentümers herabsinke und sein Interesse als die bestimmende Seele des ganzen Mechanismus erscheine.« »Dieser *verworfene Materialismus*, diese Sünde gegen den heiligen Geist der Völker und der Menschheit ist eine unmittelbare Konsequenz der Lehre, ... bei einem Holzgesetz nur an Holz und Wald zu denken und die einzelne materielle Aufgabe *nicht politisch*, d.h. nicht im Zusammenhang mit der ganzen Staatsvernunft und Staatssittlichkeit zu lösen.«[239]

Die theoretische Position, die sich in Marxens Aufsätzen in der »Rheinischen Zeitung« spiegelt, ist also im Kern eine objektiv-idealistische. Sie hat ihre Wurzel in der Marxschen Hegel-Rezeption, ohne freilich mit Hegels Methode selbst identisch zu sein. Denn das Hegelsche Begründungsverfahren konzentrierte sich, wie wir sehen konnten, gerade auf die logische Entwicklung aus dem *konkreten Allgemeinen*, d.h. aus dem in der Sache selbst liegenden, ihre inneren Bewegungszusammenhänge fassenden Begriff. So entwickelt die »Rechtsphilosophie« die Struktur des politischen Überbaus zunächst ganz konkret aus den – begrifflich gefaßten – Bewegungsformen der bürgerlichen Gesellschaft. Gerade diese materialistische Ableitung erschien jedoch als – freilich historisch *relative* – *Begründung* und *Rechtfertigung* des bestehenden Staates. Hegel selbst war allerdings, wie wir gesehen haben, bestrebt, über diese bloß relative Begründung hinauszugehen und sie in eine *absolute* zu verwandeln, d.h. den bestehenden Staat nicht nur in seiner konkreten Struktur zu *erklären*, sondern diese Struktur zugleich zur *an sich vernünftigen*, zur Struktur des Vernunftstaates schlechthin, zu *verklären*. Dies geschah, indem er der konkret historischen Ableitung der politischen Strukturen eine zweite unterlegte: ihre – künstliche – Ableitung aus den allgemein-logischen Kategorienverhältnissen als solchen. Marx nun geht es weder um die konkret-historische Ableitung des bestehenden Staates aus den Voraussetzungen der bestehenden Gesellschaft noch gar um seine *absolute* Begründung, sondern um die *Kritik* dieses Staates, wobei er über die konkret-gesellschaftliche Begründung dieser Kritik zum damaligen Zeitpunkt noch nicht verfügt. Er übernimmt daher gerade das zweite, idealistische Moment der Hegelschen Methodologie – die Ableitung aus den allgemeinen, innerlogischen Kategorienverhältnissen –, freilich im Gegensatz zu Hegel nicht

---

[239] MEW Bd. 1, S. 147

zur Verklärung des bestehenden Staates, sondern in kritischer Wendung *gegen ihn*.

Im Frühjahr 1843 endete Marx Tätigkeit als Redakteur der »Rheinischen Zeitung«. Im März desselben Jahres erschienen die »Anekdota zur neuesten deutschen Philosophie«, in denen die Garde der Junghegelianer ein letzes Mal vereint auftrat. In den »Anekdota« wiederum fanden sich u.a. Feuerbachs »Vorläufige Thesen zur Reform der Philosophie«. Nun war Feuerbachs Hauptwerk, »Das Wesen des Christentums«, dessen Positionen den »Vorläufigen Thesen« nahezu unverändert zugrunde lagen, freilich bereits 1841 erschienen. Es hatte jedoch in dieser Form auf Marx keinen nachweisbaren Einfluß ausgeübt. So finden sich z.B. in Marxens Aufsätzen in der »Rheinischen Zeitung« keinerlei Anhaltspunkte für eine Wirkung der Feuerbachschen Thesen. Und im März 1842 schreibt Marx an Ruge über das »Wesen des Christentums« eher distanziert: »In der Abhandlung selbst [der von Marx für die 'Anecdota' geplanten über Abhandlung über »religiöse Kunst«] müßte ich notwendig über das allgemeine Wesen der Religion sprechen, wo ich einigermaßen mit Feuerbach in Kollision gerate, eine Kollision, die nicht das Prinzip, sondern seine Fassung betrifft.«[240] Die »Vorläufige Thesen zur Reform der Philosophie« dagegen wurden von Marx sofort intensiv rezipiert und leidenschaftlich begrüßt. Sie, wie auch die wenig später erschienen »Grundsätze einer Philosophie der Zukunft«, werden in Grundanschauung und Diktion prägend für die Marxschen Aufsätze der unmittelbaren Folgezeit.

Welche außerordentliche Bedeutung Marx zeitweise den Feuerbachschen Positionen beimaß, geht u.a. aus einer an Feuerbach gerichteten Briefstelle vom August 1844 hervor; Marx schrieb dort: »Ihre 'Philosophie der Zukunft' wie das 'Wesen des Glaubens' sind jedenfalls trotz ihres beschränkten Umfangs von mehr Gewicht, als die ganze jetzige deutsche Literatur zusammengeworfen. Sie haben – ich weiß nicht, ob absichtlich – in diesen Schriften dem Sozialismus eine philosophische Grundlage gegeben, und die Kommunisten haben diese Arbeiten auch sogleich in dieser weise verstanden.«[241] D.h. Feuerbachs Thesen werden zeitweilig von Marx als »philosophische Grundlage« der sozialistischen Forderungen rezipiert. Weitgehend übernommen wird in diesem Zusammenhang auch die durch Feuerbach vorgegebene Grundlinie der Hegelinterpretation und Spekulations-Kritik. Das Dialektik-Kapitel in den »Manuskripten« beispielsweise steht noch ganz unter diesem Einfluß und läßt sich überhaupt nicht verstehen, sofern von ihm abstrahiert wird. Wir halten es daher für notwendig, auf die Feuerbachschen Positionen – speziell auf seine Hegelkritik – gesondert

---

240 MEW Bd. 27, S. 401
241 Ebd. S. 425

einzugehen, ehe wir die Entwicklung der theoretischen Positionen des jungen Marx selbst weiterverfolgen.

2. Exkurs über Feuerbach

Die Marxsche Feuerbach-Rezeption ging, wie gesagt, weniger vom »Wesen des Christentums« selbst aus als vielmehr von einer Anzahl kürzerer Aufsätze Feuerbachs, unter denen insbesondere die »Vorläufigen Thesen zur Reform der Philosophie« und die »Grundsätze der Philosophie der Zukunft« zu nennen sind. Beiden Aufsätzen liegt das im »Wesen des Christentums« entwickelte Schema der Religions- und Theologiekritik zugrunde, das nunmehr auf die innerphilosophische Auseinandersetzung übertragen wird. Kern der Feuerbachschen Argumentation ist die These, bei der spekulativen Philosophie handele es sich um die versteckte (nämlich über ihre Negation vermittelte) Wiederherstellung der Theologie, »...das Geheimnis ...der spekulativen Philosophie [sei daher] die Theologie.«[242]

Grundlage der Feuerbachschen Religionskritik im »Wesen des Christentums« war die Rückführung der Theologie auf Anthropologie; seine Argumentation bestand, kurz zusammengefaßt, darin, daß nicht der Mensch eine Hervorbringung Gottes, vielmehr alle Gottvorstellungen Hervorbringungen des Menschen sind, in denen dieser sein eigenes Wesen außer sich setze und zu einem selbständigen Subjekt [bzw. Subjekten] vergegenständliche. Die Spekulations-Kritik folgt diesem Argumentationsmuster nun in direkter Parallelität: »Das Wesen der Theologie ist das transzendente, außer den Menschen hinausgesetzte Wesen des Menschen; das Wesen der Logik Hegels das transzendente Denken, das Denken des Menschen außer den Menschen gesetzt.«[243] Denn: »Abstrahieren heißt, das Wesen der Natur außer die Natur, das Wesen des Menschen außer den Menschen, das Wesen des Denkens außer den Denkakt setzen. Die Hegelsche Philosophie hat den Menschen sich selbst entfremdet, indem ihr ganzes System auf diesen Abstraktionsakten beruht. ...Der Hegelschen Philosophie fehlt unmittelbare Einheit, unmittelbare Gewißheit, unmittelbare Wahrheit.«[244]

---

242 Ludwig Feuerbach »Vorläufige Thesen zur Reformation der Philosophie«; in: ders. »Philosophische Kritiken und Grundsätze«, Verlag Philipp Reclam jun. Leipzig S. 169
243 Ebd. S. 172
244 Ebd. S. 173

Ausgangspunkt der Feuerbachschen Parallelisierung von Religion und Spekulation ist also, daß beide nicht beim sinnlich Gegebenen bzw. beim Menschen in seiner unmittelbaren Existenz stehenbleiben, vielmehr ein von diesem *Abgeleitetes* zum Prinzip und eigentlichen Subjekt, das unmittelbar Positive dagegen zum *Abgeleiteten* und Objekt machen, beide also Subjekt und Objekt vertauschen würden: »Die spekulative Philosophie hat sich desselben Fehlers schuldig gemacht als die Theologie – die Bestimmungen der Wirklichkeit oder Endlichkeit nur durch die *Negation* der Bestimmtheit in welcher sie sind, was sie sind, zu Bestimmungen, Prädikaten des Unendlichen gemacht.«[245] Die »Methode der reformatorischen Kritik der *spekulativen Philosophie überhaupt*« unterscheidet sich also »nicht von der bereits in der Religionsphilosophie angewandten. Wir dürfen nur immer das Prädikat zum Subjekt, und so das Subjekt zum Objekt machen – also die spekulative Philosophie nur umkehren, so haben wir die unverhüllte, die pure, blanke Wahrheit.«[246] Der Anfang der Philosophie sei nicht Gott oder das Absolute bzw. »das Sein als *Prädikat* der Idee«, sondern »der Anfang der Philosophie ist das Endliche, das Bestimmte, das Wirkliche.«[247]

Nun haben Religion und spekulative Methode in der Tat das gemein, das sie nicht beim unmittelbar Gegebenen stehenbleiben, das Wesen des Einzelnen vielmehr nicht in diesem *als unmittelbar Einzelnem*, sondern in einem über dieses hinausgehenden Prinzip suchen. Nur: der *Charakter* dieses Prinzips wie auch der Vorgang seiner *Konstituierung* sind in beiden Fällen diametral verschieden. Die Religion konstruiert – als Gegengewicht zu einem unbefriedigenden und entfremdeten Diesseits – ein irrational-mythisches Jenseits; dessen Funktion ist eine moralisch-politische, in keiner Weise jedoch eine der *Erkenntnis* dieses Diesseits in seinen inneren Zusammenhängen und Bewegungsformen. Die spekulative Methode indessen geht – richtig – von der ontologischen Priorität der prozessualen Komplexe vor ihren Elementen aus, davon, daß jedes Ganze, jedes System *mehr* ist als die Summe seiner Teile, nämlich ihr konkret strukturierter Bewegungszusammenhang, daß daher das Wesen des Einzelnen gerade nicht zu fassen ist, wenn es als *unmittelbares*, als ruhend und für sich bestehend aufgefaßt wird. D.h. das *Wesen* des einzelnen Elements erschließt sich überhaupt nur, wenn es als vermittelt in seinem Bewegungszusammenhang, in *seinem konkreten Allgemeinen* betrachtet wird, wiewohl es in diesem seinerseits nicht aufgeht. Wir haben diese objektive Dialektik von Struktur und Substrat, der die spekulative Methode in der logischen Figur des *übergreifenden Allgemeinen* Rechnung

---

245 Ebd. S. 177
246 Ebd. S. 170
247 Ebd. S. 176

trägt, in unserem Hegel-Kapitel ausführlich behandelt. Indem Feuerbach diese Zentralstelle der *Vermittlung* in der wissenschaftlichen Methode kritisiert, indem er fordert, »das Endliche [*unmittelbar!*] als das *nicht* Endliche, als das Unendliche zu erkennen«[248], indem er somit die Dialektik von Form und Materie, von Komplex und Element auf die alleinige Relevanz des jeweils letzteren reduziert, geht er nicht materialistisch über Hegel hinaus, sondern idealistisch-nominalistisch hinter Hegel zurück.

Das konkrete Allgemeine ist für Feuerbach ein bloß gedankliches Konstrukt, nicht ein *objektiver* – freilich in der Realität nie für sich isoliert existierender – Zug jedes prozessualen Komplexes selbst. Entsprechend postuliert er: »Der bisherige Gang der spekulativen Philosophie vom Abstrakten zum Konkreten, vom Idealen zum Realen ist ein verkehrter. Auf diesem Wege kommt man nie zur wahren, objektiven Realität, sondern immer nur zur Realisation seiner eigenen Abstraktionen...; nur die Anschauung der Dinge und Wesen in ihrer objektiven Wirklichkeit macht den Menschen frei und ledig aller Vorurteile.«[249] Aber gerade die Anschauung ist nicht *vorurteilslos*, d.h. objektiv, denn so, wie die Dinge und Sachverhalte sich *unmittelbar* geben, so *sind* sie nicht. Ihr wahres Sein liegt in ihrer Bewegung und Veränderung, in ihren Beziehungen und Zusammenhängen, erschließt sich daher erst in ihrer *Vermittlung,* und diese Vermittlung ist allein im Denken nachvollziehbar. Nicht das spekulative Denken, sondern die *unmittelbare Anschauung* ist *abstrakt*; nicht jenes, sondern diese isoliert die einzelnen Momente von den für ihren Charakter wesentlichen Zusammenhängen und faßt sie dadurch rein *subjektiv* auf. Folgerichtig bestimmt Feuerbach: »Das Sein, mit dem die Philosophie beginnt, kann nicht vom Bewußtsein, das Bewußtsein nicht vom Sein abgetrennt werden.«[250] Es ist die gleiche Dialektik, der gleiche immanente Umschlag eines sinnlich-mechanischen Materialismus in den subjektiven Idealismus, den Hegel bereits in der »Phänomenologie« im Kapitel über die »sinnliche Gewißheit« skizziert hatte.

Konsequenz der Feuerbachschen Positionen ist die Reduktion der Philosophie auf Anthropologie. War die Hegelsche Naturphilosophie im Kern darauf gerichtet, die Natur in ihrer menschenunabhängigen Realität, ihren *inneren* Zusammenhängen zu erfassen, gibt es für Feuerbach gar keine Ontologie der Natur als solcher: »Die neue Philosophie ist keine abstrakte Qualität mehr, keine besondere Fakultät – sie ist der *denkende Mensch* selbst – der Mensch, der ist und sich weiß als das selbstbewußte Wesen der Natur, als das Wesen der Ge-

---

248 Ebd. S. 176
249 Ebd. S. 177/178
250 Ebd. S. 178

schichte, als das Wesen der Staaten, als das Wesen der Religion ...«[251] Und dieses *menschliche Wesen* ist für Feuerbach seinem Prinzip entsprechend ein gesellschaftsunabhängiges, überhistorisches Abstraktum. Im Bereich der Gesellschaftstheorie wird sein Zurückfallen hinter Hegel insofern noch deutlicher als in dem der Naturontologie. Im Begriff des objektiven *Geistes* suchte Hegel, wie wir sahen, die komplizierte Dialektik zwischen dem menschlichen Individuum als unmittelbar Einzelnem und den konkret geschichtlichen Zusammenhängen, in die es als handelndes eingebunden ist und die seinen Charakter prägen, auszudrücken. Feuerbach indessen faßt den Menschen nicht als spezifisch gesellschaftlich und historisch bestimmten; die Gesellschaft erscheint vielmehr als die bloße *Summe der einzelnen* Individuen und *das* »menschliche Wesen« als deren *unmittelbares* Attribut. Aber gerade als *unmittelbarer*, von seinem spezifischen gesellschaftlichen Umfeld losgelöster ist der Mensch weder Subjekt noch Wesen. Er ist nicht die unveränderliche *Grundlage* der verschiedenen historischen Gesellschaftsformen, sondern erst in deren konkreten Zusammenenhängen, die seine Interessenlage und damit seine Handlungen wie deren Spielräume bestimmen, ist er, was er ist. Die Hegelsche Fassung des menschlichen Wesens im je konkret historischen Begriff des objektiven Geistes kommt der späteren Marxschen Bestimmung des Menschen als »Ensemble der gesellschaftlichen Verhältnisse« insofern weit näher als die Feuerbachsche Anthropologie. (Deren Bestimmung von Wesen und Erscheinung als *unmittelbar* identischer Größen zudem eine völlig unkritische, ja apologetische Tendenz gegenüber der je existierenden gesellschaftlichen Realität enthält.)

Recht hat Feuerbach Hegel gegenüber eigentlich nur dort, wo seine Polemik die zweite, gegenläufige Tendenz der Hegelschen Methodologie betrifft: das Bestreben Hegels, das Einzelne nicht nur als in *seinem* Allgemeinen vermitteltes zu begreifen, sondern es *rein innerlogisch* aus einem kategorial weit höher stehenden Allgemeinen – nämlich aus den logischen Kategorienverhältnissen als solchen – abzuleiten und damit das in der spekulativen Methode (in der Figur des *übergreifenden Allgemeinen*) anerkannte und in die logische Entwicklung integrierte Moment des Kontingenten, Zufälligen doch wieder zu beseitigen, es in absolute Notwendigkeit und Voraussetzungslosigkeit aufzulösen. D.h. recht hat Feuerbach, wenn er auf der unaufhebbaren Heterogenität des Seins beharrt, auf der Unauflösbarkeit der konkreten Inhalte in logische Formen. Recht hat er, sofern er die Unmöglichkeit konstatiert, ein Seiendes in seinem konkreten Geradesosein rein apriori zu deduzieren, wenn er den Bezug auf Außerlogisches, konkret Seiendes für jede Erkenntnis einfordert. »Der Beweis, daß etwas ist, hat

---

251 Ebd. S. 187

keinen anderen Sinn, als daß etwas nicht nur Gedachtes ist. Dieser Beweis kann aber nicht aus dem Denken selbst geschöpft werden. Wenn zu einem Objekt des Denkens das Prädikat des Seins hinzukommen soll, so muß vom Denken selbst etwas vom Denken Unterschiedenes hinzukommen.«[252] Recht hat Feuerbach schließlich, wenn er der junghegelianschen Fassung des menschlichen Wesens als *abstraktes Selbstbewußtsein* – d.h. als reine souveräne Denkhaltung – die Bestimmung des Menschen als eines materiell-sinnlichen und damit zugleich abhängigen Wesens entgegenstellt. »Ein Wesen ohne Not ist ein Wesen ohne Grund. Nur was leiden kann, verdient zu existieren. ...Ein Wesen ohne Leiden ist aber nichts anderes als ein Wesen ohne Sinnlichkeit, ohne Materie.«[253]

Aber erstens vereinseitigt Feuerbach die Dialektik von Apriorischem und Aposteriorischem im Denken wieder zur alleinigen Relevanz des Aposteriori und reduziert die konkrete *Seinsanalyse* auf unmittelbare *Seinsanschauung, Sinnlichkeit*: »Das Wirkliche in seiner Wirklichkeit oder als Wirkliches ist das Wirkliche als Objekt des Sinns, ist das Sinnliche. Wahrheit, Wirklichkeit, Sinnlichkeit sind identisch.«[254] Zweitens haben wir gesehen, daß die spekulative Methode in ihrer eigentlichen Konzeption bereits auf der *Integration* dieses unaufhebbaren »Gegenstoßes« des Kontingenten, Unableitbaren – nicht auf der Abstraktion von ihm – beruhte, folglich selbst bereits als konkrete Einheit von innerlogischer und Seinsreflexion konzipiert war. Drittens schließlich hat sich gezeigt, daß die Reduktion des Menschen auf abstraktes Selbstbewußtsein eindeutig kein Moment der Hegelschen Philosophie, sondern ausschließlich ihrer junghegelianischen Rezeption darstellt. Der Kern des Hegelschen Geistbegriff liegt vielmehr gerade darin, den Einzelnen als *abhängig* von und *bestimmt* durch sein konkretes gesellschaftliches Umfeld zu begreifen; dieses Umfeld wird von Hegel als Gefüge konkreter bewußtseinsunabhängiger Strukturen gefaßt und das Agieren des Einzelnen als primär von materiellen Interessen geleitetes, wobei deren *konkrete Äußerung* freilich von der gesellschaftlichen Realität und der Stellung des Einzelnen in ihr abhängt und sich aus genau diesem Grunde nicht psychologisch-anthropologisch erklären läßt.

Die Wirkung der Feuerbachschen Argumentationsmuster auf die theoretische Entwicklung des jungen Marx – im Sinne seiner Wendung zum Materialismus – ist insofern in der marxistischen Rezeptionsgeschichte allgemein überschätzt worden. Marx weitgehende, bis in Diktion und Sprache reichende Annäherung an Feuerbach beschränkt sich auf den eng begrenzten Zeitraum zwischen 1843

---

252 Ludwig Feuerbach »Grundsätze der Philosophie der Zukunft«; Ebd. S. 234
253 Ludwig Feuerbach »Vorläufige Thesen...«; a.a.O. S. 180
254 Ludwig Feuerbach »Grundsätze der Philosophie der Zukunft«; a.a.O. S. 247

und 45 und erfolgte selbst in dieser Zeit nie völlig kritiklos. Mit den Feuerbach-Thesen von 1845 geht Marx bereits wieder auf deutliche Distanz; und mit der ersten Formulierung der Grundthesen des Historischen Materialismus in der »Deutschen Ideologie« erscheint Feuerbach nunmehr gleichrangig neben Bauer und Stirner als »Repräsentant der neuesten deutschen Philosophie« und wird wie diese Gegenstand einer vernichtenden Kritik.

In welcher Weise Marx zwischen 1843 und 1845 mit der Feuerbachschen Begrifflichkeit experimentiert und auf diesem Wege versucht, auf den ihn eigentlich interessierenden Gebieten der politischen Theorie wie der Kritik der spekulativen Methode größere Klarheit zu gewinnen, werden wir zunächst anhand der Fragment gebliebenen Marxschen Kritik der Hegelschen Rechtsphilosophie untersuchen, ehe wir schließlich zu den »Ökonomisch-philosophischen Manuskripten« selbst übergehen.

3. Marx' Kritik der Hegelschen Rechtsphilosophie von 1843

Im März 1843 schrieb Marx über Feuerbachs »Vorläufige Thesen zur Reform der Philosophie« an Ruge folgendes: »Feuerbachs Aphorismen sind mir nur in dem Punkt nicht recht, daß er zu sehr auf die Natur, und zu wenig auf die Politik hinweist. Das ist aber das einzige Bündnis, wodurch die jetzige Philosophie eine Wahrheit werden kann. Doch wirds wohl gehen wie im 16ten Jahr., wo den Naturenthusiasten eine andere Reihe von Staatsenthusiasten entsprach.«[255]

Mit dem Vorhaben, eine Kritik der Hegelschen Rechtsphilosophie und zugleich der spekulativen Methode zu schreiben, trug sich Marx – wie aus dem Briefwechsel hervorgeht – bereits in seiner Zeit als Redakteur der »Rheinischen Zeitung«. Ursprünglich sollte u.a. darin sein Beitrag für Ruges »Anecdota« bestehen. Die Arbeit rückte jedoch zunächst nicht voran. Im Sommer 1943 – nach der Lektüre der Feuerbachschen »Vorläufigen Thesen« und unter ihrem unmittelbaren Eindruck – unternahm Marx einen zweiten, neuen Anlauf. Sein Ergebnis ist die uns erhalten gebliebene detaillierte kritische Analyse der § 261 bis 313 der Hegelschen »Rechtsphilosophie.« Sowohl die gegenüber den Artikeln der »Rheinischen Zeitung« modifizierte Staatsauffassung Marx' als auch die Art und Weise seiner Auseinandersetzung mit der Hegelschen Methode verraten nunmehr deutlich den Einfluß Feuerbachs.

---

255 MEW Bd. 27, S. 417

Grundthese der Marxschen Methoden-Kritik ist es – und hierin folgt sie ganz den Feuerbachschen Vorgaben – daß die Spekulation die *wirklichen Verhältnisse* zur bloßen Erscheinung mache, *hinter der* die eigentliche, die spekulativ-logische Entwicklung vorgehe: »Die gewöhnliche Empirie hat nicht ihren eigenen Geist, sondern einen fremden zum Gesetz, wogegen die wirkliche Idee nicht eine aus ihr selbst entwickelte Wirklichkeit, sondern die gewöhnliche Empirie zum Dasein hat.«[256] Dieses »fremde Gesetz« seien die allgemein-logischen Kategorienverhältnisse als solche; mittels ihrer suche Hegel die empirischen Gegebenheiten des bestehenden Staates zu begründen, indem er zwischen beiden ein logisches Ableitungsverhältnis konstruiere, das naturgemäß inhaltsleer bleiben muß: »Der Inhalt liegt im exoterischen Teil. Das Interesse des esoterischen ist immer das, die Geschichte des logischen Begriffs im Staat wiederzufinden. An der exoterischen Seite aber ist es, daß die eigentliche Entwicklung vor sich geht.«[257] So würde beispielsweise der Übergang von Familie und bürgerlicher Gesellschaft in den Staat »... nicht aus dem *besondern* Wesen der Familie etc. und dem besonderen Wesen des Staats, sondern aus dem *allgemeinen* Verhältnis von *Notwendigkeit* und *Freiheit* hergeleitet. Es ist ganz derselbe Übergang, der in der Logik aus der Sphäre des Wesens in die Sphäre des Begriffs bewerkstelligt wird.«[258] Noch deutlicher wird die Richtung der Marxschen Kritik an einer anderen Stelle: »Auf der einen Seite: Kategorie 'Subsumtion' des Besonderen etc. Dies muß verwirklicht werden. Nun nimmt er irgendeine der empirischen Existenzen des preußischen oder modernen Staats (wie sie ist, mit Haut und Haar), welche unter anderem auch diese Kategorie verwirklicht, obgleich mit derselben nicht ihr spezifisches Wesen ausgedrückt ist. Die angewandte Mathematik ist auch Subsumtion etc. Er hält nur die *eine* Kategorie fest und begnügt sich damit, eine entsprechende Existenz für sie zu finden. Hegel gibt seiner Logik einen politischen Körper; er gibt nicht die Logik des politischen Körpers.«[259] Also: »Wie das Allgemeine als solches verselbständigt wird, wird es unmittelbar mit der empirischen Existenz konfundiert, wird das Beschränkte unkritischerweise sofort für den Ausdruck der Idee genommen.«[260] Dadurch verkehrten sich bei Hegel Subjekt und Objekt; die wirklichen Verhältnisse und wirklichen Subjekte würden zu bloßen Prädikaten der *logischen* Idee. »Er hat zu einem Produkt, zu einem Prädikat der Idee gemacht, was ihr Subjekt

---

256 MEW Bd. 1, S. 206
257 Ebd. S. 206
258 Ebd. S. 208/209
259 Ebd. S. 250
260 Ebd. S. 244

ist. Er entwickelt sein Denken nicht aus dem Gegenstand, sondern den Gegenstand nach einem mit sich fertig und in der abstrakten Sphäre der Logik mit sich fertig gewordenen Denken. Es handelt sich nicht darum, die bestimmte Idee der politischen Verfassung zu entwickeln, sondern es handelt sich darum, der politischen Verfassung ein Verhältnis zur abstrakten Idee zu geben.«[261]

Diese Marxsche – den Feuerbachschen Argumentationsmustern weitgehend folgende – Kritik ist insofern berechtigt, als sich in der »Rechtsphilosophie« die zwei Methoden Hegels in der Tat überlagern und daher wirklich zwei Begründungsweisen parallel laufen: 1. die konkret-inhaltliche Ableitung der Struktur des bonapartistischen Staates aus den – begrifflich gefaßten – Bewegungsformen und Entwicklungstendenzen der frühkapitalistischen Gesellschaft; und 2. der Versuch, dieses gesamte Gesellschaftsmodell – die ökonomische wie die politische Sphäre – vermittels der allgemein-logischen Kategorienverhältnisse *absolut* zu begründen. D.h. zum einen geht es um die Ableitung der *historischen* Vernünftigkeit des konkreten Staatsaufbaus aus den *gegebenen* gesellschaftlichen Voraussetzungen; zum anderen geht es um den Nachweis seiner *Vernünftigkeit an sich*, zu welchem Zweck dann die logischen Kategorienverhältnisse als solche herangezogen werden. Daß in letzterem das eigentliche Anliegen seiner »Rechtsphilosophie« liegt, erörtert Hegel bereits im Vorwort; er beschreibt die »Rechtsphilosophie« dort als »Versuch, den Staat als ein in sich Vernünftiges zu begreifen und darzustellen«[262] und hebt dies ausdrücklich von einer *bloß historischen* Begründung ab. Freilich wird dieser absolute Begründungsanspruch von Hegel selbst sofort wieder relativiert, indem er auf die Gebundenheit jeder Philosophie an ihren konkret historischen Horizont verweist: » ...so ist auch die Philosophie <u>ihre Zeit in Gedanken</u> erfaßt. Es ist ebenso töricht zu wähnen, irgendeine Philosophie gehe über ihre gegenwärtige Welt hinaus, als, ein Individuum überspringe seine Zeit ...«[263] Dessenungeachtet steht hinter der Hegelschen »Rechtsphilosophie« doch der Anspruch einer *absoluten Begründung* des entsprechenden Staatsmodells, indem dieses sich rein logisch aus *dem Begriff des Willens* ergeben soll. Daß dieser Anspruch einer logisch-apriorischen Ableitung natürlich nicht eingelöst wird, Hegel vielmehr bei jedem neuen Begriff, in jeder neu eröffneten Sphäre eine Vielzahl konkreter Bestimmungen zunächst empirisch aufnimmt und dann logisch ihre Zusammenhänge und Beziehungen sowie die in ihnen implizierten Tendenzen entwickelt, also genau das tut, was seine spekulative Methodologie vorschreibt, ist eine andere Frage.

---

261 Ebd. S. 213
262 G.W.F. Hegel »Grundlinien der Philosophie des Rechts« a.a.O. S. 26
263 Ebd. S. 26

Betrachten wir kurz Hegelschen Bestimmungen: Hegel beginnt mit einer Analyse der Bewegungsformen der bürgerlichen Gesellschaft, die er auf Grundlage der nationalökonomischen Begrifflichkeit vornimmt; ganz materialistisch leitet er dann aus der Teilung der Arbeit, der Vermögen und der unterschiedenen Quelle des Einkommens die verschiedenen Stände – als je spezifische Interessengruppen – ab: »Die unendlich mannigfachen Mittel und deren ebenso unendlich sich verschränkende Bewegung in der gegenseitigen Hervorbringung und Austauschung *sammelt* durch die ihrem Inhalt innewohnende Allgemeinheit und *unterscheidet* sich in *allgemeinen Massen*, so daß der ganze Zusammenhang sich zu *besonderen Systemen* der Bedürfnisse, ihrer Mittel und Arbeiten, der Arten und Weisen der Befriedigung und der theoretischen und praktischen Bildung – Systemen, denen die Individuen zugeteilt sind –, zu einem Unterschiede der *Stände* ausbildet.«[264] Dies wird anhand der einzelnen Stände konkretisiert, deren Charakter und Interessenlage Hegel relativ klar aus ihrer Stellung im gesellschaftlichen Produktionsprozeß entwickelt. Parallel zu dieser konkreten Ableitung indessen findet sich wiederum eine allgemein logische Bestimmung, durch die die entsprechende Ständegliederung sich als eben nicht allein historisch, sondern *absolut* begründet erweisen soll: »Die Stände bestimmen sich nach *dem Begriffe* als der *substantielle* oder unmittelbare, der reflektierende oder *formelle* und dann der *allgemeine* Stand.«[265] Ähnlich widersprüchlich vollzieht sich die Entwicklung des Staates aus der bürgerlichen Gesellschaft. Zum einen begründet Hegel ganz konkret anhand der Bewegungsformen der bürgerlichen Gesellschaft, daß diese – uneingeschränkt ihren Eigengesetzlichkeiten überlassen – ihre Reproduktion nicht in geregelten Bahnen aufrechtzuerhalten vermag: »Die verschiedenen Interessen der Produzenten und Konsumenten können in Kollision miteinander kommen, und wenn sich zwar das richtige Verhältnis *im Ganzen* von selbst herstellt, so bedarf die Ausgleichung auch einer über beiden stehenden, mit Bewußtsein vorgenommenen Regulierung ...Vornehmlich aber macht die Abhängigkeit großer Industriezweige von auswärtigen Umständen und entfernten Kombinationen, welche die an jene Sphären angewiesenen und gebundenen Individuen in ihrem Zusammenhang nicht übersehen können, eine allgemeine Vorsorge und Leitung notwendig.«[266] Das »besondere Interesse« berufe sich freilich auf seine »Freiheit« und stelle sich jener »höheren Regulierung« entgegen; es » ...bedarf aber, je mehr es blind in den selbstsüchtigen Zweck vertieft [ist], um so mehr einer solchen, um zum

---

264 Ebd. S. 354
265 Ebd. S. 355
266 Ebd. S. 384/ 385

Allgemeinen zurückgeführt zu werden und um die gefährlichen Zuckungen und die Dauer des Zwischenraumes, in welchem sich die Kollisionen auf dem Wege bewußtloser Notwendigkeit ausgleichen sollen, abzukürzen und zu mildern.«[267] Der naive Glaube an die die Eigensucht der bürgerlichen Klasse *automatisch* und *unmittelbar* in einen Beitrag zum Allgemeinwohl umbiegenden Markgesetze – ein Glaube, auf den sich noch die klassische Nationalökonomie gründet – ist Hegel fremd. Er durchschaut die immanente Krisentendenz der bürgerlichen Gesellschaft und leitet aus ihr die Notwendigkeit regulierender staatlicher Eingriffe ab. Im besonderen erkennt Hegel, daß eine sich selbst überlassene bürgerliche Ökonomie unaufhebbar zu immer krasseren sozialen Gegensätzen führt: »Wenn die bürgerliche Gesellschaft sich in ungehinderter Wirksamkeit befindet, so ist sie innerhalb ihrer selbst in fortschreitender Bevölkerung und Industrie begriffen. – Durch die Verallgemeinerung des Zusammenhangs der Menschen durch ihre Bedürfnisse und der Weisen, die Mittel für diese zu bereiten und herbeizubringen, vermehrt sich die *Anhäufung der Reichtümer* – denn aus dieser gedoppelten Allgemeinheit wird der größte Gewinn gezogen – auf der einen Seite, wie auf der andern Seite die *Vereinzelung* und *Beschränktheit* der besonderen Arbeit und damit die Abhängigkeit und *Not* der an diese Arbeit gebundenen Klasse, womit die Unfähigkeit der Empfindung und des Genusses der weiteren Freiheiten und besonders der geistigen Vorteile der bürgerlichen Gesellschaft zusammenhängt. ...Das Herabsinken einer großen Masse unter das Maß einer gewissen Subsistenzweise, die sich von selbst als die für ein Mitglied der Gesellschaft notwendige reguliert ...bringt die Erzeugung des *Pöbels* hervor, die hinwiederum zugleich die größere Leichtigkeit, unverhältnismäßige Reichtümer in wenige Hände zu konzentrieren, mit sich führt.«[268] Und Hegel folgert: »Es kommt hierin zum Vorschein, daß bei dem *Übermaße des Reichtums* die bürgerliche Gesellschaft *nicht reich genug* ist, d.h. an dem ihr eigentümlichen Vermögen nicht genug besitzt, dem Übermaße der Armut und der Erzeugung des Pöbels zu steuern.«[269] Aus der Notwendigkeit, diese zu ebenso krasser Armut wie übermäßigem Reichtum führenden Eigengesetze der kapitalistischen Warenproduktion einzudämmen, leitet Hegel zunächst die Zweckmäßigkeit der *Korporationen* ab; ihre Aufgabe sei es, » ...für die ihr Angehörigen die Sorge gegen die besonderen Zufälligkeiten sowie für die Bildung zur Fähigkeit, ihr zugeteilt zu werden, tragen – überhaupt für sie als *zweite* Familie einzutreten, welche Stellung für die allgemeine, von den Individuen und ihrer besondern Notdurft ent-

---

267 Ebd. S. 385
268 Ebd. S. 389
269 Ebd. S. 390

ferntere bürgerliche Gesellschaft unbestimmter bleibt.«[270] Die Korporation wird sodann – neben der Familie – zur *Wurzel* des Staates, dem die Aufgabe zukommt, die allgemeinen Interessen als solche gegen die Eigensucht der einzelnen Stände und die immanenten Gesetzlichkeiten der bürgerlichen Gesellschaft gelten zu machen.

Die Notwendigkeit des Staates wird also ganz konkret aus der immanenten Instabilität der bürgerlichen Gesellschaft abgeleitet. Aus dieser Ableitung ergibt sich zugleich die konkrete Funktion dieses Staates als Interessenvermittler; diese Funktion wiederum setzt seine relative Souveränität und Unabhängigkeit gegenüber den einzelnen Ständen voraus, die nur durch eine bürokratische Hierarchie gewährleistet werden kann. Insoweit wird die konkrete Struktur des bonapartistischen Staates völlig materialistisch aus der ökonomischen und Klassenstruktur der frühkapitalistischen Gesellschaft entwickelt. Parallel sucht Hegel nun jedoch diesen Staat als *an sich vernünftig*, als nicht nur historisch, sondern *absolut in sich* begründet zu erweisen. D.h. er versucht, die innere Verfassung der konstitutionellen Monarchie – parallel zu ihrer konkret historischen Ableitung – als strukturelle Entsprechung allgemein logischer Kategorienverhältnisse darzustellen und damit ihre *Vernünftigkeit an sich* – überhistorisch – zu begründen.

Diese doppelte Begründungsstruktur finden wir durchgehend in der Hegelschen »Rechtsphilosophie«. Wobei Hegel allerdings gelegentlich darauf verweist, daß die für die *Wirklichkeit* eines Seienden einzig relevante Begründung die konkret inhaltliche ist (wodurch er das gegenläufige, rein logisch-formale Moment seiner Methode genau genommen selbst als *überflüssig* verwirft). So heißt es u.a. in einer Anmerkung zum System der Rechtspflege: »Einerseits ist es durch das System der Partikularität, daß das Recht äußerlich notwendig wird als Schutz für die Besonderheit. Wenn es auch aus dem Begriffe kommt, so tritt es doch nur in die Existenz, weil es nützlich für die Bedürfnisse ist.«[271]

Soweit sie das gegenläufige, rein formale Moment der Hegelschen Methode betrifft, ist die Marxsche Kritik – wie schon diejenige Feuerbachs – vollauf gerechtfertigt. Marx' Übernahme der Feuerbachschen Argumentationsmuster darf freilich nicht darüber hinweg täuschen, daß die *Motive* seiner Kritik von denjenigen Feuerbachs deutlich verschieden sind. Der Kern der Marxschen Spekulationskritik ist nämlich ein politischer: es geht ihm in erster Linie um die dem aufgezeigten Begründungsverfahren *immanente apologetische Tendenz*, um die – aus seinem rein formellen Charakter folgende – Nutzbarkeit desselben zur

---
270 Ebd. S. 394
271 Ebd. S. 361

Begründung und Rechtfertigung *beliebiger* Inhalte. Das ist der zentrale Punkt, um den sich die Marxsche Kritik der spekulativen Methode in Auseinandersetzung mit der Hegelschen »Rechtsphilosophie« dreht und auf den sie immer wieder zurückkommt: » ... denn es handelt sich nicht davon, die empirische Existenz zu ihrer Wahrheit, sondern die Wahrheit zu einer empirischen Existenz zu bringen, und da wird denn die zunächstliegende als ein *reales* Moment der Idee entwickelt.«[272] Die Hegelsche Methode verleihe so den bestehenden empirischen Verhältnissen eine spekulative Weihe; darin liege die Unbrauchbarkeit und der immanente Positivismus der Spekulation.

Das Problem der Marxschen Methodenkritik ist allerdings, daß er nicht nur – berechtigt – die *absolute* Begründung (bzw. Scheinbegründung) des bestehenden Staates vermittels allgemein-logischer Kategorienverhältnisse verwirft, sondern ebenso seine *historisch-relative* Ableitung aus den Gegebenheiten der bürgerlichen Gesellschaft in ihrem damaligen Entwicklungsstand. D.h. er verwirft nicht nur das formell-konstruktive, sondern auch das eigentliche, konkret-inhaltliche Moment der spekulativen Methode. Der Grund hierfür ist nun in erster Linie kein philosophischer, sondern ein politischer: er liegt darin, daß die Marxsche Gesellschaftsanalyse ein der Hegelschen genau *entgegengesetztes Ziel* verfolgt. Hegels Anliegen (soweit wir das Hauptmoment seiner Methode betrachten) ist es, aus den immanenten Bewegungsformen der bürgerlichen Gesellschaft jene staatlichen Institutionen, Regelungen und Gesetze zu begreifen, die die *Stabilität* dieser Gesellschaft als Ganzes und damit ihren *Erhalt* – in Gegenwirkung zu den ihr immanenten Instabilisierungstendenzen – gewährleisten. Sofern der konkrete Staatsaufbau der konstitutionellen Monarchie sich für diese Funktion als zweckmäßig erwies, war er für Hegel *konkret historisch* begründet und gerechtfertigt. *Diese* Ableitung ist nun aber tatsächlich ohne jeden Konstruktivismus möglich. Der Bonapartismus war zweifellos seinerzeit die dem Entwicklungsstand der bürgerlichen Gesellschaft auf dem europäischen Kontinent angemessene Staatsform und damit – unter dem Gesichtspunkt des *Systemerhalts* – konkret-historisch begründet und begründbar.

Marx freilich war nicht am *Erhalt*, sondern an der *Aufhebung* dieser Gesellschaft einschließlich ihres Staates interessiert; er wollte folglich nicht die Abfederung der ihr immanenten Destabilisierungstendenzen, sondern deren Entfaltung, nicht die Eindämmung ihrer Konflikte, sondern deren offene Austragung, nicht die Vermittlung ihrer widersprechenden Interessen, sondern ihren klaren Gegensatz und Kampf, kurz: Ziel seiner Gesellschaftsanalyse war nicht die *Begründung des Bestehenden*, sondern die *Begründung seiner Aufhebung und*

---

272 MEW Bd. 1, S. 241

Überwindung. Besonders deutlich wird dieser *politisch* gegensätzliche Ansatz in Marx' Kritik des Hegelschen Vermittlungsbegriffs. Er argumentiert gegen diesen: »Wirkliche Extreme können nicht miteinander vermittelt werden, eben weil sie wirkliche Extreme sind. Aber sie bedürfen auch keiner Vermittelung, denn sie sind entgegengesetzten Wesens. Sie haben nichts miteinander gemein, sie verlangen einander nicht, sie ergänzen einander nicht. Das eine hat nicht in seinem eigenen Schoß die Sehnsucht, das Bedürfnis, die Antizipation des andern.«[273] Er unterscheidet daraufhin drei Arten von Gegensätzen: 1. die »Differenz innerhalb der Existenz *eines* Wesen«[274]; 2. die »verselbständigte Abstraktion«[275], die naturgemäß ihr Gegenteil an sich hat; 3. den »wirklichen Gegensatz sich wechselseitig ausschließender Wesen«[276]. Hegels Hauptfehler sieht er darin, » ...daß er den Widerspruch der Erscheinung als Einheit im Wesen, in der Idee faßt, während er allerdings ein Tieferes zu seinem Wesen hat, nämlich einen wesentlichen Widerspruch.«[277]

Die Marxsche Unterscheidung ist genau genommen die zwischen dem Verhältnis, das zwei Bestimmungen als Momente *eines* konkreten Bewegungszusammenhangs zueinander haben – »Differenz innerhalb der Existenz *eines* Wesens« – einerseits und dem Verhältnis verschiedener prozessualer Komplexe als je relativer Totalitäten zueinander – »wirklicher Gegensatz sich wechselseitig ausschließender Wesen« – auf der anderen Seite. Nun ist diese Unterscheidung als solche auch Hegel nicht unbekannt; (als Erscheinung des letzteren Verhältnisses bestimmt er beispielsweise die Beziehungen von *Staaten* zueinander). Die Frage ist, inwiefern das Verhältnis von Klassen bzw. Institutionen (für Marx geht an dieser Stelle noch um letztere) innerhalb *einer* Gesellschaft als »Gegensatz sich wechselseitig ausschließender Wesen« gefaßt werden kann. Genau genommen doch nur dann, wenn eine bestimmte Institution (oder auch eine bestimmte Klasse) keine *notwendige Funktion* zur Aufrechterhaltung der gesellschaftlichen Lebensprozesse mehr besitzt, d.h. im konkreten Bewegungszusammenhang der gesellschaftlichen Reproduktion *keinen Grund* mehr findet. In dieser politischen Frage, nicht in der philosophischen Fassung des Vermittlungsbegriffs, liegt nun die eigentliche Differenz zwischen Marx und Hegel. Fürstliche Gewalt, Bürokratie sowie eine – freilich wenig einflußreiche – parlamentarische Repräsentationskörperschaft mit einem gewissen ständischen Element

---

273 Ebd. S. 292
274 Ebd. S. 293
275 Ebd. S. 293
276 Ebd. S. 293
277 Ebd. S. 296

sind wesentliche Grundzüge des bonapartistischen Staates; es ist diese Struktur, die seine relative Unabhängigkeit von den einzelnen Gesellschaftsklassen gewährleistet, ihm also ermöglicht, als vermittelndes Organ zu wirken und die destruktive Eigendynamik der bürgerlichen Gesellschaft im Interesse ihrer Stabilität einzudämmen. Der Hegelsche Vermittlungsbegriff entspricht also der *realen Wirkungsweise* der bonapartistischen Staaten. Marx lehnt diesen Begriff ausdrücklich nicht deshalb ab, weil er der Realität widerspräche, sondern weil in Marxens Augen diese Realität selbst *ein Widerspruch in sich* ist und *überwunden* werden muß.

Während Hegel freilich die Struktur des bonapartistischen Staates logisch-inhaltlich aus den Bewegungsformen der frühkapitalistischen Gesellschaft abzuleiten vermag, fehlen Marx zum damaligen Zeitpunkt noch alle konkret gesellschaftlichen Begriffe, um die postulierte Überwindung dieses Staats- (und Gesellschafts-)modells auch nur ansatzweise zu begründen. Er stellt der Hegelschen konkret historischen Rechtfertigung des bestehenden Staates daher nicht den ebenso konkret-historisch zu führenden Nachweis seiner Überlebtheit entgegen, sondern – die *wahre Idee des Staates*. Diese unterscheidet sich von der in Marx' Aufsätzen in der »Rheinischen Zeitung« entwickelten nun lediglich dadurch, daß sie nicht mehr vermittels abstrakt-logischer Kategorienverhältnisse begründet, sondern aus dem – freilich nicht minder abstrakten – Feuerbachianischen *Begriff des wirklichen Menschen* hergeleitet wird. Die Marxschen Begründungsstrukturen in der *Kritik* der Hegelschen Rechtsphilosophie werden so tatsächlich *idealistischer* als es die der von ihm kritisierten »Rechtsphilosophie« sind.

Betrachten wir die Marxsche Kritik der spekulativen Methode genauer, sehen wir, daß ihr Vorwurf an Hegel durchaus nicht darin liegt, daß dieser aus dem *Begriff bzw. der Idee des Staates* konstruiere, sondern gerade darin, daß er dies *nicht tut*. Hegels Fehler wird darin gesehen, daß dieser aus den logischen Kategorienverhältnissen als solchen unmittelbar zu den empirischen gegebenen Inhalten überspringt, daß er für jene nur immer ein *konkretes Beispiel* im unmittelbar Gegebenen *sucht*, anstatt die *wahren Bestimmungen* aus der *Idee des Staates* zu *entwickeln* und diese dann der empirischen Realität entgegenzustellen. Deutlich geht diese Richtung der Marxschen Methodenkritik aus der bereits zitierten Passage hervor: »Die gewöhnliche Empirie hat nicht ihren eigenen Geist, sondern einen fremden zum Gesetz, wogegen die wirkliche Idee <u>nicht eine aus ihr selbst entwickelte Wirklichkeit</u>, sondern die gewöhnliche Empirie zum Dasein hat.«[278] Und ganz ähnlich an anderer Stelle: »Es wird [bei Hegel] <u>von der ab-</u>

---

[278] Ebd. S. 206

strakten Idee ausgegangen, deren Entwicklung im Staat *politische Verfassung* ist. Es handelt sich also nicht von der politischen Idee, sondern von der abstrakten Idee im politischen Element. Dadurch, daß ich sage, 'dieser Organismus (sc. des Staats, die politische Verfassung) ist die Entwicklung der Idee zu ihren Unterschieden etc.', weiß ich noch gar nichts von der *spezifischen Idee* der politischen Verfassung. ...Das einzige Interesse ist, 'die Idee' schlechthin, die 'logische Idee' in jedem Element ...wiederzufinden und die wirklichen Subjekte, wie hier die 'politische Verfassung' werden zu bloßen *Namen*, so daß nur der Schein eines wirklichen Erkennens vorhanden ist.«[279] Oder hinsichtlich der Begründung des ständischen Elements: »Hegel will den Luxus des ständischen Elements nur der Logik zulieb. Das *Fürsichsein* der allgemeinen Angelegenheit als empirische Allgemeinheit soll ein Dasein haben. Hegel sucht nicht nach einer adäquaten Verwirklichung des 'Fürsichseins der allgemeinen Angelegenheit', er begnügt sich, eine empirische Existenz zu finden, die in diese logische Kategorie aufgelöst werden kann; das ist dann das ständische Element ...«[280] Abgesehen davon, daß Marx der Hegelschen Begründungsstruktur in dieser Kritik unrecht tut (denn parallel zur – konstruierten – Ableitung aus den logischen Kategorienverhältnissen gibt es ja bei Hegel, wie wir sahen, immer zugleich eine Begründung aus den konkret historischen Bedingungen der bürgerlichen Gesellschaft), – entscheidend ist, daß das, was Marx dem unmittelbaren Übersprung aus *logischen Kategorienverhältnissen* in *empirisch gesellschaftliche Gegebenheiten* entgegenstellt, nicht die Forderung eines *immanenten Begreifens* der konkreten Bewegungsformen dieses historisch Gegebenen (und daraus möglichst abzuleitenden Nachweises seiner Überlebtheit und Überwindbarkeit) ist, sondern die Forderung einer Entwicklung aus der *politischen Idee* als solcher. Wobei diese als überhistorische und zeitlos gültige verstanden wird. So fordert Marx ausdrücklich: » ...Hegel ist Rechtsphilosoph und entwickelt die Staatsgattung. Er darf nicht die Idee am Bestehenden, er muß das Bestehende an der Idee messen.«[281]

Diese überhistorisch *wahre Idee des Staates* leitet sich für Marx nun aus dem gleicherweise überhistorischen Feuerbachschen Begriff *des* Menschen als *Gattungswesen* ab. Im Gegensatz zu Feuerbach geht Marx allerdings nicht von der unmittelbaren *Existenz* der Identität von Wesen und Erscheinung aus, sondern wendet diese als politische Forderung gegen die ihr nicht entsprechende Realität. Die konkrete Marxsche Staatskritik bleibt dabei allerdings ganz im Rahmen

---

279 Ebd. S. 210/211
280 Ebd. S. 267
281 Ebd. S. 257

der Feuerbachschen Religionskritik: der bestehende bonapartistische Staat erscheint als *unwahr*, eben weil er auf einem Gegensatz zur bürgerlichen Gesellschaft beruht, d.h. weil sich in ihm das menschliche Gattungswesen *in einer gesonderten Sphäre* vergegenständlicht, statt im bürgerlichen Leben selbst. D.h. die *Unwahrheit* und *Widersprüchlichkeit* des bestehenden Staates liegt eben darin, daß er dem Feuerbachschen Begriff des »*wirklichen Menschen*« widerspricht.

Die Staatsform, die sich für Marx aus diesem Begriff als *die wahre* ergibt, ist die Demokratie. Diese sei »die Wahrheit der Monarchie«[282], »das aufgelöste *Rätsel* aller Verfassungen«[283]. Denn: »Hier ist die Verfassung nicht nur an sich, dem Wesen nach, sondern der *Existenz*, der Wirklichkeit nach in ihren wirklichen Grund, den *wirklichen Menschen*, das *wirkliche Volk*, stets zurückgeführt und als sein eigenes Werk gesetzt. Die Verfassung erscheint als das, was sie ist, freies Produkt des Menschen...«[284] Und: »Die Demokratie verhält sich in gewisser Hinsicht zu allen übrigen Staatsformen, wie das Christentum sich zu allen übrigen Religionen verhält. ...So ist die Demokratie das *Wesen aller Staatsverfassung*, der sozialisierte Mensch, als eine *besondere* Staatsverfassung; sie verhält sich zu den übrigen Verfassungen, wie die Gattung sich zu ihren Arten verhält ...«[285] Diese aus dem überhistorischen Abstraktum des *wirklichen Menschen* abgeleitete gleichermaßen überhistorische *Verfassungsgattung* wird nun der Realität des bonapartistischen Staates entgegengestellt. »Es versteht sich übrigens von selbst, daß alle Staatsformen zu ihrer Wahrheit die Demokratie haben und daher eben, soweit sie nicht die Demokratie sind, unwahr sind.«[286] Im konkreten besteht für Marx die Unwahrheit aller anderen Staatsformen darin, daß sie auf der Absonderung der politischen Sphäre gegenüber der bürgerlichen Gesellschaft beruhen, d.h. das Allgemeine gegenüber dem Besonderen, den »Gattungsinhalt« gegenüber dem empirischen Menschen in einer gesonderten – nämlich der politischen – Sphäre vergegenständlichten. »Die politische Verfassung war bisher die religiöse Sphäre, die Religion des Volkslebens, der Himmel seiner Allgemeinheit gegenüber dem irdischen Dasein seiner Wirklichkeit. Die politische Sphäre war die einzige Staatssphäre im Staat, die einzige Sphäre, worin der Inhalt wie de Form Gattungsinhalt, das wahrhaft Allgemeine war, aber zugleich so, daß, weil diese Sphäre den andern gegenüberstand, auch

---

282 Ebd. S. 231
283 Ebd. S. 231
284 Ebd. S. 231
285 Ebd. S. 231
286 Ebd. S. 232

ihr Inhalt zu einem formellen und besonderen wurde.«[287] Die Demokratie indessen erscheint als Realisierung der – Feuerbachschen – Bestimmung *des Menschen* als eines mit seinem Gattungswesen unmittelbar identischen Wesens, als »wahre Einheit des Allgemeinen und des Besonderen«[288].

Marxens Polemik gegen die Hegelsche »Rechtsphilosophie« – gegen deren Begründung der »fürstlichen Gewalt«, des »ständischen Elements«, der Bürokratie – stützt sich nun vor allem darauf, daß Hegel in all diesen Bestimmungen den »unwirklichen Gegensatz«[289] von politischer Sphäre und gesellschaftlichem Untergrund *voraussetze*; – und *unwirklich* ist dieser Gegensatz für Marx ausdrücklich nicht deshalb, weil er der Realität widerspräche; unwirklich sind er *und* die ihm entsprechende Realität vielmehr, weil sie dem Feuerbachschen *Begriff des Menschen* widersprechen. Marx Kritik konzentriert sich entsprechend darauf, daß Hegel zwar von *realen* Verhältnissen und Gegensätzen ausgehe, diese Verhältnisse jedoch keinen *objektiven Grund* besäßen, sondern lediglich auf *bestimmte Institutionen* bzw. *subjektive Vorstellungen* zurückzuführen seien: »Hegel geht von der *Trennung* des 'Staats' und der 'bürgerlichen Gesellschaft', den 'besonderen Interessen' und dem 'an und für sich seienden Allgemeinen' aus, und allerdings basiert die Bürokratie auf *dieser Trennung.*«[290] Und nochmals: »Hegel geht von einem unwirklichen Gegensatz aus und bringt es daher nur zu einer imaginären, in Wahrheit selbst wieder gegensätzlichen Identität. Eine solche Identität ist die Bürokratie.«[291] Oder an anderer Stelle: »Der Gegensatz von Staat und bürgerlicher Gesellschaft ist also [bei Hegel] fixiert; der Staat residiert nicht in, sondern außerhalb der bürgerlichen Gesellschaft; er berührt sie nur durch seine Abgeordneten, denen die ›*Besorgung des Staats*‹ innerhalb dieser Sphären anvertraut ist ...Der Staat wird als ein dem Wesen der bürgerlichen Gesellschaft Fremdes und Jenseitiges von Deputierten dieses Wesens gegen die bürgerliche Gesellschaft geltend gemacht..«[292]; Und: »Die Identität, die er zwischen bürgerlicher Gesellschaft und Staat konstruiert hat, ist die Identität *zweier feindlicher Heere*, wo jeder Soldat die Möglichkeit hat, durch Desertion Mitglied des feindlichen Heeres zu werden...«[293] usw. usf.

Es ist unseres Erachtens keine Frage, daß es an dieser Stelle Hegel ist, der

---

287 Ebd. S. 233
288 Ebd. S. 231
289 Ebd. S. 250
290 Ebd. S. 247
291 Ebd. S. 250
292 Ebd. S. 252
293 Ebd. S. 253

sich der Marxschen Kritik gegenüber im Recht befindet. Denn der in Marxens Augen »unwirkliche Gegensatz«, von dem die Hegelsche »Rechtsphilosophie« ausgeht, ist in der Tat der *reale* und *objektiv begründete* innere Gegensatz der bonapartistischen Staats- und Gesellschaftsform; es waren die *objektiven* Eigengesetzlichkeiten der bürgerlichen Produktion, die zu einer Verselbständigung des Besonderen und sich zuspitzenden sozialen Gegensätzen führten, die folglich – den Zweck des Systemerhalts vorausgesetzt – die *gegenwirkenden* Eingriffe des Staates erforderlich machten. Um die Hegelschen Bestimmungen zu widerlegen, müßte Marx die objektive Entwicklungstendenz und die Möglichkeit der Aufhebung dieses Gesellschaftsmodells *an seinen eigenen Bewegungsformen* aufzeigen. Dies entspräche der spekulativen Methode und ginge doch über Hegel hinaus. Marx indessen fällt hinter Hegel zurück, indem er dessen konkret historischer Analyse des *bestehenden Staates* lediglich das überhistorische Abstraktum des *wahren Staates* entgegenzustellen hat, das in der gegebenen gesellschaftlichen Realität keinerlei Grundlage besitzt. Die Möglichkeit, von dieser zu jenem zu gelangen wie auch die konkrete innere Verfaßtheit dieses *wahren Staates* bleiben daher völlig unbestimmt. Die Kritik reduziert sich so auf abstrakte Postulate. Etwa diesem: »Im wahren Staat handelt es sich nicht um die Möglichkeit jedes Bürgers, sich dem allgemeinen als einem besondern Stand zu widmen, sondern um die Fähigkeit des allgemeinen Standes wirklich allgemein, d.h. der Stand jedes Bürgers zu sein.«[294]

Wir kommen zu dem Ergebnis, daß die Methode der »Rechtsphilosophie« tatsächlich materialistischer ist als die ihrer Marxschen Kritik. Hegel *entwickelt* die inneren Gegensätze der bestehenden Ordnung aus den Bewegungsformen der bürgerlichen Gesellschaft, Marx stellt diesen objektiven Gegensätzen das *abstrakte Postulat* ihrer Aufhebung im *wahren Staat* entgegen; Hegel *konstatiert* den eigensüchtigen Bourgeois als konstituierendes Element der bürgerlichen Gesellschaft, Marx *postuliert* die Identität von bürgerlichem und Gattungsleben des Menschen, die Einheit von Bourgeois und Citoyen; Hegel *erkennt* die Funktion des bonapartistischen Staates als eines dämpfenden Regulativs der bürgerlichen Sphäre, Marx *fordert*, die »bürgerliche Gesellschaft [sei]...*wirkliche* politische Gesellschaft«[295] und sieht den Grund der Trennung beider Sphären in »der theologischen Vorstellung[!] des politischen Staats«[296]. D.h. Hegel begreift die Zusammenhänge und inneren Gegensätze der kapitalistischen Gesellschaft in ihrer bonapartistischen Form als *objektive*; Marx leugnet

---

294 Ebd. S. 253
295 Ebd. S. 325
296 Ebd. S. 325

zwar nicht die Realität, wohl aber die *Objektivität* dieser Gegensätze und sieht ihren Grund lediglich in bestimmten *Institutionen* bzw. *subjektiven Vorstellungen*; er verlangt folgerichtig die Aufhebung dieser Gegensätze, vermag diese Forderung vorerst jedoch allein in Feuerbachs überhistorisch-abstraktem Begriff *des* Menschen zu gründen.

4. Der Standpunkt der »Ökonomisch-philosophischen Manuskripte«: Die »Entfrem-dungs«-Theorie als universalhistorische Konstruktion

Die Begründung der politischen Forderungen in »Zur Judenfrage« und »Zur Kritik der Hegelschen Rechtsphilosophie. Einleitung«

Die skizzierte weitgehend idealistische Begründungsstruktur, deren sich Marx in der Auseinandersetzung mit dem Hegelschen Staatsrecht bedient, steht scheinbar im Widerspruch zu jenem Programm, das er in einem nahezu zeitgleich für die »Deutsch-Französischen Jahrbücher« verfaßten Brief an Ruge entworfen hatte; er charakterisiert seine Position dort folgendermaßen: »Wir treten der Welt nicht doktrinär mit einem neuen Prinzip entgegen: Hier ist die Wahrheit, hier kniee nieder! Wir entwickeln der Welt aus den Prinzipien der Welt neue Prinzipien. Wir sagen ihr nicht: Laß ab von deinen Kämpfen, sie sind dummes Zeug; wir wollen dir die wahre Parole des Kampfes zuschrein. Wir zeigen ihr nur, warum sie eigentlich kämpft, und das Bewußtsein ist eine Sache, die sie sich aneignen *muß*, wenn sie auch nicht will.«[297] Es komme also darauf an, » ...aus den *eigenen* Formen der existierenden Wirklichkeit die wahre Wirklichkeit als ihr Sollen und ihren Endzweck zu entwickeln.«[298]

Der Kontext, in dem diese Formulierungen stehen, macht jedoch deutlich, daß die in ihnen postulierte *objektive Begründung* der politischen Forderungen wiederum nur die Übertragung der Argumentationsfigur der Feuerbachschen Religionskritik auf die Kritik der bestehenden Gesellschaft meint. Hatte Feuerbach die *Religion* als das Verhalten des Menschen zu sich als *zu einem anderen, von ihm abgesonderten* Wesen aufgefaßt, das göttliche Wesen also »als das menschliche Wesen..., abgesondert von den Schranken des individuellen, d.h.

---

297 Ebd. S. 345
298 Ebd. S. 345

wirklichen, leiblichen Menschen, vergegenständlicht, d.h. angeschaut und verehrt als ein anderes, von ihm unterschiedenes, eigenes Wesen«, bestimmt Marx in genauer Parallelität dazu den *repräsentativen Staat* als Vergegenständlichung des menschlichen Gattungswesens in einer selbständigen Sphäre, *abgesondert vom wirklichen Menschen* in seiner alltäglichen gesellschaftlichen Existenz. Und ebenso wie Feuerbach die Rücknahme dieser Entäußerung des menschlichen Wesens – die Anthropologie – als die *an sich* bereits in der Theologie *implizierte Forderung* begreift, erscheint Marx der unmittelbar gesellschaftliche, in seiner empirischen Existenz mit seinem Gattungswesen identische Mensch als das *an sich* bereits in der repräsentativen Staatsverfassung *enthaltene Postulat*. Marx schreibt: »Was nun das wirkliche Leben betrifft, so enthält grade der *politische* Staat, auch wo er von den politischen Forderungen noch nicht bewußterweise erfüllt ist, in allen seinen *modernen* Formen die Forderungen der Vernunft.«[299]

Die Begründung der sozialistischen Forderungen geschieht also noch völlig abstrakt; sie werden nicht aus den Bewegungsformen der Gesellschaft selbst, sondern aus dem proklamierten Selbstverständnis des repräsentatives Staates – Vertreter der Allgemeinheit, also des menschlichen Gattungswesens, zu sein – hergeleitet. Marx selbst verweist auf die Feuerbachsche Religionskritik als Grundlage seiner Kritik der bestehenden gesellschaftlichen Verhältnisse: »Unser ganzer Zweck kann in nichts anderem bestehen, wie dies auch bei Feuerbachs Kritik der Religion der Fall ist, als daß die religiösen und politischen Fragen in die selbstbewußte menschliche Form gebracht werden.«[300] Das überhistorische Abstraktum des »wirklichen Menschen«, des »menschlichen Gattungswesens« ist und bleibt der Ausgangspunkt der Marxschen Gesellschaftskritik.

Marx unterscheidet sich in dieser Phase seiner theoretischen Entwicklung lediglich in zwei – allerdings wesentlichen und innerlich zusammenhängenden – Punkten von Feuerbach: erstens begreift er die religiöse Veräußerung des menschlichen Wesens als *Erscheinung* seiner Veräußerung und Unwirklichkeit in der gesellschaftlichen Realität selbst; und zweitens ist das, was Feuerbach als ein durch bloße *Bewußtwerdung* der Wahrheit der Theologie *vorhandener Ist-Zustand* erscheint, für Marx ein durch *reale gesellschaftliche Aktion* erst herzustellender *Soll-Zustand*; die Bewußtwerdung der bereits im repräsentativen Staat implizierten »Forderungen der Vernunft« ist für ihn dabei nur der Ausgangspunkt. D.h. der Feuerbachsche Begriff des *wirklichen menschlichen Wesens als Gattungswesen* wird der bestehenden Gesellschaft – die für Marx gerade auf der

---

299 Ebd. S. 345
300 Ebd. S. 346

Trennung von gesellschaftlicher und politischer Sphäre, damit von gesellschaftlich-empirischem und Gattungsleben des Menschen beruht – als zu realisierende Forderung *entgegengestellt*. Die Kritik der Religion wird so zu einer Kritik der Gesellschaft, einer Kritik allerdings, die selbst noch abstrakt bleibt und deren Forderungen noch nicht in den begriffenen Bewegungsformen dieser Gesellschaft selbst ihre Begründung finden.

Auf diesem Standpunkt stehen die im Herbst 1843 bzw. Januar 1844 von Marx verfaßten, später in den »Deutsch-französischen Jahrbüchern« erschienenen Aufsätze »Zur Judenfrage« und »Zur Kritik der Hegelschen Rechtsphilosophie. Einleitung«. In beiden wird das Programm einer in der Argumentationsstruktur der Feuerbachschen Religionskritik begründeten Gesellschaftskritik ausgebaut. Entsprechend heißt es in der »Judenfrage«: »Der vollendete politische Staat ist seinem Wesen nach das Gattungsleben des Menschen im Gegensatz zu seinem materiellen Leben. Alle Voraussetzungen dieses egoistischen Lebens bleiben außerhalb der Staatssphäre in der bürgerlichen Gesellschaft bestehen, aber als Eigenschaften der bürgerlichen Gesellschaft. Wo der politische Staat seine wahre Ausbildung erreicht hat, führt der Mensch nicht nur im Gedanken, im Bewußtsein, sondern in der *Wirklichkeit*, im Leben ein doppeltes, ein himmlisches und ein irdisches Leben, das Leben im politischen Gemeinwesen, worin er sich als Gemeinwesen gilt, und das Leben in der bürgerlichen Gesellschaft, worin er als Privatmensch tätig ist, die andern Menschen als Mittel betrachtet, sich selbst zum Mittel herabwürdigt, und zum Spielball fremder Mächte wird. ...Der Mensch in seiner nächsten Wirklichkeit, in der bürgerlichen Gesellschaft, ist ein profanes Wesen. Hier, wo er als wirkliches Individuum sich selbst und andern gilt, ist er eine unwahre Erscheinung. In dem Staat dagegen, wo der Mensch als Gattungswesen gilt, ist er das imaginäre Glied einer eingebildeten Souveränität, ist er seines wirklichen individuellen Lebens beraubt und mit einer unwirklichen Allgemeinheit erfüllt.«[301] Insofern sei nicht der christliche, sondern der demokratische Staat die wahre Verwirklichung des »religiösen Geistes« des Christentums: »Das Phantasiebild, der Traum, das Postulat des Christentums, die Souveränität des Menschen, aber als eines fremden, von dem wirklichen Menschen unterschiedenen Wesens, ist in der Demokratie sinnliche Wirklichkeit, Gegenwart, weltliche Maxime.«[302] Darum sei die *politische* Emanzipation nicht die *menschliche* Emanzipation. Erstere beruhe vielmehr gerade auf der Entzweiung des Menschen, auf der Absonderung seines empirischen Daseins von seinem Gattungsleben. In diesem Zusammenhang kritisiert

---
301 Ebd. S. 354/355
302 Ebd. S. 360/361

Marx auch die französische Deklaration der Menschenrechte als Sanktionierung einer solchen Trennung: »Keines der egoistischen Menschenrechte geht über den egoistischen Menschen hinaus, über den Menschen, wie er Mitglied der bürgerlichen Gesellschaft, nämlich auf sich, auf sein Privatinteresse und seine Privatwillkür zurückgezogenes und vom Gemeinwesen abgesondertes Individuum ist. Weit entfernt, daß der Mensch in ihnen als Gattungswesen aufgefaßt wurde, erscheint vielmehr das Gattungsleben selbst, die Gesellschaft als ein den Individuen äußerlicher Rahmen, als Beschränkung ihrer ursprünglichen Selbständigkeit.«[303]

»Zur Judenfrage« geht über die oben zitierten Briefe und die Fragmente zur Kritik der Hegelschen Rechtsphilosophie lediglich insofern hinaus, als hier erstmals ein konkret *gesellschaftlicher* Sachverhalt, das Privateigentum, als *Grund* der Trennung von empirischem und Gattungsmenschen angeführt wird. Aber die Rolle und Funktion des Privateigentums wird nicht entwickelt. Vielmehr reduziert die Marxsche Argumentation sich weiterhin darauf, die gesellschaftliche Realität mit dem Feuerbachschen Menschenbild – dem Menschen als unmittelbarem Gattungswesen – zu konfrontieren. Entsprechend abstrakt bleiben die Forderungen, die dem Bestehenden entgegengestellt werden. Es geht immer wieder allein um die Aufhebung dieses »Konflikt[s] der individuell-sinnlichen Existenz mit der Gattungsexistenz«; die konkreten Bedingungen dieser Aufhebung bleiben unbestimmt: »Alle Emanzipation ist *Zurückführung* der menschlichen Welt, der Verhältnisse, auf den *Menschen selbst*. ...Erst wenn der wirkliche individuelle Mensch den abstrakten Staatsbürger in sich zurücknimmt und als individueller Mensch in seinem empirischen Leben, in seiner individuellen Arbeit, in seinen individuellen Verhältnissen, *Gattungswesen* geworden ist, erst wenn der Mensch seine 'forces propes' als *gesellschaftliche* Kräfte erkannt und organisiert hat und daher die gesellschaftliche Kraft nicht mehr in der Gestalt der *politischen* Kraft von sich trennt, erst dann ist die menschliche Emanzipation vollbracht.«[304]

Auch in der »Kritik der Hegelschen Rechtsphilosophie. Einleitung« wird die Marxsche Argumentation nicht konkreter, obschon hier erstmals die Klassen als Akteure der politischen Kämpfe und das Proletariat als die zur Realisierung der *menschlichen Emanzipation* berufene Kraft erscheinen. Diese *Emanzipation* selbst wird jedoch weiterhin rein anthropologisch und nicht konkret-gesellschaftlich begründet: »Die einzig praktisch mögliche Befreiung Deutschlands ist die Befreiung auf dem Standpunkt der Theorie, welche den Menschen für das

---

303 Ebd. S. 366
304 Ebd. S. 370

höchste Wesen des Menschen erklärt. In Deutschland ist die Emanzipation von dem *Mittelalter* nur möglich als Emanzipation zugleich von den *teilweisen* Überwindungen des Mittelalters. In Deutschland kann *keine* Art der Knechtschaft gebrochen werden, ohne *jede* Art der Knechtschaft zu brechen. ...Die Emanzipation des Deutschen ist die Emanzipation des Menschen.«[305] Die Berufenheit des Proletariats zu dieser Befreiungstat folgert Marx ebenfalls rein anthropologisch daraus, daß sich in ihm der »völlige Verlust des Menschen«, also der genaue Gegensatz des der humanistischen Forderungen, verkörpert.

Studien im Vorfeld der »Ökonomisch-philosophischen Manuskripte«

Daß Marx diese abstrakten Bestimmungen selbst als unbefriedigend empfand, zeigt sich schon darin, daß er die nächstbeste Gelegenheit nutzte – und eine solche bot sich nach dem Scheitern der »Deutsch-französischen Jahrbücher« im Frühjahr 1844 –, um erneut für ein dreiviertel Jahr auf jede publizistische Tätigkeit zu verzichten und sich in die Studierstube zurückzuziehen. Auf dem Programm seiner Studien stand diesmal zum einen umfangreiches Quellenmaterial zur Geschichte der Französischen Revolution. Wie aus einem Brief Ruges hervorgeht, trug Marx sich zeitweise mit dem Gedanken, eine Geschichte des Konvents zu verfassen. Zweiter wesentlicher Schwerpunkt der Studien waren die Werke der klassischen Nationalökonomie. Marx las erstmals systematisch Smith, Ricardo, Say, Sismondi, James Mill und andere und fertigte ausführliche Exzerpte an. Darüber hinaus beschäftigte er sich mit den Hauptwerken des französischen Materialismus (Helvetius, Holbach) sowie mit der Fülle der französischen sozialistischen und kommunistischen Literatur. Erneut gelesen werden zudem die Hegelsche »Phänomenologie« und »Logik« sowie verschiedene Aufsätze Feuerbachs.

Erste und unmittelbare Frucht dieser erneuten Studienphase sind eben jene »Ökonomisch-philosophischen Manuskripte«, die Marx zwischen April und August 1844 niederschreibt. Wie aus ihrer »Vorrede« hervorgeht, waren sie ursprünglich als Teil eines größeren Ganzen konzipiert, das außerdem eine Kritik des Rechts, der Moral und der Politik enthalten sollte, wobei »...schließlich in einer besonderen Arbeit wieder der Zusammenhang des Ganzen, das Verhältnis der einzelnen Teile, wie endlich die Kritik der spekulativen Bearbeitung jenes Materials«[306] gegeben werden sollte. Zumindest letztere findet sich bereits im

---

305 Ebd. S. 391
306 MEW a.a.O. Bd. 40, S. 467

vorliegenden Manuskript in Form des – aus drei ursprünglich selbständigen Teilen zusammengestellten – Kapitels »Kritik der Hegelschen Philosophie und Dialektik überhaupt«.

Die ökonomische Entfremdung als Kern aller gesellschaftlichen Entfremdungsverhältnisse

In den Vorrede der »Manuskripte« wird der Bezug zur vorangegangenen Auseinandersetzung mit der Hegelschen Rechtsphilosophie hergestellt, wobei die »Manuskripte« ausdrücklich als Fortführung der mit dieser begonnenen *Kritik der Hegelschen Spekulation* erscheinen. Ein neuer Ansatz sei notwendig geworden, da sich bei der Ausarbeitung der Kritik der Hegelschen Rechtsphilosophie die »Vermengung der nur gegen die Spekulation gerichteten Kritik mit der Kritik der verschiedenen Materien selbst durchaus unangemessen, die Entwicklung hemmend, das Verständnis erschwerend«[307] gezeigt habe. Allerdings unterscheidet sich die Sichtweise der »Manuskripte« von der Marxschen Position, wie sie sich in der ein Jahr zuvor entstandenen Kritik des Hegelschen Staatsrechts niedergeschlagen hatte, nicht allein durch die nun erfolgte Trennung der konkret-inhaltlichen Fragen von der Methodenkritik als solcher. Marx inhaltliche Position selbst hat sich inzwischen verändert. Wohl in erster Linie unter dem Eindruck seiner Studien der klassischen Nationalökonomie, rückt anstelle des politischen Überbaus nunmehr die *ökonomische Sphäre* ins Zentrum des Marxschen Interesses. Wir haben gesehen, daß bereits im Aufsatz zur »Judenfrage« erstmalig das Privateigentum als eigentlicher *Grund* der Trennung des empirischen Menschen von seinem Gattungswesen erschien. In diesem Aufsatz taucht erstmals auch die Kategorie der *Entfremdung* – als Ausdruck für diese Trennung – auf, und zwar bezogen auf das *Geld*verhältnis: »Das Geld erniedrigt alle Götter des Menschen – und verwandelt sie in eine Ware. Das Geld ist der allgemeine, für sich selbst konstituierte *Wert* aller Dinge. Es hat daher die ganze Welt, die Menschenwelt wie die Natur, ihres eigentümlichen Wertes beraubt. Das Geld ist das dem Menschen entfremdete Wesen seiner Arbeit und seines Daseins, und dies fremde Wesen beherrscht ihn und er betet es an.«[308]

In den Manuskripten wird nunmehr die Entfremdung in der *ökonomischen Sphäre* ausdrücklich als *Grund* und Ursache aller anderen gesellschaftlichen Entfremdungsverhältnisse aufgefaßt: »Daß in der Bewegung des Privateigen-

---

307 Ebd. S. 467
308 MEW a.a.O. Bd. 1, S. 374/375

tums, eben in der Ökonomie, die ganze revolutionäre Bewegung sowohl ihre empirische als theoretische Basis findet, davon ist die Notwendigkeit leicht einzusehn. Dies *materielle*, unmittelbar *sinnliche* Privateigentum ist der materielle sinnliche Ausdruck des entfremdeten menschlichen Lebens. Seine Bewegung – die Produktion und Konsumtion – ist die *sinnliche* Offenbarung von der Bewegung aller bisherigen Produktion, d.h. Verwirklichung oder Wirklichkeit des Menschen. Religion, Familie, Staat, Recht, Moral, Wissenschaft, Kunst etc. sind nur besondre Weisen der Produktion und fallen unter ihr allgemeines Gesetz. Die positive Aufhebung des *Privateigentums*, als die Aneignung des menschlichen Lebens, ist daher die positive Aufhebung aller Entfremdung, also die Rückkehr des Menschen aus Religion, Familie, Staat etc. in sein *menschliches*, d.h. *gesellschaftliches* Dasein.«[309]

Arbeitsbegriff und Methode der klassischen Nationalökonomie

Die Kategorien der klassischen Nationalökonomie sind für Marx der Ausdruck dieser entfremdeten ökonomischen Verhältnisse; sie erfassen diese Verhältnisse in ihrem Wesen, setzen sie jedoch zugleich absolut, indem sie sich innerhalb ihrer als kritiklos aufgenommener *Voraussetzung* bewegen: »Die Nationalökonomie geht vom Faktum des Privateigentums aus. Sie erklärt uns dasselbe nicht. Sie faßt den *materiellen* Prozeß des Privateigentums, den es in der Wirklichkeit durchmacht, in allgemeine, abstrakte Formeln, die ihr dann als Gesetze gelten. Sie *begreift* diese Gesetze nicht, d.h. sie zeigt nicht nach, wie sie aus dem Wesen des Privateigentums hervorgehn.«[310] Die Kritik der entfremdeten gesellschaftlichen Verhältnisse implizierte somit die Kritik der Kategorien der klassischen Nationalökonomie.

Ein wichtiges Resultat der bürgerlichen politischen Ökonomie, das insbesondere auf Smith und Ricardo zurückgeht, war nun bekanntlich die Bestimmung der menschlichen *Arbeit* – und zwar der *Arbeit im allgemeinen*, statt nur einer ihrer *besonderen* Formen – als *Quelle* des gesellschaftlichen Reichtums; entsprechend erkannte sie in der Arbeit die *Substanz* des Wertes, des Kapitals usw. Indem die Kategorien der bürgerlichen Produktionsweise auf die menschliche Arbeit als ihren Kern zurückgeführt wurden, erschienen sie nicht mehr als den Dingen *material* anhaftende Bestimmungen, sondern als Ausdruck *gesellschaftlicher* Tatbestände; die ökonomischen Sachverhalte wurden – richtig – in ihrem

---

309 MEW a.a.O. Bd. 40, S. 537
310 Ebd. S. 510

Wesen als *Produkte der praktischen Tätigkeit des Menschen* erfaßt. Diese Rückführung hatte allerdings eine Kehrseite: Denn indem die Nationalökonomie die Kategorien der bürgerlichen Produktion nicht allein als Kristallisationsformen menschlicher Arbeit begriff, sondern sie *unmittelbar* auf die menschliche Arbeit *im allgemeinen* zurückführte – d.h. unter Ausklammerung jener notwendigen Vermittlungsglieder, die erst zu erklären vermögen, *weshalb* sich die Arbeit des Menschen in der bürgerlichen Epoche in diesen *besonderen* Formen kristallisiert –, erschienen ihr diese Formen als ebenso zeitlos gültige Grundlagen jedes gesellschaftlichen Produktionsprozesses wie die menschliche Arbeit selbst. Die ökonomischen Kategorien wurden also gerade nicht als das erfaßt, was sie sind: *spezifische* Kategorien der bürgerlich-kapitalistischen Produktion; sie werden vielmehr zu *allgemeinen* Formbestimmungen *jeder* gesellschaftlichen Produktion. Die apologetische Tendenz ist insofern unmittelbare Konsequenz der *analytisch-abstraktiven* Methode. Wird das Besondere unter das Allgemeine lediglich *subsumiert*, statt spekulativ – d.h. als zugleich in *Anderem vermitteltes* – aus ihm entwickelt, wird gerade von den entscheidenden Mittelgliedern, die die *Spezifik* dieser besonderen Existenzweise des Allgemeinen bestimmen und erst erklärlich machen, abstrahiert. Der methodisch begründete Hauptfehler der klassischen Nationalökonomen lag also darin, die tatsächlich *allgemeinen* Grundlagen jeder gesellschaftlichen Produktion – menschliche Arbeit, Produktion von Gebrauchswert, Akkumulation – mit jenen *besonderen* Formen, in denen diese allgemeinen Grundlagen innerhalb der bürgerlichen Produktion erscheinen – Lohnarbeit, Produktion von Tauschwert, Kapital – *unmittelbar* zu identifizieren und von den konkreten Bedingungen abzusehen, die erst dazu führen, daß erstere die konkrete Form der letzteren annehmen. Die bürgerlichen Verhältnisse erscheinen so nicht als historisch *relative*, an bestimmte Voraussetzungen gebundene, sondern als *absolute*, aus den Gegebenheiten der Produktion schlechthin folgende. Zugleich bedeutet die Auslassung der notwendigen Vermittlungsglieder, daß zwischen Warenproduktion im allgemeinen und kapitalistischer Warenproduktion im besonderen nicht unterschieden werden kann.

Den apologetischen Schein der nationalökonomischen Kategorien zu überwinden, erforderte demnach, eben jene von der Nationalökonomie ausgelassenen Vermittlungsschritte aufzuzeigen, d.h. die *historischen Voraussetzungen* zu benennen, infolge derer aus Produktion *Waren*produktion und schließlich *kapitalistische* Warenproduktion, aus Arbeit *Lohn*arbeit, aus Geld *Kapital* usw. wird; es erforderte also auf die konkret-historischen Bedingungen zu verweisen, die überhaupt erst dazu führen, daß menschliche Arbeit zur *Bildnerin von Wert* und schließlich von *Kapital* wird und sich in diesem vergegenständlicht.

Diese Ableitung setzt ein neues Methodenverständnis voraus, das speziell das

Verhältnis von Allgemeinem und Besonderem anders faßt denn als abstrakt formallogische Subsumtion. Dieses neue Methodenkonzept ist freilich untrennbar mit einem veränderten Verständnis des Verhältnisses von Allgemeinem und Besonderem in der Realität selbst verbunden; es fordert die Überwindung der ahistorisch-substantialistischen Ontologie durch die Auffassung des Seins als eines *im Wesen* selbst prozessualen, veränderlichen. Konkret impliziert das in diesem Falle einen veränderten Begriff der menschlichen Arbeit, in dem diese nicht mehr als *voraussetzungslose unveränderliche* Quelle des gesellschaftlichen Reichtums erscheint, sondern als je gesellschaftlich vollzogener Stoffwechsel mit der Natur, dessen *besondere historische Formen* – und das ist das Entscheidende! – abhängen von und bestimmt werden durch die gegenständlichen *Mittel*, auf deren Basis er sich realisiert. Da diese *Mittel* nun lediglich im ersten Ursprung naturwüchsig gegeben, dann jedoch selbst bereits Produkt vorangegangener Arbeiten sind, also *gesellschaftlich* überliefert werden, ergibt sich, daß die menschliche Arbeit nie als solche, als abstrakt allgemeine, existiert, sondern stets als je schon *konkret historisch bestimmte*: als *geschichtlich spezifizierter*, von *objektiven überindividuellen Voraussetzungen abhängiger* gesellschaftlicher Produktionsprozeß. Wird nun die Arbeit als Grundbestimmung und differentia spezifica des menschlichen Wesens verstanden, folgt aus diesem Arbeitsbegriff ein Begriff des Menschen, der die anthropologischen Prämissen überwindet, das menschliche Wesen also nicht mehr als überhistorisches Abstraktum auffaßt, sondern als bestimmt durch die je konkreten gesellschaftlichen Verhältnisse, innerhalb derer der Einzelne lebt und arbeitet. *Subjekt der Geschichte* ist der Mensch danach weder als unmittelbar Einzelner noch als abstrakt allgemeines Gattungswesen, sondern als je *Besonderer*: als Mitglied einer konkret historischen Gesellschaftsform. Die geschichtlich unveränderbaren Züge des menschlichen Wesens (die schon aus seiner weitgehend konstanten biologischen Konstitution folgen, welche immerhin nicht nur gleichbleibende äußere Merkmale sondern auch bestimmte angeborene Verhaltensweisen einschließt) sind nicht mehr als das höchste *übergreifende Allgemeine* all dieser je konkret geschichtlich agierenden Individuen; dieses Allgemeine *existiert* in jedem Einzelnen, aber *unmittelbar* aus ihm erklärt sich nichts: keine einzige menschliche Handlung und schon gar kein komplexer geschichtlicher Prozeß. Denn es existiert eben nie als solches – d.h. als abstrakt-allgemeine Eigenschaft *des* Menschen -; seine Existenz ist vielmehr immer schon seine konkret historische *Spezifikation*.

Marx' Einbau des nationalökonomischen Arbeitsbegriffs in die anthropologische Konzeption

Marx theoretische Position indessen steht in der Periode der »Manuskripte« unverändert auf dem Boden der Feuerbachschen Anthropologie. Insofern bewegt sich auch die Kritik der nationalökonomischen Kategorien, die die »Manuskripte« geben, noch ganz in diesem Rahmen und folgt im wesentlichen der Argumentationsfigur der Feuerbachschen Religionskritik. Marx selbst verweist in der *Vorrede* der »Manuskripte« darauf, daß »...die positive Kritik überhaupt, also auch die deutsche positive Kritik der Nationalökonomie, ihre wahre Begründung den Entdeckungen Feuerbachs«[311] verdanke. Denn: »Von Feuerbach datiert erst die positive humanistische und naturalistische Kritik.«[312]. Konkret bezieht sich Marx dabei auf Feuerbachs »Philosophie der Zukunft« sowie die »Thesen zur Reform der Philosophie«.

Nun haben wir gesehen, daß die Feuerbachsche Philosophie gerade an dem anthropologischen Abstraktum *des* Menschen als *unmittelbarem Gattungswesen* festhält und dieses als *wirkliches Subjekt* dem Hegelschen überindividuell vermittelnden Geistbegriff entgegenstellt. Auch Marx operiert unverändert mit dem überhistorisch-abstrakten Begriff *des* »wirklichen Menschen«, *des* »Menschen als Gattungswesen«. Allerdings unterscheiden sich die »Ökonomisch-philosophischen Manuskripte« sowohl von Feuerbach als auch von Marx eigenen früheren Aufsätzen in der Bestimmung dieses »Gattungswesens«; konkret: durch die zentrale Stelle, die die Kategorie der *Arbeit* von nun an in der Marxschen Konzeption erhält. Wohl insbesondere unter dem Eindruck seiner nationalökonomischen Studien faßt Marx nunmehr die Arbeit als differentia spezifica der menschlichen Gattung, als Kernbereich, in dem der Mensch sein Gattungswesen realisiert: »Das produktive Leben ist aber das Gattungsleben. Es ist das Leben erzeugende Leben. In der Art der Lebenstätigkeit liegt der ganze Charakter einer species, ihr Gattungscharakter, und die freie bewußte Tätigkeit ist der Gattungscharakter des Menschen. ...Das Tier ist unmittelbar eins mit seiner Lebenstätigkeit. Es unterscheidet sich nicht von ihr. Es ist *sie.* Der Mensch macht seine Lebenstätigkeit selbst zum Gegenstand des Wollens und seines Bewußtseins. Er hat bewußte Lebenstätigkeit. ...Die bewußte Lebenstätigkeit unterscheidet den Menschen unmittelbar von der tierischen Lebenstätigkeit. Eben nur dadurch ist er Gattungswesen.«[313]

---

311 Ebd. S. 468
312 Ebd. S. 468
313 Ebd. S. 516

Marx übernimmt aus der klassischen Nationalökonomie die Rückführung der gesellschaftlichen Sachverhalte – Privateigentum, Kapital usw. – auf menschliche Arbeit, die Auffassung dieser Sachverhalte als *Kristallisationsformen menschlicher Arbeit*, – aber er übernimmt nicht minder den *gesellschaftlich unbestimmten*, insofern ahistorischen Arbeitsbegriff der Nationalökonomen. Die Arbeit wird in den »Manuskripten« zwar als *Stoffwechsel* zwischen Gesellschaft und Natur begriffen. Dieser Stoffwechsel bleibt jedoch *historisch* unspezifiziert; als seine einzige, gleichbleibende *Voraussetzung* erscheint die Natur, die natürlich-gegenständliche Umgebung des Menschen als solche. D.h. die »Manuskripte« operieren mit einem Begriff der »menschlichen Arbeit«, der diese zwar als *gesellschaftliche* – ja als Grundlage und Basis der *gesellschaftlichen* Existenz des Menschen – faßt, nicht jedoch als *spezifisch historische*, in ihren *besonderen Formen* von konkret *historischen* Voraussetzungen abhängige. Statt dessen interpretiert Marx die nationalökonomische Rückführung der ökonomischen Sachverhalte auf menschliche Arbeit, ihre Bestimmung als *Produkte menschlicher Tätigkeit* geradezu als *Bestätigung* seiner anthropologischen Voraussetzungen. Der Einbau der Zentralkategorie »Arbeit« in seine theoretische Konzeption dient Marx in den »Ökonomisch-philosophischen Manuskripten« also in erster Linie dazu, die anthropologische Reduktion gesellschaftlicher Verhältnisse auf intersubjektive Beziehungen *des* Menschen zu begründen.

Insofern gehen die »Manuskripte« zwar über Feuerbach hinaus, indem sie den Menschen nicht mehr nur als sinnlich-gegenständliches, sondern als *gegenständlich-tätiges* Wesen bestimmen. Sie fassen diese gegenständliche Tätigkeit jedoch noch nicht als *historisch bestimmte*, in ihrer konkreten Form von überindividuellen *geschichtlichen Voraussetzungen* abhängige, sondern stets nur als *allgemein-menschliche*, verbleiben damit weiterhin im Rahmen der anthropologischen Prämissen. Subjekt des Geschehens ist immer *der* Mensch als solcher, nicht der in konkrete, von objektiven *Bedingungen abhängige*, in konkrete gesellschaftliche Verhältnisse eingebundene Mensch.

Die Position als Negation der Negation – Rückgriff auf Hegel

Aus der Zentralstelle der *Arbeit* für den Begriff des menschlichen Gattungswesens ergibt sich ein weiterer, wesentlicher Unterschied der Konzeption der »Manuskripte« sowohl gegenüber Feuerbach selbst als auch gegenüber den früheren Marxschen Aufsätzen. Die Feuerbachsche Position – der *wirkliche* Mensch als Gattungswesen – soll jetzt nicht mehr abstrakt *gesetzt* werden, sondern sich als *objektives Resultat* der geschichtlichen Entwicklung selbst – nämlich konkret: des historischen Arbeitsprozesses der Menschheit – erweisen. Das *unmittelbar Positive* Feuerbachs soll also zum *Vermittelten* werden, die *Position* sich aus der *Negation der Negation* ergeben. Marx selbst sieht nun den Mangel des Feuerbachschen Begriffs *des Menschen* darin, ein bloß gesetzter, insofern in sich unbewiesener zu sein. Der Beweis dieses Begriffs soll sich nunmehr aus der Geschichte selbst – als der Geschichte der menschlichen Arbeit – ergeben. Genau dadurch wird die Hegelsche Dialektik – als methodische Form zur Fassung eines Sich-Verändernden, Sich-Entwickelnden – wieder relevant. Ausdrücklich betont Marx in seiner *Vorrede*, daß »Feuerbachs Entdeckungen über das Wesen der Philosophie – wenigstens zu ihrem Beweise [!] – eine kritische Auseinandersetzung mit der philosophischen Dialektik nötig machen ...«[314] Es ist also kein Zufall, daß parallel zur neuen Fragestellung der »Manuskripte« Marx erneute Studien der Hegelschen Philosophie – insbesondere der »Phänomenologie« und »Logik« – unternimmt. Der »wirkliche Mensch« als Gattungswesen soll jetzt also weder – wie bei Feuerbach – als unmittelbar *existent gesetzt*, noch – wie vordem bei Marx' – der gesellschaftlichen Realität nur abstrakt *entgegengesetzt* werden; er soll vielmehr als objektiver Zielpunkt und letzte Konsequenz der geschichtlichen Entwicklung selbst erscheinen. Die Geschichte wird damit zum Prozeß der Selbstentfremdung und Selbstverwirklichung des menschlichen Gattungswesen im Prozeß seiner Arbeit.

Marx' Konzept der »entfremdeten Arbeit«

Aufgrund der vorerst rein anthropologischen Auffassung der Arbeit – ihrer Bestimmung als gesellschaftlich voraussetzungsloser, allgemein-menschlicher Tätigkeit – steht Marx nun allerdings vor der Schwierigkeit, wie die *besonderen* ökonomischen Formen erklärt werden können, in denen die menschliche Arbeit konkret-historisch erscheint. Wir haben gesehen, daß die *unmittelbare* Rückführung der spezifischen Sachverhalte der bürgerlichen Produktionsweise auf die menschlichen Arbeit als solche – d.h. die Abstraktion von den konkret historischen Bedingungen, die die besondere bürgerliche Form der Arbeit bestimmen – die Basis dafür bildet, daß die nationalökonomischen Kategorien statt als *spezifische* Kategorien der bürgerlichen Produktion, vielmehr als *allgemeine* Grundlagen jeder gesellschaftlichen Produktion erscheinen. Will Marx dieser apologetischen Tendenz ausweichen, muß er die der bürgerlichen Produktion zugrunde liegende Form der Arbeit *spezifizieren*, d.h. sie als *besondere* aufzei-

---

314 Ebd. S. 470

gen statt als *allgemein-menschliche* Arbeit schlechthin. Der richtige Weg dieser Spezifizierung, der Verweis auf die von der Nationalökonomie ausgelassenen Vermittlungsglieder – die konkret-historischen Voraussetzungen, die erst dazu führen, daß konkrete Arbeit zugleich abstrakte, wertbildende und schließlich Lohnarbeit wird –, ist Marx aufgrund seines anthropologischen Arbeitsbegriffs verbaut. Insofern die Arbeit wesentlich subjektiv bestimmt wurde – als historisch voraussetzungslose Tätigkeit *des* Menschen, der in ihr sein Gattungswesen realisiert – kann sie nun auch nur subjektiv spezifiziert werden: ihre unterschiedlichen Formen können ihren Grund nicht in den unterschiedlichen *objektiven Bedingungen* finden, unter denen jeweils gearbeitet wird, sondern lediglich in den unterschiedlichen *subjektiven Haltungen* derer, die jeweils arbeiten.

Genau dies geschieht nun in der Marxschen Konzeption der *entfremdeten Arbeit* als der Grundlage der bürgerlichen Produktionsweise. Grundbestimmung der entfremdeten Arbeit ist für Marx ein spezifisches *Verhalten* des Arbeiters zum Produkt seiner Arbeit: »In der Bestimmung, daß der Arbeiter zum Produkt seiner Arbeit als einem fremden Gegenstand sich verhält, liegen alle Konsequenzen.«[315] Die Nationalökonomie wird in diesem Kontext von Marx kritisiert: nicht dafür, daß sie von den *besonderen Bedingungen* abstrahiert, die der Arbeit in ihrer bürgerlichen Form zugrunde liegen, sondern dafür, daß sie das *besondere Verhalten* nicht analysiert, das der Arbeiter in der entfremdeten Arbeit seinem Produkt gegenüber zeigt und das die konkreten Sachverhalte der bürgerlichen Produktion begründe: »Die Nationalökonomie verbirgt die Entfremdung in dem Wesen der Arbeit dadurch, daß sie nicht das *unmittelbare* Verhältnis zwischen dem *Arbeiter* (der Arbeit) und der Produktion betrachtet. ...Das unmittelbare Verhältnis der Arbeit zu ihren Produkten ist das Verhältnis des Arbeiters zu den Gegenständen seiner Produktion. Das Verhältnis des Vermögenden zu den Gegenständen seiner Produktion und zu ihr selbst ist nur eine Konsequenz dieses ersten Verhältnisses.«[316] Die gesellschaftlichen *Verhältnisse* werden so auf subjektive *Verhaltensweisen* zurückgeführt, eine Konsequenz, die im Rahmen der anthropologischen Prämissen kaum zu umgehen ist. Folgerichtig verweist Marx unmittelbar anschließend auf den Ursprung seiner Konzeption der *entfremdeten Arbeit* aus der Feuerbachschen Religionsauffassung: »Es ist ebenso wie in der Religion. Je mehr der Mensch in Gott setzt, desto weniger behält er in sich selbst. Der Arbeiter legt sein Leben in den Gegenstand; aber nun gehört es nicht mehr ihm, sondern dem Gegenstand. Je größer also diese Tätigkeit, um so gegenstandsloser ist der Arbeiter. Was das Produkt seiner Arbeit ist, ist er

---

315 Ebd. S. 512
316 Ebd. S. 513

nicht. ...Die *Entäußerung* des Arbeiters in seinem Produkt hat die Bedeutung, nicht nur, daß seine Arbeit zu einem Gegenstand, zu einer *äußern Existenz* wird, sondern daß sie außer ihm, unabhängig, fremd von ihm existiert und eine selbständige Macht ihm gegenüber wird, daß das Leben, was er dem Gegenstand verliehn hat, ihm feindlich und fremd gegenüber tritt.«[317] D.h. wie *der* Mensch für Feuerbach in der Religion sein eigenes Wesen als ein ihm fremdes, ihn beherrschendes vergegenständlicht, so für Marx *der* Mensch als Arbeiter in der entfremdeten Arbeit.

Im konkreten besteht die *entfremdete Arbeit* für Marx darin, daß sich der Arbeiter in ihr nicht als Gattungswesen verhält, sondern sie als bloßes *Mittel* des eigenen Subsistenzerhalts betreibt: »Daß die Arbeit aber selbst nicht nur unter den jetzigen Bedingungen, sondern insofern überhaupt ihr Zweck die bloße Vergrößerung des Reichtums ist, ich sage, daß die Arbeit selbst schädlich, unheilvoll ist, das folgt, ohne daß der Nationalökonom es weiß, aus seinen Entwicklungen.«[318] An anderer Stelle konkretisiert er: »...die Entfremdung zeigt sich ...im Akt der Produktion, innerhalb der produzierenden Tätigkeit selbst. ...Wenn also das Produkt der Arbeit die Entäußerung ist, so muß die Produktion selbst die tätige Entäußerung, die Entäußerung der Tätigkeit, die Tätigkeit der Entäußerung sein. ...[Die Entäußerung bestehe also darin], daß die Arbeit dem Arbeiter *äußerlich* ist, d.h. nicht zu seinem Wesen gehört, daß er sich daher in seiner Arbeit nicht bejaht, sondern verneint, nicht wohl, sondern unglücklich <u>fühlt</u> ... Der Arbeiter <u>fühlt</u> sich daher erst außer der Arbeit bei sich und in der Arbeit außer sich. ...Sie ist daher nicht die Befriedigung eines Bedürfnisses, sondern sie ist nur ein *Mittel*, um Bedürfnisse außer ihr zu befriedigen. ...<u>Wie in der Religion </u>die Selbsttätigkeit der menschlichen Phantasie, des menschlichen Hirns und des menschlichen Herzens unabhängig vom menschlichen Individuum, d.h. als eine fremde, göttliche oder teuflische Tätigkeit auf es wirkt, so ist die Tätigkeit des Arbeiters nicht seine Selbsttätigkeit.«[319] Die Entfremdung liegt also in einem bestimmten *Verhältnis* des Arbeiters 1. zum *Produkt der Arbeit* und 2. zum *Akt der Produktion* selbst. »Indem die entfremdete Arbeit dem Menschen 1. [im Produkt der Arbeit] die Natur entfremdet, 2. [im Akt der Produktion] sich selbst, seine eigene tätige Funktion, seine Lebenstätigkeit, so entfremdet sie dem Menschen die Gattung; sie macht das Gattungsleben mit Mittel des individuellen Lebens.«[320]

---

317 Ebd. S. 512
318 Ebd. S. 476
319 Ebd. S. 514
320 Ebd. S. 516

Die »entfremdete Arbeit« als Grundlage der bürgerlich-kapitalistischen Produktionsweise

Marx bemüht sich nun, aus dem so gewonnenen, wesentlich nach den Maßgaben der Feuerbachschen Religionskritik in einem subjektiven Verhalten *des* Menschen gegründeten Begriff der *entfremdeten Arbeit* die konkreten Kategorien der bürgerlichen Produktion als Konsequenz abzuleiten: »Eine unmittelbare Konsequenz davon, daß der Mensch dem Produkt seiner Arbeit, seiner Lebenstätigkeit, seinem Gattungswesen entfremdet ist, ist die *Entfremdung des Menschen* von dem *Menschen*.«[321] »Durch die entfremdete Arbeit erzeugt der Mensch also nicht nur sein Verhältnis zu dem Gegenstand und dem Akt der Produktion als fremden und ihm feindlichen Mächten; er erzeugt auch das Verhältnis, in welchem andere Menschen zu seiner Produktion und seinem Produkt stehen und das Verhältnis, in welchem er zu diesen anderen Menschen steht.«[322] Aus diesem *Verhältnis* wird nun von Marx der Begriff des Kapitals entwickelt: »Also durch die *entfremdete, entäußerte Arbeit* erzeugt der Arbeiter das Verhältnis eines der Arbeit fremden und außer ihr stehenden Menschen zu dieser Arbeit. Das Verhältnis des Arbeiters zur Arbeit erzeugt das Verhältnis des Kapitalisten zu derselben, oder wie man sonst den Arbeitsherrn nennen will. Das *Privateigentum* ist also das Produkt, das Resultat, die notwendige Konsequenz der *entäußerten Arbeit*, des äußerlichen Verhältnisses des Arbeiters zu der Natur und zu sich selbst. Das Privateigentum ergibt sich also durch die Analyse aus dem Begriff der *entäußerten Arbeit*, d.i. des *entäußerten Menschen*, der entfremdeten Arbeit, des entfremdeten Lebens, des *entfremdeten* Menschen.«[323] Und an anderer Stelle: »Arbeitslohn ist die unmittelbare Folge der entfremdeten Arbeit, und die entfremdete Arbeit ist die unmittelbare Ursache des Privateigentums.«[324] Es sind also nicht die objektiven Bedingungen der Arbeit – das existierende Kapitalverhältnis – aus denen ihr Charakter als entfremdete Arbeit hervorgeht; vielmehr umgekehrt: aus dem *Wesen der entfremdeten Arbeit* gehen das Privateigentum und das Kapitalverhältnis hervor, sie sind nicht deren *Voraussetzung*, sondern ihre *Folge*.

Es ist klar, daß diese Ableitung die realen Beziehungen in ihr Gegenteil verkehrt: Eine subjektive Haltung wird zur *Ursache* der objektiven gesellschaftlichen Verhältnisse, statt daß die objektiven Verhältnisse als Ursache der subjek-

---
321 Ebd. S. 517
322 Ebd. S. 519
323 Ebd. S. 519/520
324 Ebd. S. 521

tiven Haltung begriffen werden. (Wir sehen an dieser Stelle davon ab, daß Marx zudem nach Vorgabe des klassischen Nationalökonomie die Kategorien der einfachen und der kapitalistischen Warenproduktion – Privateigentum und Kapital – schlechthin identifiziert; letztlich handelt es sich dabei nur um die Folge des genannten Fehlers seiner Begründungsstruktur.) Daß diese Ableitung des Privateigentums und des Kapitalverhältnisses aus der entfremdeten Arbeit wiederum aus der anthropologischen Argumentation der Feuerbachschen Religionskritik hervorgeht, wird von Marx angedeutet: »Wir haben allerdings den Begriff der *entäußerten Arbeit* ...aus der Nationalökonomie als Resultat aus der Bewegung des Privateigentums gewonnen. Aber es zeigt sich bei Analyse dieses Begriffs, daß, wenn das Privateigentum als Grund, als Ursache der entäußerten Arbeit erscheint, es vielmehr eine Konsequenz derselben ist, wie auch die Götter *ursprünglich* nicht die Ursache, sondern die Wirkung der menschlichen Verstandesverwirrung sind. Später schlägt dies Verhältnis in Wechselwirkung um.«[325]

Mit der Rückführung der Verhältnisse der bürgerlichen Produktion auf die – in einem spezifischen *subjektiven Verhalten* gegründete – entfremdete Arbeit, ergibt sich für Marx freilich die Schwierigkeit, worin dieses subjektive Verhalten nun seinerseits gegründet werden kann. Denn zum einen soll es natürlich nicht als *willkürlich* erscheinen; zum anderen aber abstrahiert der anthropologisch-voraussetzungslose Arbeitsbegriff gerade von allen *objektiven gesellschaftlichen Bedingungen* des Produktionsprozesses; diese erscheinen vielmehr, wie wir sahen, als *Konsequenz* der entfremdeten Arbeit und als auf diese rückführbar. In der Tat folgt die Frage nach dem Ursprung der entfremdeten Arbeit bei Marx unmittelbar der Ableitung des Privateigentums aus dieser: »Wie, fragen wir nun, kommt der Mensch dazu, seine Arbeit zu entäußern, zu entfremden? Wie ist diese Entfremdung im Wesen der menschlichen Entwicklung begründet? Wir haben schon viel für die Lösung dieser Aufgabe gewonnen, indem wir die Frage nach dem Ursprung des Privateigentums in die Frage nach dem Verhältnis der entäußerten Arbeit zum Entwicklungsgang der Menschheit verwandelt haben. Denn wenn man von *Privateigentum* spricht, so glaubt man, es mit einer Sache außer dem Menschen zu tun zu haben. Wenn man von der Arbeit spricht, so hat man es unmittelbar mit dem Menschen selbst zu tun. Diese neue Stellung der Frage ist inklusive schon ihre Lösung.«[326] In der Tat ist mit der Reduktion der konkret gesellschaftlichen Frage auf eine abstrakt anthropologische die Lösung so wenig gefunden, daß das erste Manuskript vielmehr genau an jener Stelle, an der diese Frage beantwortet werden müßte, abrupt

---

325 Ebd. S. 520
326 Ebd. S. 521/522

abbricht. In den folgenden Manuskripten wird dieses Problem dann nicht wieder aufgenommen.

Der Grundfehler des Entfremdungskonzepts: Die Reduktion gesellschaftlicher Verhältnisse auf intersubjektive Beziehungen anstelle ihrer Bestimmung als objektiv-gegenständlicher Vermittlungsprozesse

Verschiedene Versuche von Marx, das Verhältnis von Kapital und (Lohn-)Arbeit bzw. von Kapitalist und (Lohn-)Arbeiter konkreter zu bestimmen, zeigen den Grundmangel seiner damaligen Position noch deutlicher: die aus dem rein anthropologischen Arbeitsbegriff notwendig folgende Rückführung der ökonomischen Sachverhalte auf subjektive Haltungen *des* Menschen, anstelle ihrer Auffassung als objektiv-gegenständlicher Vermittlungsprozesse. Denn eben dieser subjektive Ansatz macht die konkrete Entwicklung der Kategorien unmöglich und zwingt Marx, auf rein formale Schemata zurückzugreifen. So führt er über das Verhältnis von Kapital und Arbeit aus: »Das Verhältnis des Privateigentums ist Arbeit, Kapital und die Beziehung beider. Die Bewegung, die diese Glieder zu durchlaufen haben, sind: Erstens – unmittelbare oder vermittelte Einheit beider. Kapital und Arbeit erst noch vereint; dann zwar getrennt und entfremdet, aber sich wechselseitig als *positive* Bedingungen hebend und fördernd. [Zweitens –] Gegensatz beider. Schließen sich gegenseitig aus; der Arbeiter weiß den Kapitalisten und umgekehrt als sein Nichtsein; jeder sucht dem anderen sein Dasein zu entreißen. [Drittens -] Gegensatz jedes gegen sich selbst. Kapital = aufgehäufte Arbeit = Arbeit [!]. Als solche zerfallend in sich und seine Zinsen, wie diese wieder in Zinsen und Gewinn. Rastlose Aufopferung des Kapitalisten. Er fällt in die Arbeiterklasse, wie der Arbeiter – aber nur ausnahmsweise – Kapitalist wird. ...Arbeit zerfallen in sich und den Arbeitslohn. Arbeiter selbst ein Kapital, eine Ware. *Feindlicher wechselseitiger Gegensatz.*«[327] Noch deutlicher wird diese Reduktion objektiver Vermittlungszusammenhänge auf *subjektive Haltungen* an folgender Stelle: »Das Privateigentum, als der materielle, resümierte Ausdruck der entäußerten Arbeit, umfaßt beide Verhältnisse, das Verhältnis des Arbeiters zur Arbeit und zum Produkt seiner Arbeit und zum Nichtarbeiter und das Verhältnis des Nichtarbeiters zum Arbeiter und dem Produkt seiner Arbeit. ...so betrachten wir nun das Verhältnis dieses der Arbeit und dem Arbeiter *fremden* Menschen zur Arbeit und ihrem Gegenstand. Zunächst ist zu bemerken, daß alles, was bei dem Arbeiter als *Tätigkeit der Entäußerung., der Ent-*

---

327 Ebd. S. 529

fremdung, bei dem Nichtarbeiter als *Zustand der Entäußerung, der Entfremdung*, erscheint. Zweitens, daß das *wirkliche praktische Verhalten* des Arbeiters in der Produktion und zum Produkt (als Gemütszustand) bei dem ihm gegenüberstehenden Nichtarbeiter als *theoretisches* Verhalten erscheint. Drittens. Der Nichtarbeiter tut alles gegen den Arbeiter, was der Arbeiter gegen sich selbst tut, aber er tut nicht gegen sich selbst, was er gegen den Arbeiter tut.«[328] Die Parallele zum Herr-Knecht-Verhältnis in der Hegelschen »Phänomenologie« ist eindeutig. Aber während die Reduktion der realen Verhältnisse auf Bewußtseinsformen in dieser, wie wir sahen, aus einem bewußten Abstraktionsschritt hervorging und die *realen, gegenständlichen Verhältnisse* den Bewußtseinsformen ausdrücklich zugrunde liegen, verleitet die unüberwundene Feuerbachsche Anthropologie Marx dazu, die gesellschaftlichen Verhältnisse zwar nicht auf Beziehungen von Bewußtseinsformen, aber auf rein intersubjektive Verhältnisse *des Menschen* zu reduzieren. Die Spezifik dieser Verhältnisse kann unter dieser Voraussetzung notwendig nicht mehr aus der Spezifik *objektiver Bedingungen*, sie muß vielmehr aus der Spezifik *subjektiver* Haltungen abgeleitet werden. Immerhin rührt die Objektivität der gesellschaftlichen Vermittlungszusammenhänge allein daher, daß diese Zusammenhänge an *objektive Voraussetzungen* gebunden sind, die den Verhältnissen der Menschen zueineinander zugrunde liegen und deren konkrete Form auf einen bestimmten Möglichkeitsbereich reduzieren. Die auf diese Weise *objektiv* gegründeten ökonomischen Verhältnisse werden im gesellschaftlichen Arbeitsprozeß lediglich *reproduziert*. Sie sind insofern keineswegs Produkt der menschlichen Arbeit als solcher, sondern Produkt einer bestimmten, sich bereits innerhalb konkreter gesellschaftlicher Verhältnisse vollziehenden Form der Arbeit. D.h. Kapital ist aufgehäufte Arbeit; aber nicht *die* menschliche Arbeit produziert Kapital, sondern lediglich die menschliche Arbeit *unter spezifischen Bedingungen*. Und gerade weil die menschliche Arbeit geschichtlich nur existiert als historisch bestimmte, in ihrer konkreten Form von den überlieferten *Mitteln* der Produktion abhängige, lassen sich die gesellschaftlichen Verhältnisse nicht auf Beziehungen *der* Menschen reduzieren und ist *der* Mensch nicht die historisch unveränderliche Basis der verschiedenen Gesellschaftsformen. Deren konkrete Verfassung bewegt sich vielmehr in einem eng umgrenzten Möglichkeitsfeld, das durch die genannten Voraussetzungen abgesteckt wird und dessen konkrete Ausgestaltung sowohl von den handelnden Individuen abhängt, wie es sie zugleich erst wesentlich zu dem macht, was sie sind.

Die Verhältnisse, die die Menschen in der Gesellschaft eingehen, besitzen

---

328 Ebd. S. 522

also eine von ihnen unabhängige und insofern weder aus dem abstrakten Begriff *des* Menschen noch dem *der* Arbeit logisch ableitbare, vielmehr allein *historisch-empirisch* aufzunehmende *Voraussetzung*. Und nur als in diese je historisch spezifischen und objektiv gegründeten gesellschaftlichen Bewegungsformen eingebundener, in ihnen *vermittelter* ist der Mensch *Subjekt* der Geschichte. Wird dagegen »*der* Mensch« als unmittelbares, überhistorisches Abstraktum – gleich ob als bloßes Selbstbewußtsein oder als sinnlich-gegenständlicher Mensch – *vorausgesetzt* und den Ableitungen zu Grunde gelegt, werden die gesellschaftlichen Verhältnisse zwangsläufig subjektiviert und müssen als bloße Folge und Ausdruck *subjektiver* Haltungen erscheinen. Darin gründet sich der Idealismus der Entfremdungskonzeption, die insofern den Grundaussagen gerade der *marxistischen* Gesellschaftstheorie diametral entgegensteht.

In der Tat: noch der Marx des »Kapitals« fordert *defetischisierende* Erkenntnis. Diese Forderung meint jedoch keineswegs die Rückführung gesellschaftlicher Verhältnisse auf *intersubjektive Strukturen*. Der *Fetischcharakter* der Ware liegt für Marx vielmehr in folgendem: »Das Geheimnisvolle der Warenform besteht ...einfach darin, daß sie den Menschen die gesellschaftlichen Charaktere ihrer eignen Arbeit als gegenständliche Charaktere der Arbeitsprodukte selbst, als gesellschaftliche Natureigenschaften dieser Dinge zurückspiegelt, daher auch das gesellschaftliche Verhältnis der Produzenten zur Gesamtarbeit als ein außer ihnen existierendes gesellschaftliches Verhältnis von Gegenständen..«[329] Indessen » ....hat die Warenform und das Wertverhältnis der Arbeitsprodukte, worin sie sich darstellt, mit ihrer physischen Natur und den daraus entspringenden dinglichen Beziehungen absolut nichts zu schaffen. Es ist nur das bestimmte gesellschaftliche Verhältnis der Menschen selbst, welches hier für sie die phantasmagorische Form eines Verhältnisses von Dingen annimmt. ...Dies nenne ich Fetischismus, der den Arbeitsprodukten anklebt, sobald sie als Waren produziert werden, und der daher von der Warenproduktion unzertrennlich ist.«[330] D.h. der Kern des *Defetischisierungskonzepts* des »Kapitals« ist ein völlig anderer als der der *Entfremdungs-Theorie des jungen Marx*. Bei ersterem geht es darum, die gesellschaftlichen Verhältnisse nicht als *Verhältnisse von Dingen*, sondern als – über ihr Verhältnis zu den Gegenständen der Produktion *vermitteltes* – *Verhältnis von Menschen* zu begreifen, ein Verhältnis, das eben auf Grund dieser *Vermittlung* seine konkreten *Voraussetzungen* in einer spezifischen Stufe der Produktion besitzt, daher *nicht sachhaft naturgegeben*, sondern mit dem sukzessiven Verschwinden dieser Voraussetzungen historisch *über-*

---

329 MEW a.a.O. Bd. 23, S. 86
330 Ebd. S. 86/87

windbar ist. Das ist das Wesen des Defetischisierungskonzepts des späten Marx, das mit der Rückführung gesellschaftlicher Verhältnisse auf intersubjektive Beziehungen *der* Menschen zueinander, d.h. mit der Entfremdungskonzeption der »Manuskripte«, nichts mehr zu tun hat.

Der Versuch einer rein logischen Deduktion realgeschichtlicher Prozesse – der methodische Rückfall der »Manuskripte« hinter das Hegelsche Spekulationskonzept

Die Auffassung der verschiedenen Gesellschaftsformen als *abhängig* von je konkret historischen Voraussetzungen impliziert, daß die Möglichkeit der Überwindung dieser Gesellschaftsformen ebenfalls konkret historisch – aus der in ihrer Bewegung immanent enthaltenen, konkret nachzuweisenden Tendenz zur Aufhebung ihrer Voraussetzungen – abgeleitet werden muß. Den »Ökonomisch-philosophischen Manuskripten« indessen steht zur Begründung der gesellschaftlichen Entwicklungen anstelle eines konkreten Begriffs der je spezifischen historischen Formen des gesellschaftlichen Produktionsprozesses lediglich die rein anthropologisch bestimmte Kategorie *der Arbeit* zur Verfügung. Sie sind daher zu dem Versuch gezwungen, den Gang der Menschheitsgeschichte *rein logisch* aus diesem abstrakten Begriff der Arbeit abzuleiten. D.h. da die *besonderen* geschichtlichen Erscheinungsformen der menschlichen Arbeit nicht aus den je konkret-historischen Mitteln, *mit* denen, und den auf ihnen basierenden gesellschaftlichen Formen, *in* denen produziert wird, begriffen werden können, die menschliche Arbeit vielmehr als für sich voraussetzungslose allgemeine *Grundlage* der gesellschaftlichen Verhältnisse erscheint, muß versucht werden, sowohl die konkreten Gesellschaftsformen wie ihre Abfolge im historischen Prozeß *immanent logisch* aus dem *Begriff der Arbeit als solchem* zu entwickeln.

Bezogen auf die Kategorien der Nationalökonomie postuliert Marx die Möglichkeit einer solchen *immanent logischen* Ableitung ausdrücklich: »Wie wir aus dem Begriff der entfremdeten, entäußerten Arbeit des Begriff des Privateigentums durch Analyse gefunden haben, so können mit Hülfe dieser beiden Faktoren alle nationalökonomischen Kategorien entwickelt werden, und wir werden in jeder Kategorie, wie z.B. dem Schacher, der Konkurrenz, dem Kapital, dem Geld, nur einen *bestimmten* und *entwickelten* Ausdruck dieser ersten Grundlagen wiederfinden.«[331] In Wirklichkeit läßt sich natürlich weder der Begriff des Privateigentums noch der des Kapitals logisch aus dem der Arbeit (bzw. der

---

331 MEW a.a.O. Bd. 40, S. 521

entfremdeten Arbeit als ihrer subjektiv begründeten Spezifikation) entwickeln. Daß aus Gütern Waren, aus Waren Geld, aus Geld Kapital wird, setzt vielmehr jeweils historische *Bedingungen* (zunächst Austausch im allgemeinen, dann maschinelle Produktion, ursprüngliche Akkumulation usw.) voraus; diese Bedingungen sind unmöglich *innerlogisch* ableitbar, sondern lediglich in ihrer konkret-historischen Entstehung aufzeigbar. Dessen ungeachtet gibt es natürlich eine *logische Beziehung* zwischen den Kategorien des Tauschwerts, des Geldes, des Kapitals; aber diese Beziehung ist keine eines logisch-deduktiven Ableitungsverhältnisses, sondern eine – im originären Hegelschen Sinn – *spekulative*. Die jeweils folgenden Kategorien bleiben *isoliert* von den ihnen vorangehenden ebenso unbegreiflich, wie sie sich andererseits nie *rein logisch* aus ihnen erschließen lassen. Die anthropologischen Voraussetzungen führen also dazu, daß Marx auch methodisch hinter Hegel zurückfällt. Denn Hegel selbst hatte, wie wir sahen, die spekulative Methode ausdrücklich von rein innerlogischer Reflexion abgehoben, hatte das Allgemeine als *übergreifend* und das Besondere als aus diesem *nie vollständig* logisch ableitbar gefaßt.

Indem die »Manuskripte« – aufgrund ihres anthropologischen Arbeitsbegriffs – gerade diese notwendige außerlogische *Vermittlung* der logischen Entwicklung – den Aufweis der *realhistorischen Voraussetzungen* der in den spezifischen Kategorien gefaßten Verhältnisse – überspringen, bleiben sie methodisch selbst noch auf dem Boden der klassischen Nationalökonomie. (Denn deren Grundfehler bestand ja, wie wir sahen, gerade im Weglassen der notwendigen Vermittlungsglieder). Der Unterschied besteht lediglich darin, daß die »Manuskripte« die nationalökonomischen Kategorien nicht in der menschlichen Arbeit *im allgemeinen*, sondern in ihrer *besonderen Form* als *entfremdete* Arbeit zu gründen suchen. Dadurch *scheinen* die Kategorien historisch relativiert zu sein. Freilich um den Preis ihrer *Subjektivierung*. Die historische Relativität der bürgerlichen Produktionsweise ist damit nämlich nicht Folge *realhistorischer Voraussetzungen*, die zu ihrer Entstehung geführt haben und die sie – einmal entstanden – sukzessive aufhebt, sondern Folge *besonderer subjektiver Haltungen*, die ihr zugrunde liegen, deren Entstehung wie auch Überwindbarkeit freilich unter diesen Umständen im Dunkeln bleiben muß.

Die Notwendigkeit des Kommunismus suchen die »Manuskripte« nun ebenfalls rein logisch aus dem *inneren Widerspruch* der Kategorien *Privateigentum* und *entfremdete Arbeit* zu entwickeln. Dieser Widerspruch wird darin gesehen, daß die kapitalistische Erscheinung dieser Kategorien ihrem ursprünglichen Begriff widerspricht: »Aber die Arbeit, das subjektive Wesen des Privateigentums als Ausschließung des Eigentums, und das Kapital, die objektive Arbeit als Ausschließung der Arbeit, ist das *Privateigentum* als sein entwickeltes Verhältnis des Widerspruchs, darum ein energisches, zur Auflösung treibendes Verhältnis.«[332] Indessen ist klar, daß dieser Widerspruch als solcher noch keineswegs »zur Auflösung« treibt, vielmehr – wie Marx im »Kapital« bestimmt – »Bewegungsform« der kapitalistischen Produktionsweise ist. Alles in allem reduziert sich die Begündung des Kommunismus in den »Manuskripten« auf folgende Argumentation: aus dem vorausgesetzten Begriff *des* Menschen als eines praktisch-tätigen und in seiner Tätigkeit sein Gattungswesen realisierenden Wesens folgt der *logische Widerspruch* der entfremdeten Arbeit, die dieses Verhältnis in sein Gegenteil verkehrt: die Arbeit wird zu einer dem Arbeitenden fremden und feindlichen, statt Realisation seines Gattungswesens zu sein. Aus diesem *logischen Widerspruch* der entfremdeten Arbeit wiederum wird die Notwendigkeit ihrer Aufhebung – und damit der Aufhebung aller ökonomischen Verhältnisse der bürgerlichen Produktionsperiode – abgeleitet.

Die Geschichtstheorie der »Manuskripte« folgt insofern dem aus der Hegelschen Philosophie abstrahierten, aber im Gegensatz zu den Vorgaben der spekulativen Methode gerade nicht konkret inhaltlich entwickelten, sondern rein formal gesetzten Schema: *Position* (menschliche Arbeit, Beginn des Gattungsprozesses) – *Negation* (entfremdete Arbeit und Privateigentum: bürgerliche Gesellschaft) – *Negation der Negation* (Aufhebung der entfremdeten Arbeit und des Privateigentums: Kommunismus.) Dabei wird die *logische Figur* der Negation der Negation von Marx an einer Stelle sogar ausdrücklich als *Grund* der realgeschichtlichen Entwicklung, statt als logisch-formeller *Ausdruck* ihres Verlaufs gefaßt: »Der Kommunismus ist die Position als Negation der Negation, darum das *wirkliche*, für die nächste geschichtliche Entwicklung notwendige Moment der gesellschaftlichen Emanzipation und Wiedergewinnung.«[333] Marx praktiziert hier also genau jene Methode, die er sonst (weitgehend zu Unrecht) als die *spekulative* kritisiert: die *logische Form* wird nicht aus der Dialektik der *konkreten* Inhalte entwickelt, vielmehr der konkrete Inhalt direkt und unvermittelt – und das heißt: a priori – aus der *allgemeinen logischen Form* abgeleitet, eine Ableitung, die natürlich nicht wirklich *begründend* sein kann.

Der Versuch einer rein innerlogischen Ableitung der geschichtlichen Entwicklung hat zudem eine ontologische Konsequenz: er impliziert nämlich, daß der gesamte konkrete Verlauf des weltgeschichtlichen Prozesses bis hin zum Kommunismus bereits in seinen ersten Anfängen *teleologisch angelegt* war. Der Kommunismus – die Wiederherstellung des menschlichen Wesens als Gattungswesen durch Aufhebung der entfremdeten Arbeit und des Privateigentums – er-

---

332 Ebd. S. 533
333 Ebd. S. 546

scheint damit als a priori gesetzter Zielpunkt der Menschheitsgeschichte. Marx schreibt ausdrücklich: »Der Kommunismus ist als vollendeter Naturalismus = Humanismus, als vollendeter Humanismus = Naturalismus, er ist die wahrhafte Auflösung des Widerstreits zwischen dem Menschen mit der Natur und mit dem Menschen, die wahre Auflösung des Streits zwischen Existenz und Wesen, zwischen Vergegenständlichung und Selbstbestätigung, zwischen Freiheit und Notwendigkeit, zwischen Individuum und Gattung. Er ist das aufgelöste Rätsel der Geschichte und weiß sich als diese Lösung. ...Die ganze Bewegung der Geschichte ist daher, wie sein wirklicher Zeugungsakt – der Geburtsakt seines empirischen Daseins – so auch für sein denkendes Bewußtsein die *begriffene* und *gewußte* Bewegung seines *Werdens*...«[334] Für den Verfasser der »Manuskripte« ergibt sich diese teleologische Geschichtsauffassung insofern zwangsläufig, weil das überhistorische Abstraktum *des* »menschlichen Gattungswesens« der ganzen Ableitung von vornherein zugrunde liegt, ja die gesamte Geschichtskonstruktion genau genommen keine andere Aufgabe hat als die, dieses Abstraktum zu *beweisen*.

Es ist nun seit Bernstein üblich geworden, der marxistischen Geschichtsbetrachtung vorzuwerfen, sie *deduziere* ihre Perspektive aus dem Hegelschen Schema der Negation der Negation. Tatsache ist indessen, daß der reife Marx – insbesondere im »Kapital« – die in den »Ökonomisch-philosophischen Manuskripten« lediglich formal überbrückten Leerstellen durch die konkret-inhaltliche Entwicklung der Kategorien der kapitalistischen Produktionsweise füllt und in *dieser selbst* die Tendenz zur Aufhebung ihrer historischen Voraussetzungen nachweist (Ausweitung des Vergesellschaftungsgrades der Produktion als objektiver Prozeß, damit verbunden: stetige Vergrößerung des Kapitalminimums, tendenzieller Fall der Profitrate etc.). Der genannte Vorwurf trifft also nicht die marxistische Theorie selbst, sondern allenfalls die noch stark von der Feuerbachianischen Anthropologie geprägte Entfremdungskonzeption des frühen Marx. Deren Idealismus besteht ja gerade darin, daß die inhaltlich noch nicht erfüllten Leerstellen vorläufig durch abstrakt-athropologische Begriffe (Feuerbachs *wirklicher Mensch*) bzw. formale Schemata (Negation der Negation als *Begründungsstruktur*) besetzt werden. Der wesentliche Fehler der logischen Ableitungen der »Manuskripte« rührt immer wieder daher, daß beim abstrakten Allgemeinen – *der* Mensch, *die* Arbeit, *das* Privateigentum – stehengeblieben und der Anspruch erhoben wird, aus diesen Abstrakta *immanent logisch* ihre *besonderen Formen* – der entfremdete Mensch, die entfremdete Arbeit, das Kapital – abzuleiten. Tatsächlich ist eine solche Ableitung nie *rein logisch* durchführbar, son-

---

[334] Ebd. S. 536

dern verlangt die *Aufnahme* konkret historischer Bestimmungen, die die geschichtlichen *Voraussetzungen* dieser besonderen Formen bilden. Diese Auffassung modifiziert damit zugleich die Bestimmung des sich in ihnen spezifizierenden Allgemeinen selbst.

Die unaufhebbare Heterogenität der menschlichen Geschichte liegt eben darin, daß sie – als eine *wirkliche Entwicklung* – ihr Ende bzw. ihre *Gesamtrichtung* durchaus nicht in ihrem Beginn vorgeprägt enthält. Was jeweils *logisch* ableitbar ist – und das allerdings sehr wohl – ist die in den je *besonderen* Bewegungsformen spezifischer Gesellschaften angelegte *Tendenz* ihrer Entwicklung, folglich auch die mit ihnen gegebenen bzw. sukzessive von ihnen geschaffenen Möglichkeiten ihrer Veränderung und Überwindung.

V. Die Rezeption des Hegelschen Dialektik- und Spekulations-Konzepts in den »Ökonomisch-philosophischen Manuskripten« – Analyse und Wertung

Die Marxsche Argumentation zur Kritik der Hegelschen Philosophie und Dialektik haben wir bereits im ersten Kapitel dieser Arbeit ausführlich referiert. Jetzt geht es darum, diese Argumente zu analysieren und zu werten. Wir können uns dabei auf die Erkenntnisse stützen, die wir durch die Untersuchung der originären Hegelschen Kategorien sowie die Darstellung der Marxschen Gesamtanschauung im Entstehungszeitraum der »Manuskripte« gewonnenen haben.

Sofern die Marxschen Textstellen bereits im ersten Kapitel zitiert wurden, werden wir auf ihre nochmalige Anführung weitgehend verzichten.

Marx' theoretische Position in der Periode der »Manuskripte« – Zusammenfassung

Es hat sich in den vorangegangenen Kapiteln ergeben, daß Marx' Sichtweise zur Zeit der »Manuskripte« nach wie vor stark unter dem Einfluß der Feuerbachschen Philosophie und Anthropologie stand, ohne allerdings in dieser aufzugehen. In einem wesentlichen Punkt erkannte Marx die Feuerbachschen Vorgaben von Beginn an als unbefriedigend: dieser Punkt war die *Unmittelbarkeit* der Feuerbachschen Position. Feuerbach faßte den Menschen als *sinnlich-gegenständliches* und in dieser sinnlich-gegenständlichen Existenz mit seinem Gattungswesen *unmittelbar* identisches Wesen. Indessen hatte Marx, wie wir sahen, bereits in den Aufsätzen der »Deutsch-französischen Jahrbücher« die Feuerbachsche unmittelbare Identität von empirischem und Gattungsmenschen in ein *Sollen* verwandelt und kritisch gegen die bestehende Welt – als auf der *Trennung* beider Momente beruhender – gewandt. Sollte nun allerdings dieses *Sollen* mehr sein als ein subjektiv-idealistisches Postulat, ergab sich für Marx sofort das Problem seiner gesellschaftlichen *Begründung*.

Diese Begründung wird zunächst im *Begriff* des repräsentativen Staates gesucht. Wie für Feuerbach die Religion – die Vergegenständlichung des menschlichen Wesens, abgesondert vom wirklichen Menschen – in sich bereits die Anthropologie – die wirkliche Identität von menschlichem und Gattungswesen –

als *ihre Wahrheit* enthält, leitet Marx aus der imaginären Allgemeinheit und Gattungsrepräsentanz des demokratischen Staates die Forderung der wahren Allgemeinheit und Gattungsmäßigkeit des empirischen Menschen in seinem wirklichen gesellschaftlichen Leben ab. Aber diese Ableitung war natürlich ebenso abstrakt wie unhistorisch. Und je mehr Marx – insbesondere unter dem Eindruck der klassischen Nationalökonomie – die unmittelbar ökonomischen Verhältnisse als *Basis* der politischen und sonstigen Strukturen der Gesellschaft begriff, desto weniger konnte die genannte Ableitung befriedigen. Vielmehr lag die Forderung einer *Begründung* der humanistischen Postulate *aus der geschichtlichen Entwicklung der menschlichen Gesellschaften selbst* auf der Hand. Die »Ökonomisch-philosophischen Manuskripte« sind nun Marx erster – freilich noch stark konstruktiver – Versuch, das politische Ziel des Kommunismus in der menschlichen *Geschichte* selbst zu gründen.

Unter dem Eindruck seiner nationalökonomischen Studien ging Marx allerdings noch in einem zweiten, mit dem Geschichtsaspekt unmittelbar verbundenen Gesichtspunkt über das Feuerbachsche Menschenbild hinaus: faßte dieser den Menschen lediglich als *sinnlich-gegenständliches*, so Marx zugleich als *gegenständlich-tätiges*, praktisch-wirkendes Wesen. Mit der Bestimmung der *Arbeit* als differentia spezifica der menschlichen Gattungsexistenz war deren *sinnlich-unmittelbare* Setzung faktisch aufgehoben und ihre Fassung als ein erst *geschichtlich Werdendes*, als *vermitteltes Resultat* eines Prozesses, statt als *unmittelbarer Ausgangspunkt* nahegelegt.

Wir haben im vorigen Kapitel gesehen, wie die »Manuskripte« diese geschichtliche Ableitung des menschlichen Gattungswesens konkret zu entwickeln suchen und in welchem Grade diese Ableitung idealistisch bleibt. Von all dem soll an dieser Stelle nichts wiederholt werden. In jedem Falle aber – und das ist es, was uns jetzt interessiert – bedeutete beides: die Zentralstelle der *Arbeit* und die Fassung des menschlichen Wesens als eines nicht *unmittelbar* gegebenen, sondern erst *geschichtlich* (vermittelt über seine Negation) *werdenden* Wesens, den Rückgriff auf Hegel und die Hegelsche Dialektik. Diese theoretische Position bestimmte den Blickwinkel, von dem aus Marx im Jahre 1844 seine erneuten Hegel-Studien unternimmt und unter dem die Hegelrezeption und -kritik in den »Manuskripten« steht.

Die doppelte Begründungsstruktur der Hegelschen Geschichtsphilosophie – Marx' Rezeption der Negation der Negation als universalhistorisches Konstruktionsprinzip

Aufgrund der geschilderten Marxschen Position ist es folgerichtig, daß die »Manuskripte« einerseits mit der positiven Anknüpfung an Feuerbach – als dem »wahre[n] Überwinder der alten Philosophie« und Begründer der »des wahren Materialismus und der reellen Wissenschaft« – beginnen, sich jedoch in *einem* Punkt sofort von ihm distanzieren: im Begriff der *Negation* bzw. der *Negation der Negation*. Feuerbach nämlich fasse letztere »*nur* als Widerspruch der Philosophie mit sich selbst auf«, stelle ihr darum »...direkt und unvermittelt die sinnlich gewisse, auf sich selbst gegründete Position entgegen...«[335]. In der Voraussetzung einer *unmittelbaren*, damit unbegründeten (und in der politischen Konsequenz: apologetischen) Identität von menschlichem und Gattungswesen, im Unverständnis gegenüber der Auffassung der Negation als *bestimmter* und der mit dieser Auffassung verbundenen Wesentlichkeit der *Vermittlung*, – darin liegen für Marx die Schwächen des Feuerbachschen Standpunkts. Die Hegelsche Philosophie, insofern sie das menschliche Wesen als *tätiges* und erst *geschichtlich werdendes* faßt, ist daher für Marx mit Feuerbach keineswegs erledigt. Denn gerade in der Figur der Negation der Negation habe Hegel »den *abstrakten, logischen, spekulativen* Ausdruck für die Bewegung der Geschichte gefunden«[336].

Um diese Marxsche Interpretation der Hegelschen Negation der Negation werten zu können, rekapitulieren wir kurz, was unsere Analyse der Hegelschen Methodologie bezüglich der Stellung und Funktion dieser logischen Figur ergeben hat. Wir haben bei Behandlung der spekulativen Methode gesehen, daß deren wesentlicher Anspruch tatsächlich darin besteht, das Sein als *bewegtes*, sich *entwickelndes*, als ein Gefüge *prozessualer Komplexe* zu erfassen und im Medium des *Logischen* zu reproduzieren. Zu diesem Zweck bedient sich die spekulative Methode zweier logischer Grundformen: der des *übergreifenden Allgemeinen* als Identität von Identität und Nichtidentität (anstelle der abstrakten Identität des formallogisch gebildeten Allgemeinen); und der *bestimmten* Negation als einer konkret *inhaltlichen* – und insofern immanent positiven – Negation (anstelle der rein abstrakten Negation der formalen Logik.) Die Figur der Negation der Negation ist nichts als die entwickelte Form dieser Grundfiguren; gerade insofern die Negation *bestimmte* ist, hebt sie ihren Ausgangspunkt (das

---

335 Ebd. S. 570
336 Ebd. S. 570

abstrakte Allgemeine) in seiner Negation (dem Besonderen und Einzelnen) weder schlechthin auf noch kehrt sie als Negation dieser Negation (das übergreifende Allgemeine) unmittelbar in ihren Ausgangspunkt zurück.

Ontologische Grundlage dieser logischen Formen ist die konkrete Inhaltlichkeit aller wesentlichen Seinsbeziehungen, die ihrerseits in der unaufhebbaren Heterogenität des Seins gegründet ist. Methodisch entsprach den genannten Grundformen die unauflösliche Verbindung von innerlogischer und Seinsreflexion, vermittels derer die wesentlichen Bewegungsformen eines konkreten Wirklichkeitskomplexes gedanklich reproduziert und aus diesen – als begriffenen – bestimmte Tendenzen seiner Entwicklung abgeleitet werden können. Übergreifendes Allgemeines und bestimmte Negation – damit also auch die Figur der Negation der Negation – sind also für Hegel in erster Linie Instrumentarien zur logischen Reproduktion der *inneren* Bewegungszusammenhänge konkreter Wirklichkeitskomplexe; *vermittels* dieser begriffenen inneren Bewegungsformen werden dann auch weitergehende, die jeweiligen Komplexe überschreitende Zusammenhänge begreiflich. Aber das konkrete übergreifende Allgemeine der die verschiedenen Komplexe konstituierenden besonderen Teilstrukturen und einzelnen Elemente ist der jeweils *innere* Bewegungszusammenhang des *jeweiligen Komplexes*; durch diesen werden sie in ihrem Wesen bestimmt, allein als in ihm *vermittelte* werden sie begreiflich.

Bezogen auf die menschliche Geschichte sind solche Komplexe naturgemäß die verschiedenen historischen Gesellschaftsformen; in ihre Bewegungszusammenhänge ist der einzelne Mensch als handelnder eingebunden; sie – nicht das abstrakt Allgemeine der menschlichen Gattung als solcher – bestimmen den Charakter und die Möglichkeiten, also das Wesen seines Handelns und damit sein Wesen; diese gesellschaftlichen Grundstrukturen – nicht *der* Mensch – sind die ontologische Basis der einzelnen historischen Epochen und somit auch der *logische* Ausgangspunkt ihres wissenschaftlichen Begriffs. Für diese Dialektik des gesellschaftlichen Seins steht, wie wir sahen, die Hegelsche Kategorie des *objektiven Geistes*. Dabei erfolgt die konkrete Bestimmung der verschiedenen historischen Gesellschaftsformen in der Hegelschen Geschichtsphilosophie weitgehend materialistisch: nämlich von den realen, bewußtseinsunabhängigen Bedingungen der jeweiligen Periode aus (angefangen von geographischen Besonderheiten, über die Spezifik des ökonomischen Lebens, bis zu den auf diesem basierenden politischen Strukturen usw.) So wird etwa die Entstehung des Staates von Hegel nicht anders begründet als fünfzig Jahre später vom alten Engels: nämlich ausgehend von der Spaltung der Gesellschaft in gegensätzliche Klassen und Interessen. Der Staat erscheint als Folge des Umstands, daß die Gesellschaft selbst nicht mehr fähig ist, mit diesen ihren Gegensätzen fertig zu werden: »...ein wirklicher Staat und eine wirkliche Staatsregierung entstehen nur, wenn bereits ein Unterschied der Stände da ist, wenn Reichtum und Armut sehr groß werden und ein solches Verhältnis eintritt, daß eine große Masse ihre Bedürfnisse nicht mehr auf eine Weise, wie sie es gewohnt ist, befriedigen kann.« Auch die Übergänge der verschiedenen Geschichtsetappen bzw. die Unterschiede der verschiedenen Prinzipe werden von Hegel oft direkt aus einer Veränderung des ökonomischen Lebens abgeleitet. So beschreibt Hegel etwa, wie die Phönizier zu Schiffahrt, Bergwerk und Industrie übergingen und fährt dann fort: »Auf diese Weise ergibt sich ein ganz neues Prinzip. Die Untätigkeit hört auf sowie die bloß rohe Tapferkeit; an ihre Stelle treten die Tätigkeit der Industrie sowie der besonnene Mut ...Hier ist alles auf die Tätigkeit des Menschen gesetzt, auf seine Kühnheit, seinen Verstand, so wie auch die Zwecke für ihn sind. Menschlicher Wille und Tätigkeit sind hier das erste, nicht die Natur und ihre Gültigkeit. Babylonien hatte seinen bestimmten Boden und die Subsistenz war durch den Lauf der Sonne und durch den Naturgang überhaupt bedingt. Aber der Seemann vertraut auf sich selbst im Wechsel der Wellen ... Wir sehen die Völker hier befreit von der Furcht der Natur und ihrem sklavischen Dienste«[337]. In ähnlicher Weise wird der griechische Geist aus der Spezifik des griechischen Lebens – bürgerliche Produktion, Handel, Schiffahrt – abgeleitet. Oder hinsichtlich des römischen Staates wird ausdrücklich dessen Mangel an eigener ökonomischer Basis und bürgerlicher Produktion, dessen wesentlich kriegerische, parasitäre Ausrichtung als Grund seines Verfalls benannt: »Der Reichtum wurde als Beute empfangen und war nicht Frucht der Industrie und rechtschaffender Tätigkeit, so wie die Marine nicht aus dem Bedürfnis des Handels, sondern zum Zweck des Krieges entstanden war. Der römische Staat, auf Raub seine Mittel gründend, hat daher auch um den Anteil an der Beute sich entzweit.«[338] Unzählige ähnliche Beispiele ließen sich anführen. (Es versteht sich von selbst, daß Hegel dabei noch nicht von den *Produktionsverhältnissen* als solchen ausgeht, und daß im Begriff des *Volksgeistes* das Moment der Einheitlichkeit gegenüber den inneren Gegensätzen der Gesellschaft eindeutig überbetont wird. Aber nicht der Unterschied der Hegelschen von der späteren marxistischen Geschichtsinterpretation ist hier unser Gegenstand, sondern ihr Bezug auf Marx' Position in der Phase der »Ökonomisch-philosophischen Manuskripte«). Und gerade weil das einzelne Individuum nie als für sich isoliertes, sondern stets eingebunden in konkrete gesellschaftliche Zusammenhänge agiert, erschließen sich für Hegel die Handlungen der Menschen nicht allein aus ihren

---

337 G.W.F. Hegel »Philosophie der Geschichte« a.a.O. Bd. 12, S. 237
338 Ebd. S. 374

subjektiven Zwecken und Absichten. D.h. Subjekt der Geschichte ist für Hegel – und darin besteht der grundlegende Gehalt des Geistbegriffs – nicht das menschliche Individuum als *unmittelbares*, sondern der in *seinem konkreten Allgemeinen*, in den Bewegungsformen seiner Gesellschaft *vermittelte* und durch diese geprägte Mensch. Nichts idealistisches, sondern eben dies ist gemeint, wenn Hegel betont, daß » ...jene Lebendigkeiten und Individuen der Völker, indem sie das Ihrige suchen und befriedigen, zugleich die Mittel und Werkzeuge eines Höheren und Weiteren sind, von dem sie nichts wissen, das sie bewußtlos vollbringen.«[339] Die konkreten gesellschaftlichen Bewegungsformen wiederum lassen sich nicht rein logisch entwickeln, sondern basieren auf ganz konkreten, empirisch aufzunehmenden und lediglich in ihrem *historischen* Entstehen aufzeigbaren geschichtlichen Voraussetzungen.

Allerdings gibt es – ebenso wie in der »Philosophie des Rechts« und sogar noch ausgeprägter als in dieser – auch in der Hegelschen »Philosophie der Weltgeschichte« jene gegenläufige Begründungsstruktur, die von den allgemeinen logischen Kategorien als solchen ausgeht und diese als *Grund* – statt als *Ausdruck* – der geschichtlichen Entwicklung in ihren einzelnen Etappen sowie in ihrem Gesamtverlauf zu fassen sucht. Damit wird die Geschichte der menschlichen Gesellschaften zu einem in seinen Grundzügen von vornherein feststehenden und a priori *notwendigen* Vorgang; ihr Ende wird zu einem bereits im Anfang implizierten *Zweck*, mit dessen Erreichen die Geschichte sich selbst aufhebt. Analysiert man die Ableitung der einzelnen Übergänge in der Hegelschen Geschichtsphilosophie, zeigt sich freilich, daß er keinen einzigen direkt aus den allgemein-logischen Kategorienverhältnissen heraus begründet. Bereits in der Vorrede wird von Hegel ausdrücklich betont, » ...daß überhaupt nichts ohne das Interesse derer, welche durch ihre Tätigkeit mitwirkten, zustande gekommen ist...«[340] Es ist »...nur durch diese Tätigkeit, daß jener Begriff sowie die an sich seienden Bestimmungen realisiert, verwirklicht werden, denn sie gelten nicht unmittelbar durch sich selbst.«[341] Das eigentliche Problem Hegels ist aber die wirklich konkrete Fassung des *übergreifenden Allgemeinen* dieser einzelnen Gesellschaftsformen, die Aufdeckung des tatsächlichen *Wesens* ihrer Bewegungszusammenhänge und damit der konkreten Art und Weise der Vermittlung des Einzelnen in seinem Allgemeinen. Denn dies wird eben erst durch die Bestimmung der *Produktionsverhältnisse* als konkreter Basis der gesellschaftlichen Strukturen geleistet. Zweitens braucht Hegel den *absolut notwendigen*

---

339 Ebd. S. 40
340 Ebd. S. 37
341 Ebd. S. 36

universalhistorischen Zusammenhang wiederum, um sein System in sich zu schließen. Beiden Zwecken dient die »Ableitung« aus den allgemein-logischen Kategorienverhältnisse als solchen.

Insofern Marx also die logische Figur der Negation der Negation – in der spekulativen Methode in erster Linie methodisches Instrument zur begrifflichen, konkret inhaltlichen Reproduktion der *inneren* Bewegungsformen der einzelnen Gesellschaften – als Konstruktionsprinzip eines universalhistorisch-teleologischen Zusammenhangs interpretiert, rezipiert er gerade das *idealistische* Moment in der Begründungsstruktur der Hegelschen Geschichtsphilosophie. Freilich kritisiert Marx zugleich die *logisch-abstrakte* Fassung dieses Prinzips bei Hegel. Aber daß auch diese Kritik keineswegs so materialistisch ist, wie sie auf den ersten Blick erscheint, wird bei näherer Betrachtung deutlich.

Ontologische Interpretation der phänomenologischen Kategorien – der Junghegelianismus als eigentlicher Adressat der Marxschen Kritik

So ist bereits nicht unproblematisch, daß Marx sich in seiner Kritik der Hegelschen Kategorien und Methode gar nicht auf dessen Geschichtsphilosophie selbst bezieht, sondern in erster Linie auf die »Phänomenologie des Geistes«. Die Argumentation der Marxschen Kritik wurde bereits im ersten Kapitel dargestellt; sie soll an dieser Stelle lediglich noch einmal zusammengefaßt werden: 1. Ausgangspunkt der Kritik: Hegel abstrahiere vom wirklichen Menschen und fasse das menschliche Wesen als reines Gedankenwesen: als abstraktes Selbstbewußtsein; 2. die menschlichen Handlungen werden damit in ihrem Wesen zu bloßen *Denkhandlungen*; 3. die entfremdete Gegenständlichkeit – als *Produkt der Entäußerung* des abstrakten Selbstbewußtseins – ist folglich ebenfalls bloßes Gedankenwesen, logische Kategorie; 4. das aber heißt: die geforderte Rücknahme der entfremdeten Gegenständlichkeit meint nicht eine konkret gegenständliche Aktion zur Aufhebung einer konkret gegenständlichen Realität, sondern lediglich die Aufhebung einer gedanklichen Abstraktion, die sich zwangsläufig ebenfalls im reinen Denken vollzieht. Dadurch wiederum wird die Kritik zur bloßen Schein-Kritik und schlägt in eine Affirmation der realen Entfremdung um, denn deren *Realität* bleibt unangefochten.

Nun haben wir bei Behandlung der »Phänomenologie« aufgezeigt, daß deren Fragestellung – die »Aufhebung des Gegensatzes von Bewußtsein und Gegenstand« – *tatsächlich* erkenntnistheoretisch-methodologisch und *keineswegs* allgemein geschichtsphilosophisch zu verstehen ist: es geht um die Begründung des *wissenschaftlichen Standpunkts*, der *spekulativen Methode* der Begriffsdialektik. Diese Begründung erfolgt vermittels ontologischer und geschichtsphilosophischer Ausführungen; aber nicht diese für sich, sondern das genannte erkenntnistheoretisch-methodologische Problem ist spezifischer Zweck der »Phänomenologie«. Aus dieser Sichtweise rührt ihre spezifische Abstraktionsstufe: die Geschichte der menschlichen Gesellschaften *erscheint* als Abfolge von »Bewußtseinsgestalten«, deren *Erfahrung* in Auseinandersetzung mit der gegenständlichen Welt je ihren Übergang in die nächsthöhere Gestalt herbeiführt. Wobei Hegel immer wieder betont, daß hinter dieser *Erscheinung* selbstverständlich die realen bewußtseinsunabhängigen Gesellschaftsstrukturen fortbestehen, die die Bewußtseinsgestalten objektiv bestimmen, auch wenn die phänomenologische Darstellung von dieser Bestimmung vorläufig abstrahiert.

In der Marxschen Kritik bleibt nun diese spezifisch erkenntnistheoretische Fragestellung und daraus folgende *bewußte* Abstraktion der phänomenologischen Entwicklung unberücksichtigt; die »Phänomenologie« wird vielmehr als allgemeine Geschichtsphilosophie interpretiert und unter diesem Anspruch kritisiert. Allerdings geht die Interpretation der Hegelschen »Phänomenologie« als *Geschichtsphilosophie* und die Rezeption der *spezifisch phänomenologischen* Kategorien als *allgemein geschichtsphilosophischer Bestimmungen* keineswegs auf Marx zurück, sondern ist konstituierendes Moment der junghegelianischen Hegelrezeption. Wie wir gesehen haben, wird speziell bei Bruno Bauer die Kategorie des Selbstbewußtseins – anstelle des Hegelschen Geistbegriffs – zur tragenden Säule der geschichtsphilosophischen Konzeption. War also bei Hegel die Reduktion der geschichtlichen Entwicklung auf die Dialektik von »Bewußtseinsgestalten« ein bewußter, aus der spezifisch phänomenologischen Fragestellung sich ergebender Abstraktionsschritt (dessen Abstraktionsgrad in der »Phänomenologie« selbst immer wieder betont wurde), wird diese Reduktion bei Bruno Bauer *ontologisiert*. Folge dessen ist die Uminterpretation der Hegelschen Philosophie in Richtung eines subjektiven Idealismus vom Fichteschen Typ.

Die Marxsche Kritik, bezieht man sie auf die Hegelsche »Phänomenologie« als solche, erscheint schlicht als verfehlt. Sie wird jedoch sofort verständlich und in ihrer Vehemenz nachvollziehbar, sieht man sie im Kontext der junghegelianischen »Phänomenologie«-Rezeption und speziell der Bauerschen »Philosophie des Selbstbewußtseins«. D.h. wenn Marx die Reduktion des Menschen auf abstraktes Selbstbewußtsein, die Reduktion geschichtlicher Taten auf bloße Denkhandlungen kritisiert, heißt der eigentliche Adressat seiner Kritik nicht Hegel, sondern Bruno Bauer. Und gegenüber der Bauerschen Philosophie ist die Marxsche Argumentation durchweg zutreffend und seine Kritik im Recht. Der einzige Fehler dieser Kritik liegt eben darin, das Selbstverständnis Bauers, seine

Kategorien seien die *Konsequenz* der Hegelschen, d.h. seine Hegelinterpretation sei adäquat, nicht selbst in Frage zu stellen, sondern faktisch kritiklos zu übernehmen. Dessen ungeachtet wird die Polemik der »Manuskripte« nur dann verständlich und nachvollziehbar, wenn man sie nicht als Auseinandersetzung mit Hegel, sondern als Auseinandersetzung mit dem aktuellen junghegelianischen Diskurs versteht.

Die notwendige Konsequenz der Bestimmung des Menschen als *abstraktes Selbstbewußtsein* ist tatsächlich dessen Souveränität und Unabhängigkeit gegenüber der ihn umgebenden gegenständlichen Welt, ja die Auffassung dieser Welt als im Wesen *bewußtseinsabhängig*. Wirklichkeitskritik reduziert sich damit auf *Bewußtseinskritik*, Wirklichkeitsveränderung auf *Bewußtseinsveränderung*. Die Schriften Bauers zeigen diese Konsequenz deutlich. Und genau daraus erklärt sich der gereizte Ton der Marxschen Polemik. Denn gerade weil sein wesentlichstes Bestreben auf die Veränderung der gesellschaftlichen Realität selbst – und nicht bloß der Gedanken *über* diese Realität – zielt, muß er mit einer philosophischen Konzeption aufräumen, die den Menschen und die menschliche Gesellschaft im Kern als bloße *Gedankenwesen* begreift, ihre *Kritik* folglich auf die Kritik ihrer *gedanklichen Formen* reduziert und deren Bewegung und Veränderung mit der Bewegung und Veränderung der Realität als solcher *identifiziert*. Genau in diesem Punkt dürfte auch der Grund für die begeisterte Feuerbach-Rezeption des jungen Marx liegen. Denn es war eben Feuerbach, der dem junghegelianischen Menschenbild, der Reduktion des Menschen auf abstraktes *Selbstbewußtsein*, die Konzeption des »wirklichen Menschen« als eines sinnlich-gegenständlichen Wesens entgegenstellte. Denn das hieß: er stellte der Auffassung des Menschen als eines schlechthin souveränen, unabhängigen Wesens die Bestimmung seiner als *abhängig* von der ihn umgebenden Welt und angewiesen auf sie entgegen. Und in dieser Bestimmung war faktisch impliziert, daß die Lebenslage des Menschen durch bewußtseinsunabhängige gegenständliche Bedingungen geprägt wird, folglich die Veränderung seiner Lebenslage eine Veränderung dieser Bedingungen *voraussetzt*. Und in der Bestimmung dieser Bedingungen als *gegenständlicher* lag zugleich, daß ihre Veränderung ebenfalls nur in *gegenständlicher* Aktion erreicht werden kann, sich also mit einer Veränderung der *Gedanken über* die Realität keineswegs erledigt hat.

Die Referierung der Marxschen Argumentation im ersten Kapitel hat gezeigt, daß Marx immer wieder auf die gesellschaftlich-politische Konsequenz der Auffassung des Menschen als abstraktes Gedankenwesen eingeht und der Verweis auf die *apologetische Tendenz* dieser Auffassung den Kern seiner Kritik bildet. Insofern er diesem abstrakten Menschenbild den Feuerbachschen Begriff des Menschen als sinnlich-gegenständliches Wesen entgegenstellt, befindet er sich gegenüber der kritisierten Position vollkommen im Recht und ist die Kritik eine materialistische. Nur ist zu beachten, daß derjenige, dem gegenüber Marx sich hier im Recht befindet, nicht Hegel sondern Bruno Bauer heißt.

Marx' Abweisung des Hegelschen Geistbegriffs: die unüberwundene Anthropologie der »Manuskripte«

Verkompliziert wird diese Sachlage allerdings dadurch, daß Marx nicht allein Bauers Auffassung des Menschen als abstraktes Selbstbewußtsein in die Hegelsche Philosophie hineininterpretiert, d.h. den spezifischen Abstraktionsschritt der »Phänomenologie« ignoriert, sondern seine – berechtigte – Kritik an Bauers Menschenbild zugleich unmittelbar – und unberechtigt – auf den Hegelschen Geistbegriff selbst überträgt.

Nun haben wir freilich gesehen, daß der die phänomenologische Darstellung konstituierende Abstraktionsschritt einerseits und die im Hegelschen Geistbegriff gefaßte Dialektik andererseits sich inhaltlich und strukturell grundlegend unterscheiden. In der »Phänomenologie« *erscheint* die Geschichte der menschlichen Gesellschaften als eine Geschichte von »Bewußtseinsgestalten«, *weil* ihre Fragestellung eine erkenntnistheoretisch-methodlogische ist. Der Hegelsche Geistbegriff hingegen bedeutet keineswegs, daß der Mensch als *rein geistiges* Wesen, als Bewußtsein, aufgefaßt würde; er bringt vielmehr eben jene Dialektik des Einzelnen und Allgemeinen im gesellschaftlichen Sein zum Ausdruck, die sich darin gründet, daß die gesellschaftlichen Verhältnisse als geschichtlich bestimmte, gegenständliche Vermittlungsprozesse aufgefaßt werden müssen, die sich keineswegs auf rein intersubjektive Beziehungen *des* Menschen zurückführen lassen, daß der Mensch vielmehr selbst erst als *konkret gesellschaftlicher*, als Mitglied einer konkreten historischen Gesellschaftsform ist, was er ist.

Marx erscheint dieser Hegelsche Subjektbegriff nun – ganz nach Feuerbach – als bloße Abstraktion und er setzt ihm den »wirklichen Menschen« als *unmittelbaren* gegenüber. Im Hegelschen Geistbegriff, so seine Kritik, befänden sich Subjekt und Objekt im »Verhältnis einer vollkommenen Verkehrung«[342]. Nun ist aber der »wirkliche Mensch« im Sinne Feuerbachs, d.h. der Mensch als unmittelbar allgemeines Gattungswesen, *tatsächlich* nicht Subjekt der Geschichte; der Mensch handelt und wirkt vielmehr *innerhalb* spezifischer gesellschaftlicher Zusammenhänge, die die Ziele und Möglichkeiten seines Handelns – und da-

---

[342] MEW Bd. 40, S. 584

durch ihn selbst – bestimmen und aus denen heraus seine Taten und Bewußtseinsformen erst begreiflich werden. Indem Marx dem Hegelschen Geistbegriff, der diese Dialektik zu fassen sucht, den Feuerbachschen »wirklichen Menschen« entgegensetzt, fällt er anthropologisch hinter Hegel zurück, anstatt materialistisch über ihn hinauszugehen.

Freilich bestimmt Marx, anders als Feuerbach, diesen »wirklichen Menschen« in seinem Wesen als nicht nur sinnlich-gegenständlichen, sondern vor allem *praktisch-tätigen*. Aber diese *praktische Tätigkeit* wird, wie wir im vorangegangenen Kapitel gesehen haben, von den »Manuskripten« nur als *allgemeinmenschliches* Gattungsmerkmal und noch nicht als *spezifisch gesellschaftliche, konkret historisch bestimmte* gefaßt. Die »Manuskripte« bleiben beim Feuerbachschen Begriff *des* Menschen als eines im Wesen geschichtlich unveränderlichen Abstraktums stehen und kommen folgerichtig auch noch nicht über den abstrakt-allgemeinen Begriff *der* Arbeit hinaus. Wir haben im vorangegangenen Kapitel gezeigt, wie Marx versucht, *immanent logisch* aus dem allgemeinen Arbeitsbegriff die entfremdete und die unentfremdete Arbeit als die zwei historischen Erscheinungsformen dieser allgemein-menschlichen Arbeit abzuleiten. Wir haben gesehen, daß die unterschiedlichen gesellschaftlichen Verhältnisse dabei nicht als *Grund* dieser verschiedenen Formen, vielmehr diese Formen als *Grund* unterschiedlicher gesellschaftlicher Verhältnisse erscheinen. Gerade dadurch aber wird die von Marx geforderte *Objektivierung*, die Auffassung gesellschaftlicher Veränderung als *Veränderung gegenständlicher Strukturen in gegenständlicher Aktion* faktisch wieder zurückgenommen.

Wie gezeigt, zielte die Marxsche Kritik an der Bestimmung des Menschen als reinem Gedankenwesen gerade darauf, daß sich als Konsequenz dieser Bestimmung die menschlichen Handlungen wesentlich auf *Denk*handlungen, somit gesellschaftliche Veränderungen auf eine Veränderung der *Gedanken über* die Gesellschaft reduzieren. Um dieser – letztlich apologetischen – Subjektivierung zu entgehen, stellt Marx dem Bauerschen abstrakten Selbstbewußtsein den Menschen als sinnlich-gegenständliches und gegenständlich-tätiges, damit aber von den *gegenständlichen Voraussetzungen* seiner Tätigkeit *abhängiges* Wesens gegenüber. Indem aber diese *gegenständlichen Voraussetzungen* noch nicht als konkret historische, sondern nur als allgemein natürliche gefaßt werden, bleiben die verschiedenen historischen Formen des gesellschaftlichen Arbeitsprozesses (und damit die gesellschaftlichen Strukturen im allgemeinen) nach wie vor ohne *objektiven Grund*, lassen sich daher wiederum nur *subjektiv* begründen. Wie wir sehen konnten, sucht Marx diese Begründung in den verschiedenen subjektiven Haltungen bzw. Verhaltensweisen des Menschen. Damit aber ist die Bauersche Subjektivierung de facto wiederhergestellt. Gesellschaftliche Veränderung erscheint damit zwar nicht mehr als bloße Veränderung der *Gedanken über* die Gesellschaft, aber ebensowenig als Veränderung *gegenständlicher Strukturen*, sondern primär als Veränderung *subjektiver Haltungen und Verhaltensweisen*, die – da nicht in den gesellschaftlichen Verhältnissen gegründet, sondern selbst erst *Grund* dieser Verhältnisse – in letzter Konsequenz doch wieder nur auf verschiedene *Bewußtseinsformen* zurückgeführt werden können.

So sehr also Marx im Recht ist, wenn er der Auffassung des Menschen als reines *Selbstbewußtsein* die Bestimmung seiner als sinnlich-gegenständlichen Wesens entgegenstellt, so unrecht hat er, das Feuerbachsche Abstraktum des »wirklichen Menschen« gegen die im Hegelschen Geistbegriff gefaßte, konkret gesellschaftliche Dialektik von Einzelnem und Allgemeinem geltend zu machen. Und das Komplizierte und Verwirrende der Hegel-Kritik in den »Manuskripten« besteht darin, daß beide Komponenten sich ununterbrochen vermischen und ineinander übergehen, ja Marx sogar versucht, die überindividuelle Fassung des geschichtlichen Subjekts – Hegelscher Begriff des *Geistes* – als direkte *Konsequenz* der idealistischen Abstraktion vom sinnlich-gegenständlichen Wesen des Menschen – Kategorie des *Selbstbewußtseins* – darzustellen. Diese Folgebeziehung stimmt jedoch genau dann nicht, wenn der überindividuelle Subjektbegriff als Resultat *gegenständlicher Vermittlungsprozesse* verstanden wird, d.h. als Resultat einer *objektiv-seinsmäßigen* Vermittlung des Einzelnen im Allgemeinen, die gedanklich lediglich *reproduziert*, nicht aber *konstituiert* wird. Ein in diesem Sinne verstandener überindividueller Subjektbegriff erweist sich sogar als einzige Möglichkeit, gerade der von Marx am abstrakten Menschenbild der Junghegelianer kritisierten *Subjektivierung* der gesellschaftlichen Verhältnisse zu entgehen und ihre Veränderung als *gegenständliche Aktion* zur *Aufhebung gegenständlicher Strukturen* zu begreifen – im Gegensatz zu einer letztlich immer nur im Subjekt selbst vor sich gehenden Veränderung von *Gedanken* oder *Haltungen* und *Verhaltensweisen*.

Marx' Abweisung der spekulativen Methode als Konsequenz der unüberwundenen Anthropologie

Wie die Analyse der Entfremdungskonzeption zeigte, versuchen die »Ökonomisch-philosophischen Manuskripte« die gesellschaftlichen Verhältnisse tatsächlich in rein intersubjektive Beziehungen *des* Menschen aufzulösen. Aus dieser theoretischen Position ergibt sich nun aber nicht allein die Ablehnung des Hegelschen Geistbegriffs im besonderen, sondern zugleich die der spekulativen Methode im allgemeinen. Letztere erscheint in den »Manuskripten« als reine inhaltsleere Abstraktion, insofern als geistiger Reflex des allgemeinen Zustandes der Entfremdung und als unmittelbare *Konsequenz* der – in die »Phänomenologie« hineininterpretierten – Reduktion des Menschen auf abstraktes Selbstbewußtsein. (Genau diese Folgebeziehung ist gemeint, wenn Marx die »Phänomenologie« als »wahre Geburtsstätte und ...Geheimnis der Hegelschen Philosophie« deutet.) Diesem als inhaltsleer bestimmten abstrakten Denken setzen die »Manuskripte« nun – ganz Feuerbachianisch – die unmittelbare *Anschauung* entgegen.

Im Kern konzentriert sich die Marxsche Kritik wiederum darauf, daß die spekulative Methode das Wesen der Realität als bloßes Gedankenwesen – als Kategorie – auffasse, die Aufhebung *realer* Verhältnisse insofern auf deren *Begreifen* reduziere und sich damit der gleichen impliziten Apologie schuldig mache wie die Fassung des Menschen als abstraktes Selbstbewußtsein. Der zentrale Punkt der Spekulationskritik ist also, wie im ersten Kapitel gezeigt, der Hegelsche Begriff der *Aufhebung*. In der Hegelschen Philosophie werde diese Aufhebung als ein *rein gedanklicher* Akt gefaßt, der die realen Verhältnisse unverändert bestehen lasse, ja durch den sie – als begriffene – sogar ausdrücklich *gerechtfertigt* werden.

Nun ist die »Aufhebung des Gegensatzes von Bewußtsein und Gegenstand« in der »Phänomenologie« tatsächlich ein rein gedanklicher Akt, – eben weil die Fragestellung der »Phänomenologie« eine erkenntnistheoretisch-methodologische ist. Die »absolute Methode« ist eine Methode der *Erkenntnis* der Realität; sie geht von der Möglichkeit einer adäquaten Reproduktion realer Seinszusammenhänge im dialektisch-logischen Denken aus. Darin liegt für Hegel die *Aufhebung* des abstrakten Gegensatzes von Denken und Sein, Form und Inhalt, ohne daß der Unterschied beider Seiten dabei in eine abstrakte Identität aufgelöst würde. Resultat der »Phänomenologie« und Ausgangspunkt der spekulativen Methode ist insofern eine Ontologie, die das Sein als konkrete prozessuale Form-Inhalt-Einheit, d.h. als in sich selbst kategorial gegliedertes begreift. Die objektiven Seinsstrukturen entsprechen in dieser Weise den – dialektisch aufgefaßten – Formen des logischen Denkens bzw. diese Formen entsprechen den Seinsstrukturen, welche gegenseitige Entsprechung Hegel auch dazu führt, die Wirklichkeit als *vernünftig* zu bestimmen.

Dieser Begriff ist nun allerdings widersprüchlich; er enthält nämlich, über die bloße *Erkennbarkeit* und rationale Reproduzierbarkeit der Wirklichkeitsverhältnisse hinaus, eine *Wertung* dieser Verhältnisse. Freilich zeigt ein Blick in die Hegelsche Geschichtsphilosophie, daß Hegel die Erkennbarkeit und *historische Begründbarkeit* eines konkreten Gesellschaftszustandes keineswegs mit seiner *Vernünftigkeit an sich* identifiziert. Er unterscheidet beide Seiten vielmehr ausdrücklich. Der römische Weltzustand bleibt *an sich* ein Zustand der Knechtschaft, das Mittelalter eine Periode der Unvernunft, unabhängig davon, ob die diese Geschichtsetappen jeweils konstituierenden gesellschaftlichen Zusammenhänge rational erkannt werden und sich in dieser Erkenntnis als den objektiven Bedingungen *ihrer Zeit* angemessen erweisen. Ebenso ist es für Hegel selbstverständlich, daß derartige gesellschaftliche Zustände, sobald ihre Zeit vorüber ist, *realhistorisch* – d.h. in konkreter politischer Aktion – und nicht nur gedanklich aufgehoben werden müssen. Gerade in dieser Haltung findet die hohe Wertschätzung, die Hegel Zeit seines Lebens der Französischen Revolution entgegenbrachte, ihren Grund. Der von Marx kritisierte Begriff der *Aufhebung* ist also in der Hegelschen Geschichtsphilosophie selbst nicht anzutreffen. Und auch in der »Phänomenologie« wird mehrfach darauf verwiesen, daß der Bewegung der Bewußtseinsgestalten und dem schließlichen Übergang zum wissenschaftlichen Standpunkt *realhistorische Veränderungen* zugrunde liegen, die diesen Standpunkt (speziell die ihm zugrunde liegende Auffassung des Verhältnisses von Einzelnem und Allgemeinem) überhaupt erst möglich machen. Insoweit trifft die Marxsche Kritik wieder allenfalls Bruno Bauer, nicht aber Hegel.

Die spekulative Methode kann genau genommen immer nur eine *relative* Rechtfertigung konkreter gesellschaftlicher Zustände geben, indem sie diese *aus ihren objektiven historischen Voraussetzungen* ableitet; diese Rechtfertigung hebt sich naturgemäß mit der Aufhebung dieser Voraussetzungen selbst auf. Nun haben wir gesehen, daß Hegel diese *relative* Rechtfertigung in letzter Konsequenz allerdings tatsächlich in eine absolute umzubiegen, d.h. zumindest den *Staat seiner Zeit* als *an sich* – voraussetzungslos – *vernünftig* zu bestimmen sucht. Wie erläutert, bemüht er sich zu diesem Zweck, eine *formale* Übereinstimmung zwischen die Strukturen des bonapartistischen Staates und den logischen Kategorienverhältnissen als solchen nachzuweisen, um daraus – nicht aus der rationalen Erkennbarkeit der gesellschaftlichen Zusammenhänge als solcher – die *Vernünftigkeit an sich* dieses Staatsmodells abzuleiten.

Wir haben anhand Marx' Auseinandersetzung mit der Hegelschen »Rechtsphilosophie« gezeigt, daß er diese Seite der Hegelschen Methode zu Recht kritisiert, diese Kritik jedoch unvermittelt auf die *relative historische Begründung* überträgt. Er fällt in den genannten Fragmenten von 1843 idealistisch hinter Hegel zurück, weil er dessen konkret historischer Begründung der (relativen) Vernünftigkeit des seinerzeitigen Gesellschaftsmodells nicht die konkret historische Begründung seiner Überlebtheit (und das wäre das einzige Fundament einer wirklichen Kritik) entgegenstellt, sondern die abstrakten, jeder realhistorischen Herleitung ermangelnden sozialistischen Forderungen als solche. Das gleiche Problem finden wir nun – auf höherem Niveau – in der Hegelkritik der

»Manuskripte«. Die spekulative Methode bedeutet den Anspruch, in den begriffenen Bewegungsformen der bestehenden Gesellschaft selbst deren Tendenz zur Aufhebung ihrer Voraussetzungen aufzuzeigen und auf dieser Basis die Gesellschaftskritik *konkret-historisch* zu begründen. Marx indessen, in der Periode der »Manuskripte« zu einer derartigen Herleitung noch nicht in der Lage, verwirft den Anspruch konkret-begrifflicher Vermittlung und geht *unmittelbar* zur universalhistorischen Konstruktion über: auf Basis des abstrakt-überhistorischen Begriff *des* Menschen und nach dem rein formell aufgefaßten Schema der Negation der Negation.

D.h. die Hegelschen konkreten Begriffe *begründen* den bonapartistischen Staat aus den realen Gegebenheiten der bürgerlichen Gesellschaft heraus; Marx strebt berechtigterweise nicht die *Begründung*, sondern die *Kritik* dieses Staates einschließlich seiner gesellschaftlichen Grundlage an. Da er diese Kritik jedoch noch nicht in realen gegenständlichen Vermittlungsprozessen selbst zu gründen vermag, verwirft er die Methode der konkreten Begriffsdialektik als apologetisch und geht zur Ableitung aus dem *abstrakten* Begriff – dem des Menschen als Gattungswesen – über. Er fällt damit freilich hinter die Hegelsche *inhaltliche Begriffsdialektik* in eine *abstrakt-logische formelle Deduktion* zurück.

Der spekulativen Methode als konkreter Begriffsentwicklung werden also durch die »Ökonomisch-philosophischen Manuskripte« *in praxi* abstrakt-formelle Konstruktionen, *in theoria* aber die unmittelbare Anschauung entgegengesetzt. Beides bildet nur scheinbar einen Gegensatz, in Wahrheit ergänzt es sich. Denn indem die reale Struktur des Seins gerade darin besteht, daß das Element erst als Element konkreter Bewegungszusammenhänge, das Einzelne erst als vermittelt in seinem Allgemeinen, entsprechend das einzelne Individuum erst als Individuum einer konkreten Gesellschaft in seinem Wesen begreiflich und bestimmbar wird, ist ein Denken, das auf den gedanklichen Nachvollzug dieser Vermittlung verzichtet und beim *unmittelbar Anschaulichen* – bzw. *dem* Menschen als unmittelbarem Subjekt – stehenbleibt, zwangsläufig außerstande, die realen Seinszusammenhänge zu reproduzieren; will es seine Position dennoch als *vermittelte* und damit *begründbare* erweisen – und genau in diesem Anspruch geht der Marx der »Manuskripte« ja über Feuerbach hinaus –, ist es zwangsläufig auf abstrakt-formelle Konstruktionen verwiesen.

Der Ablehnung der spekulativen Begriffsdialektik in den »Manuskripten« kongruiert also eine geschichtsphilosophische Konzeption, die *den* Menschen als unveränderliche Basis der verschiedenen Gesellschaftsformen faßt und die gesellschaftlichen Vermittlungsprozesse als letztlich restlos in intersubjektive Strukturen auflösbar, die zweitens – folgerichtig – die Geschichte in einen teleologischen Prozeß verwandelt, dessen Richtung und Zielpunkt a priori feststeht, und die drittens für diesen Zielpunkt die auch faktische Aufhebung jeder Vermittlung, die *unmittelbare* Identität von Wesen und Erscheinung postulieren muß. Entsprechend wird der Kommunismus in den »Manuskripten« nicht nur als Endpunkt der Geschichte, sondern in einer eher an Schelling als an Hegel anknüpfenden Weise zugleich als *Aufhebung aller Widersprüche und aller Vermittlung* bestimmt.

Die Kritik der spekulativen Methode in den »Ökonomisch-philosophischen Manuskripte« ist folglich aufs engste mit den unüberwundenen anthropologischen Voraussetzungen verbunden, innerhalb derer sich die theoretische Position des jungen Marx zur Zeit ihrer Niederschrift bewegte. Weit entfernt, das *Muster* einer materialistischen Hegelrezeption zu geben, bedeutet die Hegelkritik der »Manuskripte« vielmehr einen methodologischen und ontologischen *Rückfall* hinter die Hegelsche Philosophie.

VI. Nachbemerkung. Methodologische Reflexionen des reifen Marx

Der Standpunkt der »Ökonomisch-philosophischen Manuskripte« ist jedoch nicht mehr als ein kurzzeitiges, rasch überwundenes Übergangsstadium in der theoretischen Entwicklung des jungen Marx. Bereits im Frühjahr 1845, d.h. ein knappes halbes Jahr nach Abfassung der »Manuskripte«, entstehen die bekannten »Thesen über Feuerbach«, in denen sich Marx nunmehr ausdrücklich von den anthropologischen Grundlagen der Feuerbachschen Philosophie distanziert. Mit der »Deutschen Ideologie« von 1845/46 ist der Historische Materialismus in seinen Grundzügen entworfen. Von nun an steht die Marxsche Position auf eigenen Füßen. Diese Veränderung des theoretischen Standpunktes brachte notwendig auch eine Veränderung des Methodenverständnisses mit sich. Anstelle des abstrakten Allgemeinen der menschlichen Gattung als solcher werden nunmehr die je konkreten, von objektiven historischen Voraussetzungen (Entwicklungsstand der Produktivkräfte) abhängigen Produktionsverhältnisse als das bestimmende Allgemeine der verschiedenen historischen Gesellschaftsformen begriffen. Der rein apriorischen Deduktion wird somit das *Ausgehen von je gegebenen empirischen Voraussetzungen* entgegengestellt. An eigentlichen Methodenreflexionen bieten diese frühen Schriften allerdings wenig Interessantes. Die Folgen der neu gewonnenen theoretischen Position für die konkrete Struktur der wissenschaftlichen Methode werden nicht untersucht. Statt dessen findet sich eine ausgiebige Polemik gegen die philosophischen Methoden des niedergehenden Junghegelianismus, die zum Teil als allgemeine Spekulationskritik formuliert wird, genau besehen jedoch das Hegelsche Methodenkonzept nicht tangiert, sondern sich ausschließlich gegen die theoretische Verfahrensweise eines Bruno Bauer, Max Stirner etc. richtet.

Die ausführlichste theoretische Methodenreflexion des reifen Marx findet sich in der »Einleitung zur Kritik der politischen Ökonomie«; auch diese blieb freilich Fragment und ist von Marx selbst nie veröffentlicht worden. Er untersucht in ihr u.a. das Verhältnis zwischen abstraktem und konkretem Allgemeinem und grenzt in diesem Zusammenhang die konkrete historische Produktionsweise als das *bestimmende Allgemeine* der verschiedenen Gesellschaftsformen vom abstrakt Allgemeinen der *Produktion als solcher* – aus der heraus unmittelbar bzw. immanent logisch kein einziges historisches Phänomen begriffen werden kann – ab. Die verschiedenen historischen Gesellschaftsorganisationen werden von ihm nunmehr als relative Totalitäten gefaßt, deren innere Zusammenhänge nur dann gedanklich erfaßt und logisch reproduziert werden können, wenn die ihnen je *immanenten* Grundstrukturen und nicht überhistorische Abstrakta den Ausgangspunkt von Analyse und Darstellung bilden.»In Gesellschaft produzierende Individuen – daher gesellschaftlich bestimmte Produktion der Individuen ist natürlich der Ausgangspunkt.«[343]

Zweitens wird das diesen relativen Totalitäten zugrunde liegende Allgemeine von Marx jetzt ausdrücklich als *übergreifendes* gefaßt: »Das Resultat, zu dem wir gelangen, ist nicht, daß Produktion, Distribution, Austausch, Konsumtion identisch sind, sondern daß sie alle Glieder einer Totalität bilden, Unterschiede innerhalb einer Einheit. Die Produktion greift über, sowohl über sich in der gegensätzlichen Bestimmung der Produktion als über die andren Momente. Von ihr beginnt der Prozeß immer wieder von neuem. ...Eine bestimmte Produktion bestimmt also bestimmte Konsumtion, Distribution, Austausch, die *bestimmten Verhältnisse dieser verschiedenen Momente zueinander*. Allerdings wird auch die Produktion, *in ihrer einseitigen Form*, ihrerseits bestimmt durch die andren Momente.«[344] Mit dem Rückgriff auf die logische Figur des übergreifenden Allgemeinen überwindet Marx zugleich jene *Linearität* der Ableitung bestimmter Überbauphänomene aus der ökonomischen Basis, die besonders die Argumentationen der »Deutschen Ideologie« noch prägt.

Drittens unterscheidet Marx die *logisch-begriffliche* Entwicklung der *inneren* Strukturen und Bewegungszusammenhänge einer je konkreten Gesellschaftsform nachdrücklich vom Aufweis ihres *historischen* Entstehens; die logisch-begriffliche Entwicklung (die freilich als konkret inhaltliche die Reflexion auf außerlogische, d.i. konkret historische Voraussetzungen *immanent* enthält) wird dabei als einzige wissenschaftliche Methode aufgefaßt, die zur Einsicht in diese Zusammenhänge befähigt: »Es wäre also untubar und falsch, die ökonomischen Kategorien in der Folge aufeinander folgen zu lassen, in der sie historisch die bestimmenden waren. Vielmehr ist ihre Reihenfolge bestimmt durch die Beziehung, die sie in der modernen bürgerlichen Gesellschaft aufeinander haben, und die genau das umgekehrte von dem ist, was als ihre naturgemäße erscheint oder der Reihe der historischen Entwicklung entspricht.«[345] D.h. nicht das geschichtliche Entstehen eines konkreten Komplexes macht seinen *inneren Funktionsme-*

---

[343] MEW Bd. 13, S. 615
[344] Ebd. S. 630/631
[345] Ebd. S. 638

chanismus verständlich, wohl aber umgekehrt: der begriffene Funktionsmechanismus dessen historische Entwicklungstendenz.

Im »Kapital« selbst wird die Methode konkret-inhaltlicher Begriffsentwicklung von Marx praktiziert, über ihre Beschaffenheit also solche jedoch kaum noch reflektiert. Lediglich auf ihren Ursprung in der Hegelschen Philosophie verweist sowohl das »Vorwort« als auch ein Brief an Kugelmann; in letzterem betont Marx: »In der Methode des Bearbeitens [des »Kapitals«] hat es mir großen Dienst geleistet, daß ich by mere accident ...Hegels 'Logik' wieder durchgeblättert hatte.« Und er fährt fort: »Wenn je wieder Zeit für solche Arbeiten kommt, hätte ich große Lust, in 2 oder 3 Druckbogen das *Rationelle* an der Methode, die H[egel] entdeckt, aber zugleich mystifiziert hat, dem gemeinen Menschenverstand zugänglich zu machen.«[346] Bedauerlicherweise ist freilich die »Zeit für solche Arbeiten« nie gekommen.

Aufschlußreiche Reflexionen über die Methode der politischen Ökonomie finden sich allerdings in den »Theorien über den Mehrwert«. Ausgangspunkt dieser Marxschen Reflexionen ist die Kritik der rein *analytischen*, formallogisch subsumierenden Methode der klassischen Nationalökonomie, der Marx – de facto, wenn auch nicht namentlich – das spekulative Konzept der logisch-inhaltlichen Begriffentwicklung entgegensetzt. So schreibt er etwa über die Methode Adam Smiths: »Weil Adam [Smith] zwar der Sache nach, aber nicht ausdrücklich in der Form einer bestimmten, von ihren besonderen Formen unterschiedenen Kategorie den Mehrwert entwickelt, wirft er ihn hiernach direkt mit der weiterentwickelten Form des Profits unmittelbar zusammen. Dieser Fehler bleibt bei Ricardo und allen seinen Nachfolgern. Es entstehen daraus ...eine Reihe Inkonsequenzen, ungelöster Widersprüche und Gedankenlosigkeiten, die die Ricardians ...scholastisch durch Redensarten zu lösen versuchen. Der grobe Empirismus schlägt in falsche Metaphysik, Scholastik um, die sich abquält, unleugbare empirische Phänomene direkt, durch einfache formelle Abstraktion, aus dem allgemeinen Gesetz herzuleiten oder ihm gemäß zurechtzuräsonieren.«[347] D.h. *methodischer* Hauptmangel der klassischen Nationalökonomie ist die rein analytische Methode, die sich mit der Aufdeckung der *Arbeit* als Wert*substanz* begnügt, die besonderen *Formen*, in denen diese Substanz erscheint, jedoch nicht konkret begrifflich aus ihr zu *entwickeln* vermag, sondern sie lediglich abstrakt zu subsumieren sucht: »Bei Ricardo kommt die Einseitigkeit mit daher, daß er überhaupt beweisen will, daß die verschiednen ökonomischen Kategorien oder Verhältnisse *nicht widersprechen der Werttheorie*, statt

---

346 MEW Bd. 29, S. 260
347 MEW Bd. 26.1, S. 60/ 61

sie umgekehrt mitsamt ihren scheinbaren Widersprüchen von dieser Grundlage aus zu *entwickeln* oder die Entwicklung dieser Grundlage selbst darzustellen.«[348] Und an anderer Stelle: »Die Methode Ric[ardo]s besteht nun darin: Er geht aus von der Bestimmung der Wertgröße der Ware durch die Arbeitszeit und *untersucht* dann, ob die übrigen ökonomischen Verhältnisse, Kategorien, dieser Bestimmung des Werts *widersprechen* oder wieweit sie dieselbe modifizieren. Man sieht auf den ersten Blick sowohl die historische Berechtigung dieser Verfahrungsart, ihre wissenschaftliche Berechtigung in der Geschichte der Ökonomie, aber zugleich auch ihre wissenschaftliche Unzulänglichkeit, eine Unzulänglichkeit, die sich nicht nur in der Darstellungsart (formell) zeigt, sondern zu irrigen Resultaten führt, weil sie notwendige Mittelglieder überspringt und in *unmittelbarer* Weise die Kongruenz der ökonomischen Kategorien untereinander nachzuweisen sucht.«[349] Die von Marx gegen Ricardo geforderte begriffliche Entwicklung der Formunterschiede ist nämlich durchaus keine *immanent logische*; sie setzt vielmehr die Reflexion auf außerlogische, konkret historische *Bedingungen* voraus, eben auf jene *Mittelglieder*, die *historisch* dazu führen, daß die Arbeit diese oder jene konkrete Form annimmt. D.h. durch die konkretbegriffliche Entwicklung werden die verschiedenen Formen nicht nur in ihrem Wesen begriffen, sondern zugleich – untrennbar davon – als konkret-*historische*, an bestimmte Bedingungen gebundene erfaßt. Die formallogisch analytische Methode, die das Besondere nur unter das Allgemeine *subsumiert*, statt es in seiner konkreten Besonderheit logisch zu *entwickeln* (und zwar aus dem Allgemeinen, aber nicht *allein* aus ihm) impliziert folglich zugleich eine bestimmte, nämlich ahistorische Ontologie.

Konsequenz der Methode der klassischen Nationalökonomie ist also 1. ihr »Mangel an theoretischem Sinn für die Auffassung der Formunterschiede der ökonomischen Verhältnisse«[350] im allgemeinen; indem die Nationalökonomie die konkreten *Formen* der Wertsubstanz – Wert, Mehrwert, Profit, Rente – nicht in ihrer spezifischen Bestimmung und Unterscheidung zu entwickeln vermag, sie vielmehr schlechthin voraussetzt und *unmittelbar* auf ihre gemeinsame Substanz – die Arbeit – zurückzuführen sucht, ist sie außerstande, gerade ihren konkreten *besonderen* Inhalt zu begreifen. Daraus aber folgt 2. ihre Unfähigkeit, die *Widersprüche* dieser besonderen Formen gegenüber ihrem Allgemeinen zu erklären (denn diese Erklärung setzt ihre logische Entwicklung voraus und ist mit ihr identisch); sie muß statt dessen versuchen, den Widerspruch durch gewaltsa-

---

348 MEW Bd. 26.2, S. 146
349 Ebd. S. 161/162
350 MEW Bd. 26.1, S. 64

me Subsumtion zu überdecken: »Statt diese *allgemeine Profitrate* vorauszusetzen, hätte Ric[ardo] vielmehr untersuchen müssen, inwieweit ihre *Existenz* überhaupt der Bestimmung der Werte durch die Arbeitszeit entspricht, und er hätte gefunden, daß, statt ihr zu entsprechen, sie ihr prima facie *widerspricht*, ihre Existenz also erst durch eine Masse Mittelglieder zu entwickeln ist, eine Entwicklung, sehr verschieden von einfacher Subsumtion unter das Gesetz der Werte. Er hätte damit überhaupt eine ganz andre Einsicht in die Natur des Profits erhalten und ihn nicht direkt mit Mehrwert identifiziert.«[351] Indem die klassische Nationalökonmomie das Allgemeine zwar richtig bestimmt, jedoch als abstraktes festgehält, bleiben die besonderen Formen unbegriffen und *erscheint* ihr Widerspruch zum Allgemeinen als Infragestellung dieses Allgemeinen selbst: »Weil Ricardo zugibt, statt die Differenz der Kostenpreise von den Werten aus der Wertbestimmung selbst zu entwickeln, daß von der Arbeitszeit unabhängige Einflüsse die 'Werte' selbst bestimmen ... und ihr Gesetz stellenweise aufheben, fußten hierauf seine Gegner wie Malthus, um seine ganze Theorie der Werte anzugreifen ...«[352] Und an anderer Stelle: »Ricardo begeht alle diese blunders, weil er seine Identität von Rate des Mehrwerts und Profitrate durch gewaltsame Abstraktionen durchsetzen will. Der Vulgus daher geschlossen, daß die theoretischen Wahrheiten Abstraktionen sind, die den wirklichen Verhältnissen widersprechen. Statt umgekehrt zu sehn, daß Ricardo nicht weit genug in der richtigen Abstraktion geht und daher zu der falschen getrieben wird.«[353] Der methodische Fehler Ricardos ist insofern ein doppelter: »Einerseits ist ihm vorzuwerfen, daß er nicht weit genug, nicht vollständig genug in der Abstraktion ist, also z.B. wenn er den *Wert* der Ware auffaßt, gleich auch schon durch Rücksicht auf allerlei konkrete Verhältnisse sich bestimmen läßt, anderseits daß er die Erscheinungsform nur *unmittelbar*, *direkt* als Bewähr oder Darstellung der allgemeinen Gesetze auffaßt, keineswegs sie *entwickelt*. In Bezug auf das erste ist seine Abstraktion zu unvollständig, in bezug auf das zweite ist sie formale Abstraktion, die an und für sich falsch ist.«[354]

Alles in allem zeigen diese Ausführungen deutlich, daß das Methodenkonzept des reifen Marx sich wesentlich im Rückgriff auf die spekulative Methode Hegels gründet. In welchen Verhältnis Marx' wissenschaftliche Methode nun allerdings konkret zur Hegelschen steht, inwiefern sie ihr strukturell entspricht bzw. in welcher Hinsicht sie über Hegel hinausgeht, – diese Fragen lassen sich nur

---

351 MEW Bd. 26.2, S. 171
352 Ebd. S. 188
353 Ebd. S. 441
354 Ebd. S. 100

durch eine konkrete Analyse der kategorialen Entwicklungen im »Kapital« selbst beantworten. Darauf allerdings müssen wir im Rahmen dieser Arbeit leider verzichten.

PHILOSOPHIE UND NATURWISSENSCHAFTEN

Wörterbuch

Abbild

Mystizismus

Nahwirkung

Zyklus

PAHL-RUGENSTEIN

Sonderausgabe der 3. völlig neubearb. Ausgabe von 1991
Hardcover, 1120 Seiten, 49,90 DM/49,90 SFr/350 ÖS
ISBN 3-89144-232-7

Herausgegeben von Herbert Hörz, Heinz Liebscher,
Rolf Löther, Ernst Schmutzer, Siegfried Wollgast

Sahra Wagenknecht: Antisozialistische Strategien im
Zeitalter der Systemauseinandersetzung.
Zwei Taktiken im Kampf gegen die sozialistische Welt

180 Seiten, Broschur, 19,80 DM/19,80 SFr/139 ÖS
ISBN 3-89144-205-X